中國崛起需要大國心態

歷史只說明過去，不代表今日的成就

查繼宏 ──── 編著

太過長久的輝煌與傳統，使中國與世界漸行漸遠，
直至鴉片戰爭才大夢初醒。

曾經在歷史上喊出「犯我強漢者，雖遠必誅」
的中華帝國從此開始淪落，

而這淪落其實在幾百年前就已注定，
中國的近代史也由此拉開了帷幕 ────

崧燁文化

目錄

序言

工業社會呼喚商業文明..10

第一篇　天朝上國風光不再

中國曾引領世界一千多年..14

曾經的世界第一經濟大國..15

曾經的世界第一科技大國..17

遠播中華德威的鄭和船隊..20

盛況空前的鄭和下西洋..20

「大明天子乃天下共主」..24

「縱得奇寶無數，於國家何益？」..25

「天朝無所不有，無需仰賴外人」..28

致命的海禁..28

不在朝貢之列，葡萄牙使節被拒..30

朝貢貿易的「面子」與「裡子」..32

康乾盛世：盛名之下其實難副..34

歐洲人對「天朝」的敬畏..34

英國第一次遣使訪華..36

目錄

貧窮飢餓的康乾盛世 39

馬戛爾尼的預言 40

「中學為體，西學為用」 42

英國平衡對華貿易的工具：鴉片 43

「落後就要挨打」 46

「師夷長技以制夷」 47

洋務運動 PK 明治維新 49

變法維新：大清帝國最後的機會 51

「戊戌六君子」喋血北京 51

慈禧太后強顏變法 54

第二篇　悠久的歷史沉重的負擔

歷史只說明「過去」，並不代表「現在」 58

消逝的古代文明 58

悠久的歷史讓中國人故步自封 60

五千年的歷史，四千年的專制 63

曠世聖君從來都是殺人如麻 64

改朝換代讓專制愈演愈烈 66

專制統治下的馭民、弱民之術 69

儒家文化對中國人思想的禁錮 72

開國皇帝從來都不是「忠臣孝子」 73

儒學經典早已被篡改得面目全非 74

以德治國 PK 以法治國 76

復興儒學可以實現民族復興嗎 77

萬里長城既是驕傲，也是枷鎖 79

太空中能看到長城嗎 80

古代中國為何要修築長城 82

長城是中華民族的驕傲嗎？ 85

第三篇　文化只是工具福祉才是根本

宗教和文化從來都只是工具 88

羅馬教皇成為歐洲事務裁判之始 89

德意志國王與羅馬教皇的爭鬥 91

伊比利亞人對基督教的熱情 94

打著上帝和佛祖的名義斂財 97

贖罪券是個什麼東西 98

中國式的贖罪券：少林寺的天價香 101

歐洲歷史強國都不是虔誠的基督徒 103

「唯利是圖」的威尼斯人 104

只做生意不傳教的荷蘭人 109

與基督教決裂的英國人 111

文化必須發展，才能獲得新生 115

兩個偉大的思想家：孔子與蘇格拉底 115

文藝復興使西方人告別了漫長的中世紀 117

啟蒙運動使歐洲人率先迎來了現代化的曙光 119

文化必須與時俱進 121

目錄

第四篇　混亂的民族思維脆弱的民族情感

永遠理不清的民族思維.............................126

錚錚鐵骨、一身正氣的方孝孺.....................127

從《十月圍城》看中國人思維的混亂..............132

「殺身成仁」與「苟且偷生」的糾結..............135

既「羨」又「憎」的民族心理.....................136

北大學生要讓美國總統「難堪」..................136

「反美」學生對美國趨之若鶩.....................139

說什麼並不影響做什麼............................141

揮之不去的受害者心態............................143

天津商人被美國警察暴打.........................143

二〇〇五年的「反日」遊行.......................147

不拿金杯就拒絕領獎...............................149

中國人的「世界第一」情結.......................152

「世界第一」背後的「弱國心態」...............152

中國是世界第二軍事強國？.......................155

北京故宮與星巴克的衝突.........................158

北京故宮代表了什麼？............................158

星巴克代表著什麼？...............................160

過度的「光榮傳統」...............................162

理性面對全球化浪潮...............................164

被十三億人期望壓垮的劉翔.......................165

在日本大阪舉行的國際田聯大獎..................166

兵敗北京奧運 168

被鮮花和掌聲「綁架」的劉翔 169

誰該對劉翔退賽負責 171

第五篇　多些商業理性少些民族情緒

可口可樂併購匯源因何擱淺 174

捍衛民族品牌？ 174

匯源果汁賣得值嗎？ 176

民族情感 PK 民族利益 179

達能與娃哈哈的分手之爭 181

達娃之爭，誰是誰非？ 182

娃哈哈缺乏契約精神？ 185

達能表演跨國公司強權？ 186

關乎國家經濟安全？ 188

達娃之爭反映中國人心態極不成熟 190

競拍圓明園獸首，愛國還是攪局 192

拒絕付款，理由很充分？ 192

攪局雖痛快，中國形象卻受損 195

以牙還牙，於事無補 196

抵制家樂福到底傷害到誰 198

抵制家樂福的意義何在？ 199

別用別人的錯誤來懲罰自己 201

抵制與不抵制，都需要理性 204

世界離不開中國，中國也離不開世界 206

目錄

「國際鐵公雞排行榜」羞辱了誰 207

捐款是出於自願，而非強制 209

萬科和王石被推上風口浪尖 211

企業的使命是賺錢，而不是做慈善 213

第六篇　做大國要有大國心態

中國崛起需要大國心態 216

強國夢想與弱國心態 216

弱國心態的歷史根源 218

如何樹立大國心態 220

國民心態助長官場腐敗 222

心智成熟，才能拒絕被唬弄 226

「京城第一神醫」張悟本 226

「神醫」之後還有「神醫」 228

我們為什麼總是被唬弄 230

擺脫封建道統，重建社會道德 233

「不孝有三，無後為大」 233

「以牙還牙，以血還血」 235

中國人的「處女情結」 236

第七篇　中國崛起任重而道遠

世界第一出口大國背後的辛酸 240

世界第一出口大國給我們帶來了什麼 240

勞動力比較優勢的陷阱 241

中國產業工人的辛酸 243

美國人真的離不開「中國製造」嗎 244

世界第二經濟大國的意義何在 246

經濟總量超過日本 246

GDP 對我們到底有什麼意義 248

比 GDP 更重要的是人民的福祉 249

警惕西方媒體對中國的「捧殺」 250

別人認為「是」並不意味「一定是」 251

西方媒體曾不遺餘力地熱捧日本 253

美國對中國從「捧殺」轉為「棒殺」 254

中國崛起之路，任重而道遠 256

無法迴避的問題，必須解決的矛盾 257

中國實現現代化還需要上百年時間 260

序言

序言

工業社會呼喚商業文明

鴉片戰爭以後，近代中國所遭受的屈辱，在中國人的心靈上留下了永遠揮之不去的陰影。面對現代西方文明在全球的肆虐，曾經創造無數輝煌歷史的中國人倍感失落和自卑。於是，我們不得不用歷史輝煌記憶的不斷複述掩蔽當下的真實處境，拚命從歷史的故紙堆中尋找可以慰藉心靈的史實。

受傳統文化影響至深的中國人十分渴望從傳統的儒家文化中，尋找到實現國家崛起和民族復興的方法和途徑。然而，儒家文化是在 2000 多年前在農業社會條件下誕生的，它很難再適應現在的市場經濟社會。無論孔子、孟子等儒學宗師多麼高明、多麼偉大，「前知五百年，後知五百年」，他們也無法預知今天的世界是什麼樣子。這種歷史局限性，是任何人都逃脫不了的。文化是屬於意識形態領域的東西，它的產生和發展必然要受到社會經濟基礎的制約。農耕文明條件下產生的儒家文化很難再適應今天的工業化社會 —— 農業社會已經離我們漸行漸遠，工業社會呼喚商業文明。

對於任何一個民族和國家來說，文化和傳統都只是工具，人民的福祉才是根本。如果為了傳承文化和維護傳統而犧牲人民的幸福，那就成了本末倒

置。北宋時期的大改革家王安石曾石破天驚地喊出：「天變不足畏，祖宗不足法，人言不足恤」。20世紀之初的陳獨秀先生也曾言：「吾寧忍過去國粹之消亡，而不忍現在及將來之民族，不適世界之生存而歸削滅也。」然而，這些有識之士的良語箴言在歷史悠久、影響深遠的傳統文化面前，猶如滄海之一粟。

中國人向來重仁義道德，卻忽視法律規則；重視禮治、德治、人治，唯獨缺少法治。在辛亥革命以前的幾千年裡，中國人根本不懂民主與法治為何物。即使是在今天，我們對法治的認識也還停留在「警察抓小偷」的層面。

中國人非常感性，特別善於虛構想像，卻不善於實證推理，因而我們的文學藝術十分發達，創造出了舉世聞名的唐詩宋詞元曲以及明清的四大名著，可是在自然科學領域卻沒有多少建樹。四大古典名著對中國人的影響非常深遠：《水滸傳》教我們要「講義氣」，卻沒教我們「講法制」；《三國演義》教我們要「懂謀略」，卻沒教我們要「懂規則」。在現實生活所以「田忌賽馬」的故事才被我們津津樂道了幾千年。

近幾年，中國經濟發展獲得了舉世矚目的偉大成就。一度被自卑和失落壓抑得失去自信的中國人，重新找回了自己的信心。最近幾年來，中國人的民族主義情緒空前高漲就是比較好的例證。然而，就像被壓抑太久的彈簧一樣，從自卑轉向自信的同時，有很多人又走向了另一個極端——狂妄自大。

最近幾十年來，雖然中國的物質文明發展獲得了極大的進步，但精神層面仍然停留在以前的狀態。整個民族的心靈重建工作，還沒有真正開始。可以修世界最高的摩天大樓，造世界最長的跨海大橋，建世界最快的高速鐵

路，但農業社會留下的陳舊觀念卻很難在短時間內改變。很多時候，由於陳腐觀念的影響，我們把無知當成了純潔，把偏見當成了原則，把愚昧當成了德行。

雖然種種跡象表明，中國的重新崛起是誰也無法阻擋的歷史潮流和必然趨勢，但是在這個過程中，中國必須時刻保持清醒的頭腦和理性的心態。在通往國家崛起和民族復興的道路上，還存在著許多艱難險阻和不確定因素，必須做好各種物質上和精神上的準備。對於現代中國人來說，應該多一些理性和務實，少一些感性和狂熱。只有這樣，中國的崛起、中華民族的偉大復興才會由夢想變成現實。

第一篇
天朝上國風光不再

中國曾引領世界一千多年

　　在人類社會漫長的歷史長河中，四大文明古國中的古埃及、古巴比倫、古印度文明由於戰爭和天災等原因先後泯滅，只有位於歐亞大陸東端的中華文明生生不息，綿延至今。翻看世界地圖，我們很容易發現，雖然這四大文明古國都位於歐亞大陸，但埃及、巴比倫、印度都位於喜馬拉雅山脈的西邊，而且彼此之間可以暢通無阻，而中國則位於喜馬拉雅山的東邊。由於喜馬拉雅山脈和中亞高原沙漠的阻隔，古代中國一直未與西亞和歐洲之間發生直接的軍事衝突。西元前四世紀時，雄心勃勃的亞歷山大大帝曾一舉征服印度，卻無力再越過喜馬拉雅山進犯中國；西元後十五世紀時，帖木兒大帝也曾試圖征服中國，在途經沙漠時突然暴病身亡，只得罷兵回國。

　　歷史學家們認為，中華文明正是因為獨特的地理位置，一直能夠保持相對獨立的發展。美國世界史學家斯塔夫里阿諾斯在《全球通史》中曾這樣寫道：「中國在其有史以來的大部分時間裡，四面一直被有效地切斷。它的西南面和西面，乃世界上最高的山脈；東面，是直到近代方能逾越的太平洋；北面和西北面，則為沙漠和大草原，……這種與世隔絕的意義就在於，它使中國人能在較中東或印度諸民族更少面臨外來入侵的情況下，發展自己的文明。因而，他們的文明更為連續不斷，也更為獨特。」美國經濟史學家倫多‧卡麥隆也曾說過，「中國文明，是所有文明中最具自我封閉發展特點的文明，很少有外來『野蠻』文明的入侵，即使有，也常常是很快被中國文化吸收、同化。」

　　西元 395 年羅馬帝國分裂後，西亞和歐洲再也沒有形成一個強大而統一的國家，雖然其後也出現了拜占庭帝國和法蘭克帝國兩個相對較大的國家，但總體上來看，西亞和歐洲的國家是越分越小，並慢慢形成了現在的幾十個

國家。中國歷史上雖然也經歷過很多次的分分合合，但是一直在「合久必分，分久必合」的歷史中循環。即使是外族的入侵，中華文明也以其強大的吸附力和感召力，同化外來入侵者，並融合成一個整體，使自身得以延續。

我們說中國曾引領世界一千多年，不僅僅指文明或文化方面。在長達一千多年的時間裡，中國一直都是世界第一經濟大國、科技大國。這並非自欺欺人的臆想胡說，而是有確鑿的歷史根據。令人遺憾的是，十五世紀末以後，歐洲人得益於大航海時代，以及後來的工業革命，開始超越中國，領先全世界。

曾經的世界第一經濟大國

英國經濟史學家安格斯‧麥迪森在巴黎出版的《世界經濟千年史》，他用系統全面的統計資料和經濟變遷的翔實敘述，簡明扼要地勾畫了西元 1000 年到現在的世界經濟發展史的輪廓。書中列舉的史料和數據，揭示了中國在西元 10 世紀以後，就一直占據世界第一經濟大國的位置。由於歐洲自西元 4 世紀末羅馬帝國分裂後，就一直處在四分五裂之中，因此我們完全可以進行一個簡單的推斷：在當時的農業經濟條件下，中國自西元 5 世紀後，就是世界第一經濟大國。

根據已故經濟家麥迪森的計算，中國經濟總量占世界經濟的比重，1000 年為 22.7%，1500 年為 25%，1600 年為 29.2%，1700 年為 22.3%，1820 年為 32.9%，1870 年為 17.2%，1913 年為 8.9%，1950 年為 4.5%，1973 年為 4.6%，1998 年為 11.5%。這說明：鴉片戰爭之前的 1820 年（清嘉慶 25 年），中國經濟總量仍占世界將近三分之一，超過現在美國在世界上的經濟地位。鴉片戰爭以後直至 1949 年中華人民共和國成立，中國在世界經濟

中的比重不斷下降。其直接原因是經濟成長率低於世界平均水準。中國經濟的年均成長率，1500—1820 年為 0.41％，高於世界平均水準的 0.32％；1820-1870 年、1913-1950 年分別為 -0.37％和 -0.02％，低於世界平均水準的 0.93％和 1.85％；1870-1913 年為 0.56％，低於世界平均水準的 2.11％。成長率低於世界平均水準和在世界經濟中比重下降的趨勢，在 1949 年後得到扭轉，改革開放以來迅速上升，但經濟總量目前仍未達到 1870 年所占世界的比重。

　　雖然中國在 1820 年經濟總量仍居世界第一位，但此時的歐洲已經開始了工業革命，其經濟結構明顯優於中國，非農產業占經濟總量中的比重，荷蘭為 57％、英國為 63％、美國為 30％、中國為 25％。而且，與歐美發展近代工業不同，中國的非農產業大部分是在農村進行的傳統手工業、運輸業和建築業，因而城市化水準遠低於歐洲。在歐洲進入經濟快速成長的軌道時，中國的經濟發展則陷於停滯。根據麥迪森的計算，1820 年中國人均 GDP 相當於世界平均水準的 90％，1900 年降為 43％，1950 年降為 21％，2001 年上升到 59％，仍未達到 1820 年的水準。人均占有量同人口數量關係密切，中國人口 1820 年占世界 36.6％，1870 年占 28.2％，1913 年占 24.4％，1950 年占 21.7％，1973 年占 22.5％，1998 年占 21％，總體看呈下降趨勢，但一直高於經濟總量所占的比重。對於中國來說，經濟總量和人均占有量是兩個同等重要的概念，經濟總量很大，人均水準卻很低。

　　要想準確地計算不同國家不同時期的生產總值，是一項十分困難的工作，不論是現在世界通行的匯率法，還是購買力平價法，都存在缺陷。雖然我們不能確信麥迪森的每一個數據和結論都是準確的，但從中看出世界經濟的總體發展趨勢，應該是確鑿無疑的。

中國之所以能在長達 1000 多年的時間裡，位居世界第一經濟大國的位置，其實是由中國遼闊的國土面積、龐大的人口數量決定的。中國在長達幾千年的歷史時期內，一直都是自給自足的自然經濟社會，國民經濟在「自產自銷」中循環。中國古代的農民不但生產自己需要的農產品，而且生產自己需要的大部分手工業品；地主和貴族對於從農民手中剝削來的地租，也主要地是供自己享用，而不是拿來進行交換。商品交換雖然一直都存在，但是在整個國民經濟中並不發揮決定性的作用。

在 15 世紀末大航海時代以前，世界各國都「偏安一隅」，沒有真正意義上的世界貿易，世界各國間的經貿往來也遠遠沒有現在這樣密切。因此，古代中國雖然是世界第一大經濟體，但與其他國家和地區的經貿交流十分有限。

在中國經濟「稱雄」世界的大部分時間裡，龐大的俄羅斯帝國還沒有形成（1700 年前後，俄國人才完成對西伯利亞以東地區的探險發現，並逐漸一個統一的多民族國家），而美利堅合眾國則還沒有誕生（1776 年，美國才開始建國）。中國雖然位居「世界第一經濟大國」的位置，但在自然經濟條件下，對世界經濟的影響非常有限。

曾經的世界第一科技大國

2008 年的北京奧運，氣勢恢宏的開幕式仍然令全世界的人們記憶猶新，衝天的焰火，舒張的畫卷，躍動的活字和金燦燦的司南，它們分別代表了中國古代的四大發明：火藥、造紙、印刷術和指南針。開幕式總導演張藝謀先生用現代高科技的聲、光、電技術完美地展示了一個事實：中國不但是個文明古國，而且還在很長時間裡一直是世界上的第一科技大國。

第一篇　天朝上國風光不再

「四大發明」的說法，最早是由英國皇家科學院的著名漢學家李約瑟在1943 年提出來的。1942 年中國正處在抗日戰爭的不利階段，蔣介石先生為了提振全國軍民的抗日信心，邀請當時正在中國訪問的李約瑟博士來到重慶實地考察研究中國科技史。一年以後，李約瑟提出了中國的「四大發明」，轟動了世界。「四大發明」在抗戰進入關鍵時期的提出，大大激勵了中國軍民的抗日信心和民族自豪感。

其實早在李約瑟之前，英國哲學家法蘭西斯‧培根在 17 世紀初就曾提出過中國科技史上的「三大發明」：印刷術、火藥、指南針。培根認為這三大發明，「在世界範圍內把事物的全部面貌和情況都改變了：第一種是在學術方面，第二種是在戰事方面，第三種是在航海方面。」培根關於「三大發明」的提法，後來被麥都思、馬克思等學者認同。馬克思評價說：「火藥、指南針、印刷術 —— 這是預告資產階級社會到來的三大發明。火藥把歐洲的騎士階層炸得粉碎；指南針打開了世界市場並幫助歐洲人建立了殖民地；印刷術則變成了新教的傳播工具，進一步來說，它變成了科學復興的手段，變成對精神發展創造必要前提的最強大的槓桿。」

李約瑟在培根「三大發明」的基礎上，增加了一項造紙術，提出了中國的「四大發明」，這個說法非常響亮，一提出來就得到了中國人的廣泛認同。雖然有學者認為，這只是一種提法，並不是世界科技史學界公認的結論，所以自其提出之日起就一直受到質疑，質疑的焦點，主要是中國古代的發明遠遠不止四個，還有其他更重要的東西被忽略了。2008 年 7 月 28 日，在北京「中國科技館新館」舉行的「奇蹟天工 —— 中國古代發明創造文物展」上，會議主辦方 —— 中國科協把「絲綢、青銅、造紙印刷和瓷器」重新定義為中國古代的四大發明。無論今天我們如何定義「四大發明」，一個世人公認的事實

是，它們都見證了中國古代科學技術的博大精深。

研究世界歷史的中外學者們普遍認為，中國到 13 世紀末的宋朝時期，科技水準一直居於世界領先水準。中華文明的搖籃是黃河流域，肥沃的土地非常適於耕種，最初的農作物是粟米，後來從西亞傳入了小麥和大麥，從東南亞傳入了水稻。在高效率的農業基礎上，一些城市逐漸發展起來，隨之湧現了各種各樣的技術工藝，如青銅鑄造、絲綢紡織等，它們都達到了很高的水準。大約在西元前後，多品種的優質雙季稻被引入中國南方，從而使農業生產率得到進一步提高。

自然科學統計資料表明：中國歷代重大科技成就（項目）在世界重大科技中所占比例為：西元前 6 世紀以前為 57.4%；西元前 6 世紀到西元前 1 世紀為 50%；西元前 1 世紀到西元後 400 年為 62%；西元 401 年到 1000 年為 71%；1001 年到 1500 年為 58%。明朝以前的世界重要發明和偉大的科技成就有 300 多項，其中有 175 項是中國人發明的。從西元前三世紀到十五世紀，中國的科技發明使歐洲望塵莫及，有許多項目比歐洲早幾百年，甚至上千年。

倫多‧卡麥隆在《世界經濟簡史》中這樣寫道，「在相當長的時間內，各種中國製造的產品透過貫通中亞的商旅之路 —— 偉大的絲綢之路 —— 將它們運抵西亞和歐洲。當時的中國被古羅馬人稱為 Sina 或 Serica（絲綢之鄉）。瓷器（chinaware）同樣也是中國人的發明，傳到西方各國。」

強大的經濟實力和領先的科技水準，使中國人得以在長達 1000 多年的時間裡，傲視世界。即使在明代以後，中國的科技和經濟發展速度開始落後於歐洲，但大明帝國仍然擁有比世界上其他國家都雄厚的國力，七下西洋的「鄭和船隊」堪稱當時舉世無雙的強大艦隊，英國漢學家李約瑟博士曾評

價說：「明朝的海軍，無論技術還是規模都是一流的，即使是當時歐洲所有國家的海軍加在一起，也不能與之相匹敵。」這樣的軍事力量，也許只有現在的美國才能與之媲美。打個不恰當的比喻，假如現在太平洋上發生一場軍事對峙，交戰的一方為美國，另一方為中國、日本、俄羅斯、英國、法國、德國、和義大利，雙方動用一切海空軍力量，進行一場速戰速決的較量，誰勝誰負，孰能預料？雖然這樣的情況不可能發生，但我們還是可以從中感受到大明帝國的強大軍事實力。

太過長久的輝煌，漸漸讓中國人變得「忘乎所以」，並慢慢養成了「天朝上國」唯我獨尊的良好感覺，以至於到鴉片戰爭以後才大夢初醒。

遠播中華德威的鄭和船隊

15 世紀之初，處於亞歐大陸兩端的東方和西方幾乎同時把目光投向了海洋。大航海時代先後出現了 四次載入人類史冊的航海活動，而鄭和作為世界上第一個洲際航海家，是哥倫布、達伽馬、麥哲倫之前的先行者。鄭和船隊沿西太平洋穿越麻六甲海峽，經印度洋抵達非洲東海岸，龐大的船隊七次往返於亞非各國，最遠處到達非洲東海岸的索馬利亞、肯亞和馬達加斯加，前後歷時 28 年，無一次失敗。鄭和航海的時間，比哥倫布發現美洲新大陸和達伽馬首航印度早了將近 100 年。

盛況空前的鄭和下西洋

1405 年的 7 月 11 日，中國人鄭和率領著人類歷史上規模空前的遠洋船隊，開始了七下西洋的航海壯舉。據《明史》記載：「永樂三年（1405 年）六

月（注：歷諸番國……自蘇州劉家河泛海至福建，復自福建五虎門揚帆。」

倘若歷史在時光隧道中回轉六個世紀，展現在人們面前的，將是一幅波瀾壯闊的圖景：200餘艘帆船從江蘇太倉劉家港拔錨起航，首尾相接綿延十餘里，「雲帆高張，晝夜星馳，劈波斬浪，牽星過洋，滄溟十萬餘里……」。

「當世界變革的序幕尚未揭開之前，即十五世紀上半葉，在地球的東方，從波濤萬頃的南中國海面，直到非洲東岸的遼闊印度洋海域，呈現出一幅中國人在海上稱雄的圖案，這一光輝燦爛的景象，就是鄭和下西洋。」英國專門研究中國科技史的漢學家李約瑟博士這樣描述鄭和下西洋。

世界南方海域從來沒有見過如此壯麗的景象。上百艘大船人字形排開，上千面巨帆一起張開，旌旗招展，氣勢恢宏，蔚藍色的海面猶如開滿鮮花的巨大花園。28年間，龐大的帝國艦隊在從太平洋到印度洋的廣闊海域巡航，或安撫或征服，繁雜的禮儀，傲慢的態度，慷慨的賞賜，令人眼花繚亂的各色物品，所有這一切，對於中華之外的異域小國，既充滿誘惑又充滿刺激。

毫無疑問，15世紀初，是大明帝國稱霸海洋的時代。由200多艘大小船隻、近30000萬名官兵組成的大明帝國船隊，28年間奉大明天子之命，與遠夷番邦「共享天下太平」。從一個港口到另一個港口，鄭和一次又一次地履行著自己的使命：開讀、封敕、賞賜、慶典、市易。熱熱鬧鬧地來，熱熱鬧鬧地去。他們乘著海洋季風一路遠航，先抵達占城、爪哇、三佛齊等南洋諸港，然後經過麻六甲海峽，到達錫蘭、柯枝、古里……。

1406年夏末秋初的一天，鄭和船隊第一次駛入印度古里港。古里就是現在的科澤科德。這裡的一切都很「令人滿意」，繁榮的港口，熱情的酋長，各路番商雲集。馬歡在《瀛涯勝覽》「古里國」條記中，記載了鄭和首次抵達古里國立碑留念的盛事：「其國去中國十萬餘里，民物咸若，熙暤同風，刻石於

茲，永示萬世。」這樣的記載，不僅浪漫而且有些異想天開，但在中國古代的官方史書卻十分常見。

15 世紀大航海時代的西方，正處在進入「資本主義曙光」的前夜。他們的航海從一開始就有明確的經濟目的。但鄭和船隊的七下西洋，卻與之大相徑庭。明成祖朱棣給鄭和船隊西洋之行的定位是：「遐邇相安無事，共祈天下太平之福」、「宣德化而柔遠人」。他囑咐鄭和：「彼不為中國患者，朕絕不伐之」。鄭和船隊嚴格奉行了明成祖揚威示好的旨意。

鄭和雖是帶著和平使命出使西洋，但與東南亞諸島國的土著也發生過幾次衝突。明軍被圍著窄布條的蠻兵殺害了。當鄭和的主力船隊抵達後，爪哇國王驚恐萬分，急忙遣使謝罪，表示願意用 6 萬兩黃金賠償 170 條人命。鄭和向朝廷請旨後，只收了爪哇國王 1 萬兩黃金。在朱棣看來，爪哇國王還算「懂事」，罰 1 萬兩黃金是為了讓他「長點記性」，大明帝國並「不缺錢」。

在鄭和第一次下西洋途中，最輝煌的戰績要數剿滅「海寇」陳祖義，並把他帶回南京，交給永樂皇帝下詔問斬。這令人不禁想起南宋時，金國皇帝完顏亮曾言，「吾平生有三大願：國家大事，皆自我出，一也；帥師伐國，執其君長，問罪於前，二也；得天下絕色而妻之，三也。」雖然永樂皇帝與完顏亮不可同日而語，但作為專制獨裁者，權力到了極致，欲望也就到了極致。

從 1405 年到 1433 年，鄭和七次下西洋，每一次都比前一次走得更遠，也更接近西方。龐大且無與倫比的大明帝國船隊讓鄭和感到發自內心的自豪和驕傲，他年復一年的航行，訪問，頒詔，代表大明天子頒發聖旨，賞賜禮品，把那些偏遠小國的使節帶到中國，再一次又一次地把他們送回去。第四次出洋以後，鄭和的艦隊越來越多次停泊在阿拉伯海沿岸的港口，最遠航行

至非洲東海岸各國。

永樂十三年（1415 年）十一月十九日，第四次出洋的鄭和船隊帶著非洲麻林國（即現在肯亞的馬林迪）進貢的「麒麟」回到中國。當時的南京城內萬人空巷，人們競相爭睹麒麟，可謂盛況空前。而這「麒麟」便是長頸鹿。麒麟原本是中國古代傳說中的一種祥瑞之獸。在長頸鹿傳入中國之前，國人從未見過這種動物，但因長頸鹿的形態、習性與中國古書描述的麒麟非常吻合，加上麒麟的出現是太平盛世的祥兆，朝中大臣便認為這種動物便是麒麟。明成祖龍顏大悅，盛裝龍袍，親往奉天門，以最隆重的天朝禮節，迎接瑞獸麒麟。為紀念「天降祥瑞，麒麟來歸」，永樂皇帝下旨命畫師作麒麟圖，以示後人。現存於臺北故宮博物院的一幅名為麒麟圖的明代古畫，畫的就是長頸鹿。

為何一種普通的長頸動物，渡海之後竟變成神獸，讓天朝崇拜得神魂顛倒呢？除了長頸鹿的形態、習性與中國古書暗合外，更重要的是「神獸」竟來自如此遙遠的國家，足能證明「至盛之治」的大明王朝，已成為「聖德廣大，無有遠邇」的世界帝國。

鄭和的航海壯舉，大大促進大明帝國與海外番邦的友好往來，雖然這種「友好往來」並不那麼平等。據統計，明成祖在位 22 年間（1402 年 -1424 年），與鄭和下西洋有關的亞非各國使節來華共 318 次，平均每年達 15 次，最多一次有 18 個國家使團同時來華。東南亞汶萊、滿刺加、蘇祿、古麻刺朗 4 個國家中，先後有 10 來位國王來華訪問，他們之中有 3 位但「體魄托葬中華」，無疑也是一種極大的「榮耀」。

「大明天子乃天下共主」

　　1433 年，鄭和病死在第七次下西洋途中，遠洋船隊載著鄭和的遺體，最後一次駛入太倉劉家港。隨後，明宣德皇帝朱瞻基下詔：「下西洋諸番國寶船悉令停止」、「各處修造下番海船悉令停止……」

　　鄭和開創的大明帝國轟轟烈烈的航海事業緣何戛然而止呢？

　　要探究大明帝國的航海事業為什麼戛然而止，我們也許應該從明成祖派鄭和下西洋的動機說起。關於鄭和下西洋到底是出於何種動機，後世之人曾做過各種猜測。

　　民間一個廣為流傳的一個說法是：鄭和下西洋為了尋找建文帝的蹤跡。但考證的歷史學家們認為，鄭和下西洋的主要目的絕不是尋找建文帝，這種說法應該是明代中後期的封建文人囿於狹隘的思想得出的結論。明成祖朱棣是一個雄才大略的皇帝，他在只有幾千部卒的情況下都不怕建文帝，怎麼會在大權在握時怕一個十幾歲的孩子呢？

　　除此之外，關於鄭和下西洋的動機還有很多其他說法，諸如配合平定安南之亂，剿滅海上武裝走私集團與方國珍、張士誠的餘黨，結盟印度從後方牽制帖木耳帝國等。（注：1405 年初，帖木耳大帝曾打算遠征中國，後來病逝於出征途中，只得班師回國。）

　　然而，這一切都不足為信。

　　《明史‧鄭和傳》曾這樣解釋鄭和下西洋的原因：「欲耀兵異域，示中國富強，永樂三年六月命和通使西洋。」歷史學家們據此認為，下西洋就是明成祖要向世界展示中國的富強。但是，僅用這樣一句話來概括鄭和下西洋的目的恐怕遠遠不夠。當時的明朝經過太祖朱元璋幾十年休養生息，農業、手工業水準達到封建歷史上的高峰，國力在世界上居於領先水準。而宋、元以

來造船、航海等技術的發展，使當時實現遠洋航海探險的條件完全具備。

正是「永樂盛世」的物質基礎，以及明成祖一心要成為「曠世聖君」的理想，使得他渴望加強國際交往，才促成了鄭和下西洋的壯舉。中國傳統的儒家思想認為：天子為天下共主。按照「天下共主」的政治思想，無論遠近，無論種族，華夷無間，都應該一視同仁。因此，推行天朝禮制體系是鄭和下西洋的核心使命，七下西洋是明成祖按儒家理想建立天下格局的重要措施。親征漠北，派 20 萬大軍討伐安南，完全有理由派遣一支遠洋船隊出使西洋。在當時中國人的世界觀裡，大明是世界的中心，「撫綏四方，德化諸夷」是義不容辭的職責，只要國力允許，就應該施行。明初的盛世基礎為帝國提供了擴張條件，再加上明成祖「雄才大略」的擴張野心，一切很自然地水到渠成。

「縱得奇寶無數，於國家何益？」

15 世紀之初的大明帝國，完全有理由認為自己是世界上的最強大的帝國。從橫向的世界格局看，「自成祖以武定天下，欲威制萬方，遣使四出招徠。由是西域大小諸國莫不稽顙稱臣，獻琛恐後。又北窮沙漠，南極溟海，東西抵日沒之處，凡舟車可至者，無所不屆。」「威德遐被，四方賓服，受朝命而入貢者殆三十國。」從縱向的中國歷史看，「我朝國勢之尊，超邁前古，其馭北虜西番，無漢之和親，無唐之結盟，無宋之納歲薄幣，亦無兄弟敵國之禮。」

明朝推翻了蒙古人的統治，恢復了「漢室江山」。按照傳統儒家文化所推崇的政治理念，「曠世聖君」就應該「君臨萬邦，四海如一，敬天道，撫人民」，讓天下之人共享太平之福。「恩澤天下，威服四海」，是歷代華夏君主的最高政治理想。遺憾的是，在中國歷史上能實現這種理想的機會並不多

　　—— 不是國力有限就是野心有限。永樂皇帝比他以前和以後的許多華夏君主都要幸運，時運與實力都為他準備好了一切。

　　然而，鄭和遠航的政治實質與經濟實質都是揮霍性的。「殊方殊域之邦、鳥言侏禽之民，聞風向化、浮海來朝、宗主華夏」的政治理想，落入一個荒唐的遊戲。企圖以禮儀秩序建立世界帝國，是一種不可救藥的政治浪漫主義。大明帝國不繼續遠航，實際上是因為帝國組織的遠航難以為繼。

　　鄭和七下西洋的主要使命是「詔諭番夷，耀兵天下，顯示中國富強」。雖然他們每到一處，總是「開讀畢，即諭其國人，但有珍寶，許令貿易」。但與政治使命相比，貿易只是微不足道的陪襯。這樣一來，海上軍事征服、政治擴張與經濟發展並沒有有效地結合起來。對於花費大量的財力物力人力支撐的一次又一次的宏大遠航，朝中反對勢力批評說：「三寶（注：鄭和字三寶）下西洋費錢糧數十萬，軍民死且萬計，縱得奇寶而回，於國家何益？」這樣的批評似乎並非沒有道理。現在我們無法知道鄭和遠航的耗資規模，但從其龐大的船隊裝備和慷慨的封賞齎賜中，不難猜出那是何等的揮霍，以及這種揮霍背後「魚肉斯民」、「吏民更不堪命」的社會現實。盛世之下，大明帝國以其強大國力尚能支撐，但絕不會長久。當人們沉浸在一片榮耀之中的時候，很少有人去想，遠航於中國到底有什麼實惠，四方是否又因此而綏寧。只有到「國用不敷」、國庫空虛時，才會反思我們究竟獲得了什麼。當人們發現偉大的遠航實際上得不償失的時候，下詔停航也就在情理之中了。

　　二十年後，明成化皇帝當朝的時候（1465 年—1488 年），曾再次動起出洋的念頭。當他命人查找皇家檔案庫中關於鄭和航海的檔案時，竟發現它們不翼而飛了。追查下來，原來是兵部侍郎劉大夏，叫人將它們全部燒毀了。劉大夏振振有詞地說道：「遠航勞民傷財，幾十萬錢糧幾萬人的生命，換回一

些只有賞玩之用的奢侈品，縱得奇珍異寶無數，於國家又有何益？！」面對慷慨激昂的劉大夏，到底忠乎？奸乎？實在叫人無法評說。

永樂皇帝派鄭和七下西洋的真正意義，在於建立一種華夏中心主義的、等級性的世界帝國秩序。它以大明天子為權威，以華夏文明為尺度，以體現臣服與恩賜的禮儀為方式，實現儒家聖功的最高境界：太平天下。然而，這樣的政治和經濟揮霍，除了滿足帝王的虛榮心外，很難具有實際的作用與意義。

世界歷史上有組織的偉大遠航，多有實惠的動機。15 世紀末，哥倫布發現新大陸，是為了尋找黃金；達伽馬首航印度，是為了尋找比黃金更昂貴的香料。鄭和如此偉大、輝煌的遠航，卻很難說有什麼實惠。經濟目的的缺乏，無疑是大明帝國航海事業戛然而止的最根本原因。中國人向來具有「重農抑商」的歷史傳統，一切追逐商業利益的思想和行為，都被斥之為「捨本而趨末」、「羨陶朱而鄙伯夷」。對於大明帝國來說，與那些「蕞爾小國」和「海外番邦」爭利，既沒有必要，也沒有面子，更沒有這樣的「傳統」！

15 世紀是人類歷史上關鍵的 100 年。中國的鄭和和葡萄牙的達伽馬先後到達印度南部的同一個港口，這個港口中國人稱之為古里，葡萄牙人稱之為卡利卡特。兩人到達的時間相差了 92 年。中國與葡萄牙處於亞歐大陸的兩端，都具有海上擴張的組織與技術條件，並且在一個世紀內先後抵達世界上同一個交會點。可問題的關鍵在於誰先發現誰，如果中國發現西方，世界近 500 年的歷史就可能完全不是現在這樣。美國經濟史學家倫多·卡麥隆曾感嘆，「如果葡萄牙人在 15 世紀末到達印度洋時發現中國人早就在那裡的話，歷史的進程該如何改寫？」然而，事實是西方發現了中國。葡萄牙航海是近代西方擴張的開始。

鄭和代表的大明帝國的遠航，在中國乃至整個東方歷史上，都標示著一個偉大時代的結束。從此，東方人在世界歷史舞臺上的表演結束了，而西方人則粉墨登場，開始他們主導世界的歷史表演。

「天朝無所不有，無需仰賴外人」

有學者認為，中國的真正君主專制政治，形成於明朝。明太祖朱元璋曾規定，「非孔、孟之書不讀，非濂、洛、關、閩之學（指宋代理學的四個學派）不講」，尤其推崇朱熹。科舉考試必須以「八股取士」，以宋儒的解說為考試錄用的標準，不許擅作評議。朱元璋認為，自朱熹以來，「聖道」已經大明，不勞後人發揮。從而在很大程度上泯滅了讀書人的智慧，禁錮了中國人的思想，乃至阻礙了整個國家經濟、科技和文化的發展。

朱元璋出身貧苦農家，這使他認識到農業和農民對於帝國政權穩定與生存的極度重要性。他在制定官員不得下鄉擾民政策的同時，也建立起中國歷史上第一套防止流民遷徙的戶籍與路引制度，將農民牢牢地控制在土地上。除了對老百姓進行思想禁錮和人身限制外，朱元璋為了維護大明政權的穩定，還制定了嚴厲的海禁政策。

致命的海禁

明太祖朱元璋是一位充滿矛盾的皇帝，如同他對農民的戒心和依賴，他對大海也充滿了難以言表的恐懼和憂慮。商人不僅富可敵國，而且「引賈四方，莫科蹤跡」，富裕的流民更難以控制。雖然海上貿易會帶來商業的繁榮，但也會腐蝕掉帝國統治的根本。朱元璋認為「番蠻」多為奸詐狡猾之徒，因

此下旨斷絕了大明帝國與幾乎所有海外各國的商貿往來。洪武四年（1371年），朱元璋頒布一系列「禁海令」，取消自唐朝就擔負海外貿易集散地的福建泉州、浙江明州、廣東廣州三地市舶司，宣布禁用番貨，以阻止沿海臣民「私下諸番，貿易香貨，引誘蠻夷為盜」。洪武二十七年（西元1394年），朱元璋又下旨將浙江舟山及其他四十六島的居民全部遷入內地，中原地區因長年戰亂荒廢的大片土地，恰好為這種遷徙提供了物質可能，農耕文明在中國大地上再次得到勃興。與此同時，原本已浮游於農耕文明之上的海洋氣息卻被徹底剝離了，普通百姓被隔絕在了世界貿易體系之外。

明太祖去世後，明成祖朱棣發動「靖難之役」，於1402年驅逐建文帝，登上帝位。雄才大略的永樂皇帝無視太祖皇帝的「祖訓」，重新開啟了中國與海外番邦的友好往來，派鄭和率領龐大的船隊七下西洋，向海外蠻夷宣揚天朝大國的德威。然而好景不長，1433年鄭和在第七次下西洋途中病故後，中國的航海壯舉也戛然而止。鄭和下西洋後期，明朝政治腐廢食，再次關上了開放的大門，甚至「寸板不許入海」。

而此時，歐亞大陸另一端的歐洲已經進入海上爭霸的時代，隨之而來的是海上貿易與殖民地的興盛。在浩瀚的海洋中，西方各國的商船滿載著黑奴和黃金香料運往美洲和歐洲，各國的私掠海盜也四處游弋搜尋著敵國的商船。歐洲高傲的陸上騎士已不復存在，取而代之的是商人和海盜。在這股來自海洋，交織著黃金與鮮血的大潮中，世界迎來了第一次全球化的曙光。而對於當時的大明帝國來說，大海並不重要，重要的是帝國的穩定。

在明代海禁政策的左右下，由官府控制和壟斷的朝貢貿易幾乎成為當時唯一的海外貿易形式，嚴厲阻絕沿海居民私自出海，而且除「貢使」之外，不許外國私人來華貿易。如果說，在宋元時期，南海是商貿之海、利益之海

的話；那麼，到了明代，南海則是禮儀之海、朝貢之海。為維護一時的統治安穩而苟且海禁，為圖慕政治虛榮、滿足權貴集團的利益，而用官營的船隊壟斷海洋貿易與民爭利，使得宋元以來日趨發達的民間海外貿易受到壓抑，造成「連年四方蠻夷朝貢之使相望於道」的尷尬。

大明帝國試圖以朝貢貿易的形式壟斷已有的海上私商貿易，相當程度破壞了南中國海由來已久的自由貿易傳統。一方面對私商執行海禁，壓制了民間自由貿易；另一方面又試圖以帝國的權力壟斷海上貿易，將自由的海上貿易變成奢侈性的、違反市場規律的朝貢貿易。而且朝貢的政治原則高於商業原則，長期的「厚往薄來」，對帝國經濟造成極大的損害。此外朝貢貿易雖然給海外諸國帶來一次性的厚利，但它卻破壞了貿易的持續性與公平原則。貿易的利潤率提高了但機會卻減少了。貿易雙方失去了互相尊重、互相依存的前提，而自由與平等是開展貿易最基本的精神和內涵。

面對海禁帶來的種種利弊，大明帝中國部對海禁政策也一直存在爭議。嘉靖年間發生的「王子之變」，讓當時很多大明官員認識到「市通則寇轉為商，市禁則商轉為寇」。爭論的結果，使帝國的東南沿海的部分地區，在1567年得以短暫開放（史稱「隆慶開海」）……然而，這一切都為時已晚，萌芽已經被扼殺。隨著大明帝國的覆滅，滿清統治者與明朝皇帝一樣，同樣自卑與自私的心態，使他們在海禁上更加變本加厲。

不在朝貢之列，葡萄牙使節被拒

1497年，昔日龐大的鄭和船隊在印度洋消失半個多世紀之後，葡萄牙人達伽馬率領的探險船隊越過好望角，橫渡印度洋，第一次從海上抵達印度(1498年5月)。與中國人一非洲的東西海岸和印度洋上建立了一系列軍事據

點和貿易貨棧。

1511 年，葡萄牙駐印度總督阿布克爾克用武力占領麻六甲海峽後，終於到達了歐洲人夢寐以求的「香料群島」——摩鹿加群島（即現在印度尼西亞的馬魯古群島），從而控制了世界香料貿易的源頭。此後，葡萄牙人一直主導了傳統的東西方貿易，直到 17 世紀初被荷蘭人取代。

16 世紀，歐洲人在全球瘋狂地擴張，世界歷史因此發生了翻天覆地的巨大變化。先是葡萄牙人，緊接著是西班牙人、荷蘭人、英國人、法國人等，相繼加入到這一行列。他們從最初的武力掠奪，慢慢發展成後來的殖民拓荒和海上貿易。隨著歐洲人向南北美洲和澳洲的移民擴張，從而慢慢形成了現代世界的基本格局。而這一切，絲毫沒有引起大明帝國的注意，「天朝上國」依然沉浸在「唯我獨尊」的狂妄自大中，自我陶醉於華夏中心主義的世界神話裡——「中國乃世界中心，吾皇乃天下共主」。

葡萄牙人控制麻六甲及香料群島後，不僅將東西方貿易收入囊中，還在印度、麻六甲與中國的貿易中扮演了重要角色。1514 年前後，滿載香料的葡萄牙商船第一次出現在中國廣東的珠江口，他們在與中國的貿易中獲利通常超過 10 倍以上。葡萄牙人把香料販賣到中國居然可以賺到與運回歐洲一樣多的錢，而香料的產地實際上就在中國的大門口不遠處。

1517 年，葡萄牙人安德魯攜帶曼努埃爾國王的國書，率領四艘裝滿香料的商船來到廣州，以「進貢」的名義，要求建立官方貿易往來。在此之前，葡萄牙人一直是在近海以私人貿易的方式與中國開展貿易。由於大明朝廷實行海禁政策，這給海上貿易帶來了諸多不便。

當葡萄牙船隊到達廣州時，安德魯以最隆重的禮儀表達了他們對大明帝國的敬意：升國旗，鳴禮炮。這讓當時的廣州市民們驚恐萬狀，整個城市被

這震耳欲聾的炮聲嚇呆了，街面上的百姓奔走呼叫，衙門裡的老爺忙亂了手腳，當兵勇們擁著總兵大人趕到江邊時，番船上的「不速之客」已經登岸了。他們自稱「佛郎機國人」，來天朝進貢。天朝的官員們從來沒有聽說過「佛朗機」這麼一個國家，也無法理解竟然用殺人攻城的火炮來表示友好與尊重。廣州的地方官員讓「野蠻」的「佛郎機貢使」先在光孝寺學習三天禮儀，然後才訂好日子帶他們去拜見總督大人。

面對葡萄牙人的「進貢」請求，有的官員主張從其所請，有的官員認為不合體制。總督大人因「大明會典，並無此國入貢」，不敢決斷，因此上奏朝廷請旨。幾個月後，朝廷頒下聖旨，命總督「將葡船所帶『方物』照值收購，貢使遣歸。」但葡萄牙人並未就此離去，而是透過賄賂廣州的地方官員，終於打通關節，先後在南京和北京朝覲了明武宗正德皇帝。

廣州那些狂妄自大的地方官員欺上瞞下「翻譯」的結果。葡萄牙人起初也並不懂中國的「朝貢」到底是什麼意思，因而稀里糊塗地當了一回「貢使」。等到葡萄牙人明白「朝貢」的真正含義後，他們堅持要求進行平等貿易。而這對於大明帝國來說，是絕對不可能的 —— 我們乃「天朝上國」，你們不過是「蠻夷番邦」。想和「天朝」平起平坐，豈不是大白天說夢話？！

朝貢貿易的「面子」與「裡子」

現代社會的人們都知道，貿易要講平等互利，這已是常識。但是中國自古以來，與各屬國之間只有朝貢貿易，而沒有平等貿易。到明朝時，中國的綜合國力如日中天，更是沒有這樣的概念。當時的大明帝國，從皇帝到臣民都相信「天朝無所不有，無需仰賴外人」。實際上也的確如此，明朝時中國的農耕文明十分發達，足以養活當時全國大約 8000 萬人口。中國人自己出產

的糧食、棉布等物品養活自己綽綽有餘，而越南、緬甸、老撾、琉球等屬國藩國，的確不如中國富強。至於更遠的其他國家，在明朝人的眼中還是不懂天朝禮儀的「蠻夷」和茹毛飲血的「生番」。葡萄牙當然也在此列。

明朝時代的中國對比同時代的葡萄牙，經濟發展水準的確高出很多。我們可以從斯塔夫里阿諾斯在《全球通史》一書中得到佐證，斯氏曾經這樣描述達伽馬首次到達印度南部港口卡利卡特時的情景：

葡萄牙的貿易貨物多半為零碎小物品和羊毛織物，不適合印度市場。事實上，葡萄牙人完全低估了印度文明的水準和高級程度。這從達伽馬奉獻給卡利卡特統治者的禮物的品種——羊毛織物、帽子、成串的珊瑚珠子、臉盆以及罐裝的油和蜂蜜——上可清楚地看出來；這類禮物肯定不會給人以好印象。因此，達伽馬與卡利卡特通商之所以有困難，不僅因為當地阿拉伯商人的敵視，更重要的是，還因為葡萄牙（和整個歐洲）當時生產不出什麼能使東方諸民族感興趣的東西。歐洲製造品通常比東方產品品質差、價格高。……達伽馬離開印度時，卡利卡特國王讓他轉交一封給葡萄牙國王的信，其內容是，「貴國的達伽馬先生來中國，我很高興。中國盛產肉桂、丁香、生姜、胡椒和寶石。我請求您用來交換這些東西的是黃金、白銀、珊瑚和鮮紅的布。」

要知道當時的印度尚未統一，境內小國林立。其南部的科欽、卡利卡特等國與中國相比，經濟發展水準要落後很多。印度尚且如此，遑論中國。

由於大明帝國所產的物品完全可以自給自足，根本沒有外貿需求，而海外藩國又遠比中有「朝貢」，而不可能有真正的平等貿易。

所謂「朝貢」，必須有對方向中國稱臣的前提，即承認政治上從屬於中國，其君主的地位低於中國皇帝，只相當於中國的臣子，所以對方只有向中

國「進貢」或「納貢」的義務，沒有討價還價的權利。據史料記載，明代南海各藩國，「如非朝貢之國，不許前來中國，如非貢期，亦予阻回。」至於「貢」什麼，「貢」多少，用什麼方式、從什麼地方、來多少人、可以停留多久，都得由中國方面決定。選擇「貢品」也不是根據雙方國民的需求和實際產量，而是出於中國皇帝或主管官員的喜好，或者只是為了維持傳統。由於中國是「天朝上國」，「富有四海」，對小國、臣下、「蠻夷」自然要「薄來厚往」，「賜」的物品一定要比對方「貢」的更多，更好，更值錢，更體面。天朝上國要的是「面子」，至於「裡子」嘛，根本無關緊要。更何況，「泱泱中華」如果在與屬國的禮尚往來中「漁利」，那成何體統？！

康乾盛世：盛名之下其實難副

歷史學家戴逸教授曾說：「清朝時的中國社會已經落後於西方，但歷史經常被迷霧籠罩著。18 世紀的康乾盛世，貌似太平輝煌，實則正在滑向衰世淒涼。可當時中國沒有人能夠認識清楚這一歷史真相，只有歲月推移，迷霧消散，矛盾激化，百孔千瘡才逐漸暴露。歷史的悲劇只有在悲劇造成很久時間以後，人們才會感到切膚之痛。」

歐洲人對「天朝」的敬畏

近代歐洲對中國的認識，最初始於《馬可‧波羅遊記》。16 世紀初，葡萄牙從海路抵達中國後，大批的商人、水手、使節和傳教士蜂擁而至，從而使歐洲人得以近距離的觀察中國。無論是來自商人水手的傳聞，還是官方使節的報告，抑或是傳教士的書信，都以不同的視角，向歐洲大陸的人們介紹

了古老強大的中國。然而，這一切並不全面，有時甚至是故意誤導。他們極力渲染中國上流社會的繁華和奢侈，而對底層社會的黑暗卻閉口不談。儘管傳教士們有人文知識，也有中國經驗，但他們對中國的觀察與描述卻常常過於誇張。他們為了在中國傳教，百般討好中國地方政府的官員，在向歐洲同胞介紹中國的時候也盡可能地迴避負面的評價。經過傳教士們篩選過的中國形象不可避免會偏離事實和真相。一位來過中國的一類是憑空想像，另一類是道聽塗說」。

不僅如此，16、17 世紀時，歐洲一些渴望推翻封建專制統治的啟蒙思想家們，為打破歐洲中世紀封建思想和意識形態的桎梏，將傳教士們關於中國的記錄又進行了進一步的加工、裁剪，甚至是有目的地「尋章摘句」。於是，一個近乎神話的中國呈現在歐洲人面前。1521 年發生的中葡屯門海戰 —— 大明水師的勝利似乎為這一切提供了很好的事實證明。要知道，此前不久葡萄牙海軍曾在印度洋耀武揚威，並在 1509 年的「第烏海戰」中一舉擊敗強大的穆斯林聯合艦隊。

18 世紀中葉以後，隨著歐洲的海外擴張、文化啟蒙和工業革命，以英國為代表的歐洲國家在經濟、軍事、政治、文化等方面開始全面趕超中國。他們在歐洲大陸以外的美洲、澳洲、非洲、印度，甚至東南亞等各個地方所向披靡，但對中國依然保持著某種程度的敬畏。顯然，此時的歐洲人對自己的強大還缺乏足夠的信心。

歐洲人尚且如此，天朝上國的皇帝和臣民們更是躊躇滿志，志滿意得。

15 世紀以前的大明帝國也許還有足夠的理由擔當「天朝上國」的殊榮，然而 15 世紀末歐洲人主導的大航海時代，使地球第一次連為一體，從而開創了人類文明的新紀元。而大明皇帝依然沉醉在過去的「榮光」中，對這種翻

天覆地的世界變化竟然視而不見。更可悲的是，明朝皇帝這種「天朝情結」，又傳給了中國最後一個封建王朝——滿清的皇帝們。1644 年，大清帝國取代大明帝國，成為中國的主宰。朝代的更替並沒有改變天朝上國統治者自我感覺良好的「光榮傳統」。

英國第一次遣使訪華

　　1792 年 9 月的一天，乾隆皇帝接到兩廣總督長麟六百里加急遞送的緊急奏折，說一個名叫「英吉利」的國家，要派一個使團來朝貢天朝，他們帶來了非常貴重的禮物，打算在乾隆 83 歲生日的時候進獻給乾隆皇帝。按理說，83 歲又不是什麼大壽，不值得為此專門派使團前來祝壽。不過當時負責與中國通商的英國東印度公司比較熟稔中國的「禮數」，因而找了一個很好的託辭，說英王因前年乾隆皇帝「八旬萬壽，未及叩祝，今特遣使進貢」。在英王喬治三世致中國乾隆皇帝的國書中，首先稱道中國地方廣大，皇帝仁慈，接著說到英國人的海外活動，並非為了「開疆拓土」，也不是為了貪圖商業利益，而是為了「增廣見聞，交換知識，互通有無」，對中國尤其嚮往，所以派人前來交好。在隨行人員中，「如大皇帝用加恩體恤」。

　　乾隆皇帝對英王的恭順極為滿意。當時的大清帝國的臣民們都認為，英國人有感於天朝的國威浩盪，故此前來送禮。他們來中國，是為了參觀學習表示臣服，並希望得到大清國的庇護。乾隆皇帝和大臣們根本沒有想到英國人來朝覲中國皇帝，其實是想與大清國締結通商條約，而送禮不過是幌子而已。當時的大清國既沒有外交部也沒有商務部，所有外國商人在中國的貿易活動都是透過「十三行」（由朝廷指定的十三家商號，專門負責與外國人做生意）負責操辦。由於「十三行」是民間機構，與外國商人的貿易常常受到官府

的盤問、查扣、索賄。因此英國希望與大清國建立官方的貿易往來，使他們在華的貿易和權益得到保護。

為了博得乾隆皇帝的歡心，英國人很是下了一番功夫，他們帶上了他們所能想到的所有好東西，如天體運行儀、地球儀、望遠鏡、火炮以及戰艦模型等。他們希望透過送給乾隆厚禮的方式，達到平等通商的目的，並希望這一切透過談判的方式來進行。英國人很早就知道乾隆十分喜歡他們的「洋玩意」，因而對此次訪華成功充滿了信心。但後來發生的事情表明，這些先進的科技產品雖然讓乾隆皇帝感到好奇，但興趣並不太大。乾隆最感興趣的是鐘錶和自動器物這樣的小玩意，現在北京故宮的珍寶館裡還能看見乾隆年間外國使節送給乾隆皇帝的各式鐘錶。

1793 年 6 月，一支由馬戛爾尼率領的成員達 700 多人的龐大英國使團到達北京，乾隆命軍機處制訂了一整套朝覲、賞賜、宴請、看戲、遊覽等活動，但唯獨沒有英國人最看重的通商談判。當然英國人對這些毫不知情。就在雙方準備朝覲的時候，發生了一件極不愉快的事情：按照大清帝國的朝貢禮數規定，海外「番使」來朝覲天朝皇帝，必須要行三跪九叩的大禮，但是英國使團團長馬高爾尼認為，「這是一次平等的友好訪問，向中國皇帝行『三跪九叩』大禮，有損大英帝國的尊嚴，最多只能履行單膝跪地的英式禮節。」

清朝的官員為了說服馬高爾尼費盡了口舌，但無濟於事。最終英國人還是只行了單膝下跪的禮節。乾隆皇帝對此大為不悅，而且他對英國人「進貢」的高科技禮物也沒有表現出濃厚的興趣。中英雙方的首次正式接觸，後來的情形很不愉快。英國人要求與大清國舉行通商談判，根本不可能得到乾隆的「恩准」。

第一篇　天朝上國風光不再

　　幾天以後，乾隆下旨要求英國人從速離境。不過既然英國人來了，雖然「禮數」不周，但天朝還是要以禮相待，並不與他們「一般見識」，該賞賜的還是要賞賜。乾隆命和珅將頒賜英王的敕諭與禮品交給馬戛爾尼，禮單中有玉器、瓷器、彩緞、茶葉、墨、扇之類，十分豐厚，絲毫不輸給英國的「貢品」。敕諭措詞則完全是上國口吻，一面嘉許英王恭順，一面即被頒下的敕諭——駁回，所謂「天朝物產豐盈，無所不有，原不藉外夷貨物以通有無。特因天朝所產茶葉、瓷器、絲巾為西洋各國及爾國必須之物，是以加恩體恤，在澳門開設洋行，俾得日用有資，並沾餘潤。今爾使臣於定例之外，多有陳乞，大乖仰體天朝加惠遠人、撫育四夷之道」。

　　馬戛爾尼的「朝覲」過程，十分沉悶、無趣和尷尬。唯一的亮點是，乾隆對英國使團成員中 12 歲的湯馬士・斯當東的「格外寵愛」。小斯當東因其父老斯當東是馬戛爾尼的副使，得以來中國「公費旅遊」。當斯當東父子上前向乾隆行禮的時候，乾隆皇帝對 12 歲的小斯當東產生了濃厚的興趣。當得知這個小孩子是使團中唯一學會了說中國話的成員時，乾隆龍顏大悅，不僅賜給了一塊翡翠，而且從自己腰間解下一個繡有龍紋的黃色絲織荷包送給了小斯當東。這兩件御賜的珍寶至今還收藏在英國維多利亞和阿爾伯特博物館裡。

　　馬戛爾尼的出使遭到了徹底的失敗，他只好垂頭喪氣地離開北京。英國人的此次來訪，雖是為了英國商務與中英關係，但也希望藉此促進中國對西方文化的了解。然而，驕傲自負的乾隆皇帝，卻根本沒有英國人期望的平等交好和通商的意願。馬戛爾尼離開廣州時告訴兩廣總督長麟，以後還要代表英王再來進獻國書。兩年後喬治三世果然再次遣使來到中國，仍然希望與中國「相依相交，公平對待」，不過這次英國使節沒有獲準觀見乾隆。乾隆頒

下的諭旨是，讓英王「益勵藎誠，永承恩眷」。天朝上國的自信與榮光進一步顯現。

　　乾隆皇帝駕崩後，嘉慶皇帝繼位。1816 年 8 月，英國又一次派阿美士德率領使團訪華。當年的小斯當東已經長大，他被邀請作為阿美士德的副使，一起來到北京。如馬戛爾尼一樣，阿美士德也不肯行三跪九叩大禮。朝覲那天的早晨，阿美士德被帶到圓明園的宮門附近，拒行跪拜之禮。沒辦法，負責引見的大臣只好捏造「英使猝然患病，不能行動」。嘉慶和他老子乾隆一樣，認為「中國為天下共主，豈能如此侮慢倨傲？」立即下旨逐回。阿美士德當天便被迫離開北京，其失敗更是遠超馬戛爾尼。

貧窮飢餓的康乾盛世

　　令中國人津津樂道的「康乾盛世」，在乾隆晚期，也就是 1790 年前後，達到巔峰。按照歷史學家的估計，在乾隆盛世巔峰的時候，中國的 GDP 占世界的 30% 以上，超過現在的美國占世界的比重。有史料記載，當時大清國庫的財政存銀超過 8000 萬兩。乾隆盛世創造了大清開國以來空前的政治穩定，養活了超過 3 億的人口，也奠定了中國後來的版圖，乾隆因此一個非常富足的生活。張宏傑先生在 2009 年出版的《乾隆皇帝的十張面孔》一書中，為我們很好地展示了，所謂的乾隆盛世不過是一個貧窮飢餓的「盛世」。

　　1793 年馬戛爾尼率領的英國使團，在中國前後逗留了半年之久，受到的大清帝國的熱情接待的同時，得以近距離地觀察中國。使團成員中有一為名叫約翰・巴羅的成員，他在《我看乾隆盛世》中記載：「不管是在浙江的舟山，還是在去京城的途中，我沒有看到任何人民豐衣足食，富饒繁榮的景象。事實上，觸目所及的無非都是貧窮落後的情景。」大清帝國給他們留下的印象

與他們原來從《馬可‧波羅遊記》中看到的景象截然不同，他們來到中國以前，認為中國人非常富足：遍地都是黃金珠寶，人人都是豐衣足食。然而他們發現，絕大多數的中國人都生活在極度的貧困之中。

張宏傑借助當時英國農場的工人與中國的農民的生活食譜，清晰地說明了英國人和中國人的生活差異：當時中國普通農民家庭的主要食物是玉米、紅薯、青菜（甚至是野菜），極少有肉；而同期英國普通人的食譜則是麵包、牛奶、肉類，甚至還有啤酒。在當時的英國人中，「啤酒肚」隨處可見，而中國人大多是「骨瘦如柴」。

據另一位使團成員小斯當東的《英使謁見乾隆紀實》記載，「大清帝國土地稀少，人口眾多，甚至要圍海造田。」在乾隆執政的 60 年裡，中國人口達到 3 億，迅速成長的人口數量大大超過了經濟的成長速度，當時中國的人均耕地是 3.5 畝，而同期英國的人均耕地是 10 畝。乾隆皇帝為了讓百姓吃飽肚子，推行了各項惠農、利農政策，如鼓勵開荒，減免農業稅等，但是這些政策所惠及的層面，僅僅是廣大的地主階層，最底層的貧民還是按照原來的稅負繳納地租。衣著光鮮的地主背後，全是衣衫襤褸的平民百姓。

然而，這就是我們津津樂道的康乾盛世，實在是盛名之下，其實難副。正是由於所謂的康乾盛世蒙蔽了中國人的雙眼，而躺在天朝大國的溫床上大夢不醒，由此造成中國人精神上的孱弱、保守和僵化，使得後世之人不得不承受長達 100 多年水深火熱的苦難生活。在某種程度上，所謂天朝上國的康乾盛世，不過是中國人受虛榮心驅使而自我吹噓的「盛世」罷了。

馬戛爾尼的預言

1793 年，馬戛爾尼率領的英國使團透過近距離的觀察，對中國強大的

帝國形象，產生了強烈的質疑和征服的衝動。在他們眼裡，根本不存在什麼乾隆盛世，而完全是一個政治腐敗、民不聊生的社會狀況。從某種程度上來說，鴉片戰爭的種子在乾隆時期就已經種下。馬馬戛爾尼返回英國後預言，一旦中國這艘「巨艦」受到攻擊，它將面臨滅頂之災。

47 年之後，也就是 1840 年，這個預言被證實了。47 年的時間，足以使世界發生翻天覆地的巨大變化。此時的英國，在取得對法（拿破崙）戰爭的勝利後，在整個西方世界已經所向無敵；業已完成的工業革命，更是把英國變成了「世界工廠」。英國正一步步邁向「日不落帝國」和「維多利亞時代」的巔峰時期。而對於中國來說，一個日益衰落卻不自知的帝國臣民們，依然沉浸在虛妄的「盛世」中醉生夢死。表面上看起來，一切都貌似盛世，典章制度儼然，等級秩序嚴密，禮儀規範分明，一切都像模像樣，燈紅酒綠，歌舞昇平。很少有人感覺到了大廈將傾的「盛世暮歌」氣息。

1840 年 4 月 7 日，英國國會就是否發動對中國的戰爭，展開激烈辯論。當年那位曾隨馬戛爾尼和阿美士德兩次出使中國的小斯當東，已經當選英國國會議員。他憑藉自己對中國 40 多年的研究，極力鼓吹對中國發動戰爭。小斯當東在國會大廳的演講中說，「如果我們在中國不受人尊敬，那麼在印度我們也會很快不受人尊敬……如果我們要輸掉這場戰爭，我們就無權進行；但如果我們能夠打贏它，我們就無權加以放棄。」大廳內一片肅靜，所有人都在傾聽他的講話。小斯當東最後給出的結論是，「儘管令人遺憾，但我還是認為這場戰爭是正義的，而且也是必要的。」隨後，國會大廳裡響起了經久不息的掌聲。

與此同時，英國的媒體也在「好戰分子」的鼓動之下，大肆渲染中國人侵犯英國在華商人的人身及財產安全。三天以後，英國國會就是否對華開戰

進行投票表決，結果是：主戰派 271 票，反戰派 262 票，最終以 9 票之差的微弱多數，批准了對華戰爭提案。

1840 年 6 月 28 日，一支由 16 艘軍艦和 7000 名士兵組成的英國艦隊駛抵廣東珠江口海面，第一次鴉片戰爭正式爆發。英國人終於靠著「堅船利炮」敲開了中國的國門，中國社會由此掀開了幾千年從未有過的大變局，西方列強競相瓜分中國，中華民族開始遭受長達 100 多年的半殖民地半封建社會的殘酷剝削和壓迫。從 1793 年到 1840 年，不過 47 年的時間，然而就是這 47 年的時間，使大清帝國與英國的地位發生了根本性逆轉，中國人從「天朝上國」淪落到「落後挨打」，從中國對英國的強勢，轉為英國對中國的強勢。面對被「堅船利炮」敲開的國門，驚恐萬分的中國人才大夢初醒。

「中學為體，西學為用」

19 世紀末，中國社會發生了一場尖銳的舊學與新學、中學與西學之爭。保守派堅決反對西學，抵制和排斥西方國家的一切事物。而維新派則積極提倡西學，號召學習西方國家一切先進思想、技術和制度。

1898 年 6 月，戊戌變法開始後不久，新舊勢力再次展開激烈交鋒。恰在此時，湖廣總督張之洞透過其門生 —— 翰林院侍讀黃紹箕向光緒皇帝進呈《勸學篇》一書，他在該書中首次提出「中學為用，西學為體」的治國思想和教育理念。張之洞強調的「中學為內學，西學為外學；中學治身心，西學應世事」，表面看是「和稀泥」，要「新舊兼學」、「中西兼顧」，實際上是站在舊學一邊，反對變法維新。實際上，張之洞既不是頑固的保守派，也不是激進的維新派，而是一位老謀深算的政客。甲午海戰之後，他曾以支持維新的面孔出現，然而，當改革維新運動日益發展、新舊鬥爭漸趨激化後，他又與主

張維新的光緒皇帝決裂，堅定地站反對維新的慈禧太后一邊。

其實，在張之洞提出「中學為體，西學為用」之前，清朝早期的改良派就曾提出「主以中學，輔以西學」的口號，而這一切變革和爭論都源於大清帝國在鴉片戰爭中遭遇的慘敗。

英國平衡對華貿易的工具：鴉片

15 世紀末大航海時代以後，由阿拉伯人充當中間人的東西方傳統陸上貿易，逐漸讓位於東西方直接面對面的海上貿易。但由於長期以來，歐洲都沒有令中國人感興趣的商品，他們只好用黃金和白銀等貴金屬，來交換中國的絲綢、茶葉和瓷器等商品。但是歐洲的貴金屬儲量和產量十分有限，滿足自身的貨幣流通需求都捉襟見肘，根本無法滿足同中國的貿易需要。沒有錢，貿易自然也無法進行。

16 世紀的歐洲人雖然可以在美洲、非洲、印度、東南亞和印度洋上肆意地劫掠，但他們還沒有能力和膽量搶劫中國人。當時的大明帝國雖然保守，但依然是世界上最強大的國家。1521 年葡萄牙人在「屯門海戰」中，就曾吃過大明水師的苦頭。

既沒有錢去買，又沒有能力去搶。那怎麼辦呢？歷史總是在關鍵的時候出現轉折。歐洲人沒錢做生意的尷尬局面，因西班牙人在祕魯和墨西哥發現巨大銀礦，而得到了徹底緩解。斯塔夫里阿諾斯在《全球通史》中曾這樣寫道：「葡萄牙人最初境況窘迫，他們沒有什麼可用來換取自己所垂涎的物品，只是不久從墨西哥和祕魯的礦井中源源涌來的大批金銀才將他們從這一窘境中解救出來。」有人因此這樣認為，達伽馬開闢印度航線，為歐洲人尋找到了充足的貨源地；而哥倫布發現新大陸，則為歐洲人提供了充足的支付手段。

二者互為補充，缺少哪個都不行。

　　在這樣的世界貿易格局中，中國人大量輸出產品，輸入白銀；而歐洲人則大量進口商品，輸出白銀。中國成了吸收世界白銀的「黑洞」。這種狀況一直延續到 18 世紀末，英國人成為歐洲的頭號貿易大國的時候。當時英國對華輸出的產品，主要是羊毛織品、鐘錶、玻璃，及來自印度的棉花、棉織品。中國對英國的輸出仍然是茶葉、絲綢、瓷器。在男耕女織的中國農村和自給自足的經濟模式下，英國商品在中國根本沒有市場，要購買中國產品，唯有用白銀購買。由於 18 世紀歐洲盛行「重商主義」，十分重視黃金、白銀等貴金屬，英國人認為大量的白銀外流，是英國經濟的巨大損失。

　　恰在此時，英國人發現鴉片在中國頗有市場，所以全力以赴向中國出口鴉片。1773 年，英國東印度公司取得印度鴉片的專賣權，統管鴉片的生產和銷售。由於中國每年進口的鴉片逐漸增多，開始感到鴉片貿易的壓力。1796年，嘉慶皇帝下令禁止鴉片進口。然而鴉片貿易並未因此停止，只是在形式上，由合法貿易轉為走私貿易。不法商人與地方官員相互勾結，鴉片貿易有禁無止，而且越演越烈，致使中國白銀開始大量外流。

　　19 世紀初，在中西方的正規貿易中，中國尚能保持出口大於進口，略有盈餘。據統計，1812 年中國的進口貨值約 1270 萬兩，出口約 1510 萬兩；1813 年的進口約 1260 萬兩，出口約 1290 萬兩。這是官方的統計數據。由於鴉片是違禁品，不在官方的統計範圍之內。如果將鴉片計入，則進口貨值已超過出口。1818 年中國的進口總額約 1880 萬兩，出口約 1400 萬兩，相差約 400 多萬兩，如果再加上 300 萬兩的鴉片進口，外貿逆差已達 700多萬兩。

　　到了道光年間，朝廷雖然明令禁煙，但並沒有整治鴉片走私的好辦法。

鴉片進口的數量有增無減。1821 至 1828 年，平均每年為 9000 箱；1828 至 1835 年，為 18000 箱；1835 至 1838 年，為 39000 箱。按平均每箱價值 400 兩白銀計算，最後四年，每年的鴉片進口總值約為 1500 多萬兩，占英國對中國出口總值的 50% 以上。

由於鴉片進口激增，中國白銀大量外流，「銀漏」直接影響到了大清朝廷的財政狀況。鴉片貿易除了導致白銀外流外，更重要的是，對國民身心造成的巨大損害。「上自官府縉紳，下至工、商、優、隸以及婦女、僧、尼、道士，隨在吸食。」、「一經吸菸，刻不可離，中人之家，往往破產。此菸雖能提攝百脈，癒人小病，但長此下去，精神大耗，無可救治。」其稅，仍只許以貨易貨，不得私為售賣紋銀，並開民間栽種之禁，內產既盛，外菸自然不至，紋銀自然不漏。」、「吸食者無非閒盪之徒，即使生命自戕，皆孽由自取，但兵丁不得吸食。」

但當時的內閣大學士朱樽、御史袁玉麟等人認為，開放鴉片關禁絕不可為，「如但禁兵丁吸食，不禁平民，今日之民，即明日之兵。何以預為之地？」湖廣總督林則徐也力主禁菸，他上奏道光皇帝說，如果任由鴉片泛濫，「數十年之後，中原幾無可以禦敵之兵，且無可以充餉之銀」。林則徐從國防和財政兩個方面，說明了鴉片對大清國的嚴重後果，令道光皇帝不能不為之動容。1838 年底，道光特命林則徐為欽差大臣赴廣東查辦禁菸。

林則徐查禁鴉片，無疑動了英國人的「奶酪」。1840 年，大英帝國自恃「船堅炮利」，不遠萬里，派遣遠洋艦隊來到廣東珠江口，鴉片戰爭由此拉開序幕。

「落後就要挨打」

一個歐洲的「蕞爾小國」竟敢越過萬里重洋，向「天朝上國」宣戰，這是道光皇帝和列位大臣們所始料不及的。然而，鴉片戰爭的結果卻是，大清帝國慘遭失敗，被迫簽訂了中國歷史上第一個喪權辱國的不平等條約——《南京條約》（也稱《中英江寧條約》），賠款 2100 萬銀元，開放廣州、廈門、福州、寧波、上海等五處通商口岸。開放這五處通商口岸，其實早在 1793 年馬戛爾尼出使北京時，就曾向乾隆皇帝提出過。當年英國人用「厚禮」沒有拿到的東西，47 年後用「大炮」拿到了。

1840 年的鴉片戰爭，對於英國來說，不過是其無數次海外征伐中的一次，並沒有什麼太重大的歷史意義。而對於中國來說，則是中國人永遠揮之不去的傷痛，由此導致了「三千年從未有過之變局」的開始，中國人漸漸由「天朝上國」淪落為「東亞病夫」。

我們現在沒有必要過多地質疑和指責英國人發動的這場戰爭的合法性與正義性。在世界歷史的舞臺上，「弱國無外交」、「落後就要挨打」是必然的規律。即使沒有英國人來攻打中國，也會有法國人、德國人、俄國人、日本人來攻打。對於中國人來說，重要的不是失敗的事實，而是為什麼失敗的原因。關於這場戰爭，從來沒有人從軍事的角度，來分析中國戰敗的原因，既無必要，也無意義。因為大清帝國的戰敗，根本就不是戰略戰術方面的原因，用「大刀長矛」對陣「火槍大炮」，戰爭的雙方根本不在一個級別上。

1930 年代，英國率先完成了工業革命，綜合國力急劇增強。據統計，當時英國的煤炭年產量已達 3000 多萬噸；生鐵年產量達到 140 萬噸；機械紡紗業每年所用棉花量達到 5 億 2 千多萬磅；修建的鐵路長達數千公里。當時英國已有 2/3 的勞動人口從事工業生產，有許多巨大的工業城市，首都倫敦

的人口達到兩百多萬。

天朝上國的地大物博和人口眾多，在英國軍隊的堅船利炮面前起不到絲毫作用。到 1836 年時，英國已擁有以蒸汽為動力的大小戰艦 500 多艘；而大清帝國的軍隊卻軍備廢弛，軍紀疲沓，所用的武器大多是弓矢、刀戟、藤牌、鳥槍、扛炮、噴筒，「全國七十萬眾，未必一千合用」。面對英國人的火槍大炮，居然有人「發明」了口念「刀槍不入」咒語、懷抱血尿潑向英軍的作戰方式，實在是無知、愚昧和可笑。

鴉片戰爭後的大清帝國，一下子從「天朝上國」淪落成「驚弓之鳥」，先後被迫與法國、俄羅斯、美國等西方國家簽訂了一系列不平等條約。「一些中國曾經聽說過，或從沒有聽說過的彈丸小國，在過去就是前來進貢也不夠資格的，現在排隊而來。」大清帝國的虛弱由此可見一斑。鴉片戰爭是中國歷史上一個重要的轉折點。曾經在歷史上喊出了「犯我強漢者，雖遠必誅」的中華帝國從此開始了淪落，而這種淪落其實在幾百年前就已經注定，中國的近代史也由此拉開了帷幕。

「師夷長技以制夷」

鴉片戰爭的慘敗，使昏昏欲睡了幾百年的中國人一下子被隆隆的炮聲驚醒了，開始尋找國家富強和民族振興之路。如果說鴉片戰爭對中國人有什麼積極意義的話，那就是促使了中國人的驚醒，放下「天朝上國」的身架，開始以一種「開放」的眼光看待中國以外的世界。

1842 年，魏源在其編纂的《海國圖志》中，率先提出了「師夷長技以制夷」的口號。以曾國藩、李鴻章、左宗棠等為代表的有識之士，開始引進西方先進的科學技術和管理經驗，在中國大地掀起了一場轟轟烈烈的「洋務

運動」。

　　1861 年，清政府設立「總理各國事務衙門」，負責與各國的通商外交事務。同年，曾國藩在安慶創辦安慶軍械所，這是中國最早的近代軍事工業。1862 年，清政府在北京設立培養翻譯人員的「同文館」，這是清代最早的「洋務學堂」。1865 年，李鴻章在上海建立江南機器製造總局；同年，在南京建立金陵機器製造局。1866 年，左宗棠在福州建立馬尾船政局。1867 年，崇厚在天津建立軍火機器總局（後改名為北洋機器製造局）。1872 年，李鴻章在上海建立輪船招商局。1878 年，賴長在蘭州建立蘭州織呢局，這是中國最早的一家機器毛紡織廠。章在天津成立了電報總局。

　　1881 年，李鴻章創設開平礦務局。

　　1882 年，清政府籌建旅順軍港。

　　1885 年，清政府設立海軍衙門。

　　1888 年，李鴻章籌建北洋水師。

　　1890 年，張之洞在武漢建立湖北槍炮廠。

　　歷史教科書一般認為洋務運動，以 1861 年曾國藩建立「安慶軍械所」為起點，以 1895 年甲午海戰北洋水師戰敗為終點，共歷時 34 年。由於洋務運動並沒有使中國實現「富國強兵」，因而被認為是失敗之舉。實際上，洋務運動並沒有隨著甲午海戰的失敗而結束，中國沒有實現「富國強兵」也不是洋務運動導致的結果。而且，洋務運動實際上開創了中國現代工業的雛形，很多當時開辦的企業一直延續至今。

　　大清帝國之所以沒有能夠實現「富國強兵」，並不是因為洋務運動做的不對，而是做的不夠。在「中學為體，西學為用」的思想指導下，即只改革經濟制度，不改革政治制度，是大清帝國最終滅亡的根本原因。

洋務運動 PK 明治維新

　　在大清帝國開展洋務運動的時候，日本同時也在進行明治維新的改革。在此之前，中國和日本的國情十分相似：文化傳統相同，都屬於儒教文化圈；社會狀況相似，都屬於封建專制國家；經濟基礎相同，都是封建小農經濟占主導地位；民族命運相同，同遭西方殖民勢力的侵略。

　　1853 年 7 月 8 日，美國派東印度艦隊司令佩理率領四艘全副武裝的黑色大船，闖入了日本橫須賀港。佩理代表美國政府提出了開港通商的要求，他對前來交涉的日本使者說，「你們最好不要抵抗，因為一旦開戰，結局只有一個，那就是美國必勝，日本必敗。」日本人由於沒有「天朝上國」的「光榮傳統」，對自身國力的認知也比較清楚，因而很快接受了佩理的要求。美國黑船叩開日本國門之後，迫使日本簽訂了歷史上第一份不平等條約。此後不久，荷蘭、俄國、英國和法國蜂擁而至，紛紛仿效，開始在這個島國上爭奪各自的利益。日本遭受的恥辱，深深刺激了日本人。他們認為，中國已「國體灰墜，不足為法」，日本要成為世界強國，必須「脫亞入歐」，全盤西化。

　　1868 年 3 月 14 日，日本明治天皇於發布施政綱領《五條誓文》，宣布「破舊有之陋習」，「求知識於世界」，提出了改革維新的綱領方針，從而揭開了明治維新的序幕。在以西方為楷模，竭力建成資本主義近代國家的總目標下，日本推行了三項基本國策：「殖產興業」、「富國強兵」、「文明開化」。

　　日本政府實行的從上而下、從經濟到政治等各項改革，使日本一躍成為亞洲的第一強國。西方國家開始對日本「刮目相看」，此前簽訂的一系列不平等條約逐一被解除。實現了「富國強兵」的日本，自信心開始膨脹，並在 1894 年的甲午海戰中，一舉打敗中國。幾千年跟在中國後面亦步亦趨的學生，打敗了老師，日本人的民族自豪感空前高漲；而中國人「顏面盡失」，民

族自信心受到了前所未有的沉重打擊。此前歐洲人打敗中國，也許還「情有可原」，而被日本人打敗，實在「太傷自尊」了。

日本明治維新的成功在於其「脫亞入歐、全盤西化」，既變「體」又變「用」。而洋務運動的「失敗」在於「中學為體，西學為用」的指導思想，「一手欲取新器，一手仍握舊物」，只變「用」而不變「體」。天朝上國的臣民們，為了維護「泱泱中華」最後的尊嚴，從骨子裡不願接受西方比東方先進的事實。

日本的「脫亞入歐、全盤西化」也許並不適合中國的國情。中國人向來認為，祖宗的東西不可丟，傳統的東西不可棄，要師從「祖制」和「祖宗之法」。但如果後人總在前人劃定的圈子裡打轉轉，社會怎麼能發展，歷史怎麼能進步。難道真的像明太祖朱元璋所說的，「自朱熹以來，『聖道』已經大明，不勞後人發揮」嗎？雖然歷史上也有人曾對師從「祖制」和「祖宗之法」提出過質疑，但在強大的傳統勢力面前，這些聲音太微弱了。北宋時期的改革家王安石曾石破天驚地喊出「天變不足畏，祖宗不足法，人言不足恤」。然而，王安石的改革最終還是被保守勢力所扼殺。梁啟超曾評價說：「（王安石）以不世出之傑，而蒙天下之詬。易世而未之湔者，在泰西則有克林威爾，而在吾國則為荊公（王安石封號）。」

對於中國人來說，面子永遠是最重要的。而否定自己，無疑是一件「很沒面子」的事情。正因為死要面子，所以活受罪。其實，對於任何一種技術、經驗或者制度、文化，只要是好的，我們就應該拿來用。看一個社會制度是否先進，是否值得學習，主要要看它是否有利於發展社會生產力，是否有利於增強國家綜合國力，是否有利於提高人民生活水準。資本主義制度也好，社會主義制度也好，都是不同國家根據自身國情，所選擇的不同發展方

式。我們沒有必要在「姓資姓社」問題上「糾纏不清」。少一些「面子」和「自尊」，多一點理性和務實，這才是中國人急需的時代精神。

變法維新：大清帝國最後的機會

鴉片戰爭以後，被西方列強堅船利炮驚醒的大清帝國的臣民們開始尋找各種民族振興之路，希望藉此挽救腐朽不堪的滿清政權。然而幾經周折，從洋務運動到戊戌變法，大清帝國始終處在「風雨飄搖、大廈將傾」的危難之中。其根本原因就在於，大清帝國的最高統治者害怕變革會削弱自己的政治權利，危及到自己的專制統治，將個人利益凌駕於國家民族利益之上，從而阻礙和扼殺了各種社會改良和改革措施的實行。

「戊戌六君子」喋血北京

甲午海戰的失敗，讓當時很多中國人認為，洋務運動並沒有使中國走上「富國強兵」之路，以曾國藩、李鴻章為代表的洋務派因此備受指責。其實他們不過是替罪之羊，真正的「罪魁禍首」是大清帝國腐朽的政治體制。因此，以康有為、梁啟超為代表的維新派，發起了改革政治體制的「戊戌變法」，希望引導中國走上「君主立憲制」的道路。（注：實行「立憲君主制」的國家，君主雖然是國家的最高領導人，但他們的權利被限定在憲法規定的範圍之內。世界上最早實行君主立憲制的國家是英國。隨著時代的發展，立憲君主到後來僅僅被看作是國家的象徵，而沒有實際的權力，因而也稱為「虛位元首」。）

康有為、梁啟超等主張變法維新的領袖，受到了光緒皇帝的大力支持。

第一篇　天朝上國風光不再

他們憑著一腔熱血和赤子之心，以為只要獲得皇帝的信任，便可暢行其志。康、梁等人雖然知道光緒皇帝缺少實權，但畢竟是一國之君，慈禧太后或許不至於毫不顧忌。然而，慈禧與光緒之間早已是貌似神離、面和心不和。凡光緒皇帝支持的事情，慈禧太后必定反對。慈禧說不上有何政見，但玩弄權術卻是一把好手，當年與恭親王奕訢聯手鬥垮「顧命八大臣」以及後來設計罷免奕訢，都可以看出慈禧的手段。有人甚至認為，如果康有為、梁啟超擁戴慈禧來實行變法，她很可能不會反對。只可惜，康、梁等人當時並沒有做出這樣的選擇。中國歷史上有很多太后專權的先例，如西漢的竇太后、清朝的孝莊太后等，但她們都能識大體，顧大局，而且後來都歸政於皇帝。而慈禧將個人的私欲凌駕於整個國家民族利益之上，其導致的結果必然是災難性的。

　　光緒皇帝要爭取自主，慈禧太后當然無法容忍。由於慈禧大權在握，戊戌變法從一開始，就舉步維艱。除了來自慈禧的阻力外，觀念的衝突，利益的衝突，也是變法的一大阻礙。廢除「八股取士」是變法者要做的第一件大事，引起的反對也最為激烈。因為廢除八股，「勢必觸及數百翰林，數千進士，數萬舉人，數十萬秀才，數百萬童生之忌」，等於斷送了他們和現職官吏們的「前程」。革除舊有書院，興辦新式學堂，裁撤綠營，建立新式軍隊，等等，必然傷害到眾多的「既得利益者」，使數以百萬的人失業。一些保守勢力紛紛上折子，要求朝廷停止變法，否則「勢必導致天下大亂」。

　　慈禧太后從一開始就對變法過程給予了「充分關注」，並且「一切盡在掌握之中」。

　　1898 年 6 月 11 日，光緒皇帝頒布《明定國是詔》。詔書頒發後第四天，慈禧便革去帝師翁同龢的職務，派榮祿擔任直隸總督、北洋大臣，命刑部尚

書崇禮兼任步軍統領，掌管紫禁城的御林軍。隨後又令禮部尚書懷塔布、軍機大臣剛毅分管通州大營和豐臺大營。

慈禧太后一切都成竹在胸，靜觀時變；而光緒皇帝則日夜憂懼，寢食難安。維新派由於缺乏武力支持，一籌莫展。恰在這個時候，袁世凱從朝鮮歸國，李鴻章派他署理遼東前線軍糧事務。康有為覺得袁世凱久居國外，對世界各國都頗為了解，應該會支持變法改革，而且，他是行伍出身，手中握有兵權。於是康有為派人前去聯絡袁世凱，袁世凱當場表示支持變法。康有為信以為真，密告袁世凱說，光緒皇帝不日將召其來京，以備不測。袁世凱回到北京後，光緒立即擢升他為兵部侍郎，專管練兵。

由於保守勢力的重重阻撓，各種新法的實行十分困難。為扭轉變法不利的局面，9 月 18 日，康有為、梁啟超、譚嗣同、林旭等人商定，勸說袁世凱發動政變，囚禁慈禧，擁戴光緒，並決定由譚嗣同前去遊說袁世凱。袁世凱答應「一力承擔」，康、梁、譚等人十分滿意。然而，精明老到的袁世凱，其實對當時的政局看得非常清楚。他心裡很明白，即使自己鼎力相助，光緒也不是慈禧的對手。權衡利弊過後，袁世凱決定向慈禧告密。

維新派的「政變」還沒準備好，保守派已斷然採取行動。9 月 21 日，慈禧太后宣布訓政，幽禁光緒；「百日維新」期間所推行的全部新政，除京師大學堂外，一概推翻，全部恢復舊制；將「禍國殃民」的變法「逆賊」從速緝拿歸案。康有為、梁啟超等人得到消息後，在英國、日本等領事館的幫助下，分別遠走香港和日本。而譚嗣同「自願為變法犧牲」，與楊銳、楊深秀、劉光第、林旭、康廣仁等一起被捕入獄。

1898 年 9 月 28 日，北京宣武門外菜市口，風雨如晦，殺氣陰森。譚嗣同、楊銳、楊深秀、劉光第、林旭、康廣仁等「戊戌六君子」在這裡引頸就

戮。譚嗣同被捕前曾慷慨吟詩：倚靠的武裝力量，連他們死後的屍身也無人敢去收殮。直到死後第二年，譚嗣同的遺骨才被送回故鄉湖南瀏陽，葬於城外石山之下。後人在他墓前的華表上刻有一副對聯：「亙古不磨，片石蒼茫立天地；一巒挺秀，群山奔趨若波濤。」山河無語，蒼涼浸骨。變法失敗後逃至海外的康有為念天地之悠悠，獨滄然而涕下：「復生，不復生（譚嗣同字復生）也；有為，安有為哉？」

慈禧太后強顏變法

　　鴉片戰爭以後，從洋務運動到戊戌變法，大清帝國的臣民們一直在尋找一條民族振興之路。然而，來自最高統治者和各種保守勢力的阻礙，洋務運動和戊戌變法都沒能扭轉大清帝國日漸衰落的頹勢。太平天國和捻軍起義，讓早已破敗不堪的大清國更是雪上加霜。然而還不止於此，1900 年 8 月，八國聯軍進犯北京、天津。慈禧太后原本打算借助義和團的力量，抵禦外侮。但是，「大刀長矛」再一次輸給了「火槍大炮」。八國聯軍攻占北京的當日，慈禧太后帶著被幽禁的光緒皇帝倉惶出逃北京，遠走西安，最終以巨額賠款了事。直到 16 個月後的 1902 年 1 月，慈禧鑾駕才得以重返北京。慈禧扼殺戊戌變法，造成了一場幾乎使國家毀滅的滔天大禍。《辛丑條約》的簽訂，雖然使八國聯軍退出了北京，但慈禧深知她今後的命運將要視外國人的臉色，仰人鼻息的日子無疑十分痛苦。

　　慈禧太后為了收攏人心和獻媚洋人，在逃亡途中，連下幾道「罪己詔」，並主動表示，要想挽狂瀾於既倒，必須實行變法維新。慈禧極為倚重的肱骨之臣張之洞稱：「變法則事事開通，商務必日加興隆。」、「非變西法，不能化中國仇視外國之見，不能化各國仇視朝廷之見。」一些原來反對戊戌變

法，殺戮「戊戌六君子」的大臣也想借變法以示「開明」。不過，慈禧始終覺得由她來宣布變法實在無法啟齒。於是有人給她找了一個很好的臺階：「變法自變法，康有為謀逆自謀逆。」

1901 年 1 月 29 日，慈禧以光緒皇帝的名義，正式頒布變法詔書，稱：「世上無一成不變的治法，近數十年積習相仍，因循粉飾，以致成此大釁。現正議和，一切政事，尤須切實整頓。……取外國之長乃可補中國之短，懲前事之失，乃可作後事之師」。雖然此時的慈禧心裡很清楚，當初康有為、梁啟超、譚嗣同等人變法其實並無大錯，但礙於顏面，詔書中仍然堅稱，「康逆（有為）之談新法，乃亂法也，非變法也。……皇太后何嘗不想更新，朕何嘗不想革除舊弊？今者恭承慈命，一意振興，嚴禁新舊之名，渾融中外之跡。」這不過是在為慈禧洗刷戊戌政變的罪名，表示她並非頑固不化者。

慈禧的變法內容總體上與戊戌變法基本相同，唯一的區別在於，戊戌變法採取的是疾風暴雨式的集中改革方式，而慈禧變法採取的是循序漸進的改革方式。然而，此時的大清國所剩時間無多，氣數將盡。慈禧企圖透過變法，挽救大清國體，已經無濟於事了。

無論是康、梁等人的戊戌變法，還是慈禧太后的最後變法，最終都沒能挽救清朝覆滅的命運。就像一個病入膏肓的患者，幾針「強心劑」，不過能使他「苟延殘喘、回光返照」而已。而對於「疾病」本身而言，無論是猛藥還是慢藥，都難以回天。只有疾風暴雨式的革命，才是中國當時唯一的正確選擇。

戊戌變法的慘敗，戊戌六君子的喋血，讓後來無數的中國人為之側目動容。然而，歷史從來不相信眼淚，豐富的情感帶給人們的只有無限的悲傷和廉價的眼淚。對於歷史而言，更重要是客觀和理性。康有為、梁啟超、譚嗣

同等人的變法雖然有拯救天下蒼生的歷史豪情，但更多的是為了維護大清帝國的封建統治。實際上，他們扮演的都是大清王朝的「忠臣孝子」。譚嗣同因為「自願犧牲」無限光榮，康有為後來成為了與革命派對立的保皇勢力，只有梁啟超完成了思想的轉變，成為 20 世紀初引領中國人的啟蒙大師之一。

當然，評價歷史不能僅僅從現在的角度出發，而應該放在歷史的大環境中進行考察，才能得出客觀、公正的結論。就戊戌變法本身而言，康、梁等人無疑是中國當時先進思想的代表人物。然而，任何人都無法擺脫歷史的侷限。

第二篇

悠久的歷史沉重的負擔

歷史只說明「過去」，並不代表「現在」

對於中國人來說，一說起五千年的悠久歷史，都有一種掩飾不住的驕傲和自豪。然而，輝煌悠久的歷史，只說明過去「曾經擁有」，它並不代表現在「仍然擁有」！如果我們像阿 Q 一樣自欺欺人地拒絕現實，並不能給國家的興旺和民族的復興帶來任何好處。如果我們總是依靠過去的輝煌給自己的臉上貼金，只會讓自己的思想和精神像吸食鴉片一樣，雖然能一時亢奮，而實際上卻越來越羸弱。

消逝的古代文明

在我們居住的蔚藍色星球上，有太多的古代文明消失在漫長的歷史長河中，留下無數的文明遺跡令後人嘆為觀止：埃及吉薩金字塔、奧林匹亞宙斯巨像、阿提蜜絲神殿、摩索拉斯基陵墓、亞歷山大燈塔、巴比倫空中花園、羅德島巨像、瑪雅金字塔……

然而，悠久的歷史代表的只是過去，它並不代表今天的成就。美國的歷史不過 300 年，但它卻是現在的世界第一強國；印第安人的歷史長達幾千年，現在卻瀕臨滅絕的邊緣。如今已經沒有人去指責歐洲人滅絕了美洲的兩大文明。事實上，如果一個國家一個民族落後於現代世界太久的話，被滅絕就成了他們的必然命運。1492 年，當哥倫布第一次踏上美洲大陸的時候，他發現那裡的人們還生活在「茹毛飲血」的石器時代。哥倫布結束第一次航行返回西班牙時，他在給加布熱沃‧桑切斯的信中描述了他的發現：

「……這些島嶼和其他所有我見到的或聽說的島嶼上居住的男男女女都赤身裸體，只有少數婦女用樹葉、樹枝或她們專門為遮羞而紡的棉紗遮住身

體。他們沒有鐵器，也不會使用武器，因為他們對這些東西一竅不通。他們不會使用武器並非因為他們身體不健全，而是因為他們生性膽小，充滿恐懼。他們用晒乾的甘蔗作桿，一頭固定著削尖的木結構，用來做武器。但是他們卻從不敢用這些東西，因為我每到一個新地方後，就會派出兩三個下屬進入當地人的村莊去和他們交談，這時通常出現的情況都是：印第安人衝上前來，但一見到我們的人開始接近他們，他們就會奪路而逃，父母顧不上孩子，孩子管不了父母。他們這樣做並不是因為他們受到了什麼傷害或有什麼損失。相反，我將我所帶的東西，如衣服和其他東西，都送給了那些我遇到的人或那些願意和我說話的人。我從不索要任何回報，但他們還是天生地害怕和膽怯。但當他們看到自己很安全之後，所有的恐懼就都消失了。他們非常誠實，從不耍花招，待人也十分慷慨。如果有人問他們要東西，沒有人會拒絕；相反，他們自己還會邀請我們帶走他們的東西。他們對我們表現出了最大的熱情，用非常珍貴的物品換取我們不值錢的東西；給他們蠅頭小利他們就會喜不自勝，甚至不給他們任何東西他們也會很高興……」

由於美洲大陸在長達幾萬年的時間裡，與歐亞大陸完全隔絕。到 15 世紀末的時候，新大陸的文明程度與舊大陸相比，無疑落後了幾千年。歐洲人到達美洲後，不僅對印第安人進行了瘋狂的屠殺、搶劫和強迫勞動，而且從舊大陸帶來的天花和麻疹等疾病，讓缺少免疫力的印第安人遭遇了滅頂之災。據估計，美洲的印第安人從 15 世紀末的幾千萬人已經銳減到目前不到美洲百分之五的人口。

然而，對於原始落後的土著民族來說，印第安人的命運還不是最慘的。與他們相比，澳大利亞土著塔斯馬尼亞人的遭遇更為悲慘，他們世代生活在塔斯馬尼亞島上。1803 年，英國的一支探險隊渡過巴斯海峽登上塔斯馬尼

亞島，並在島上建立起永久性殖民定居點。出於對土著居民的天然敵視，英國殖民者殘酷屠殺土著，根本不把土著當人看，而將他們看作是類人猿和人類之間的過渡生物。殖民當局為徹底解決所謂的「土著對自由移民的威脅」問題，對土著居民實行了有組織、有預謀的集體屠殺和滅絕政策。1869 年，最後一個純血統的塔斯馬尼亞土著男子蘭奈去世；1876 年，最後一個土著婦女特魯卡尼尼去世。在特魯卡尼尼彌留之際，她曾哀求死後不要解剖她的屍體。然而殖民當局卻沒有滿足她的可憐要求，特魯卡尼尼的人皮標本至今還陳列在霍巴特（澳洲塔斯馬尼亞州的首府）博物館裡，默默地展示著這個種族通往滅絕之路的那段憂傷的歷史。生於 1803 年的特魯卡尼尼，正好經歷並目睹了她的整個種族走向滅亡的全過程。作為最後的塔斯馬尼亞人，她的去世標示著一個人類種族的歷史終結。塔斯馬尼亞人就這樣從地球上消失了！

我們也許會為美洲和澳洲土著的命運感到唏噓不已。然而，歷史的事實就是如此。曾經有人說，現代社會物質文明的發展，是以犧牲生物多樣性為代價；而精神文明的發展，則是以犧牲文化多樣性為代價。在現代世界裡，落後的土著民族遭遇從文化到肉體的徹底滅絕，雖然令人感到巨大的悲傷。然而，從生物進化的角度來看，這正是「物競天擇、適者生存」的自然進化結果。

悠久的歷史讓中國人故步自封

中國是一個擁有 5000 年悠久歷史和燦爛文化的文明古國，曾引領世界 1000 多年。我們曾長時間占據世界第一經濟大國、科技大國和文化大國的位置，只是在近代以後，才由於種種原因落後於西方，但我們畢竟領先了 1000

多年。因此，中國人在潛意識裡一直有著一種強烈的歷史自豪感。

　　但也有些學者認為，中國所謂「5000 年文明」的說法值得商確。在國際上，文明和文化是兩個不同的概念，石器時代可以稱為文化，但不能稱為文明！而文明的定義必須是文字和城市國家出現為標示。國際上對中國文明的起源只承認自商代開始，因為商代有可供考證的文字（甲骨文）和以及城市遺跡（安陽殷墟）。商代以前的夏朝和三皇五帝時代只是在《史記》等古籍中出現過，並沒有確切的考古根據。而且，而司馬遷在《史記》中關於這部分的記敘，大都是根據傳說寫進去的，因此只能算神話傳說時代而不能計入文明時代。

　　無論如何界定中國文明的起源時間，5000 年也好，4000 年也罷，時間都足夠長久，與現在的美國、英國、俄羅斯等世界大國的歷史比較起來，我們都比他們要久遠得多。然而，歷史已成為過去，長久地沉浸在「故紙堆」裡咀嚼過去，除了尋找阿 Q 式的精神安慰外，對現在對未來並沒有太多裨益。

　　1840 年的鴉片戰爭，開啟了中國「三千年前所未有之大變局」，中國人逐漸褪去「天朝上國」的光環，開始生活在西方主導的世界中，生活在一個「西方」概念等同於「現代」概念的時代裡。然而中國人對「現代化」的認識並不是一蹴而就的，以 1840 年為起點，近代中國經歷了鴉片戰爭、洋務運動、中法戰爭、甲午海戰、戊戌變法、八國聯軍入侵北京等一系列失敗、挫折和屈辱，中國人在觀念上經歷了從認識、了解到嚮往、追求「現代化」的過程。

　　20 世紀初，梁啟超率先提出了新化、歐化和西化的主張。梁先生應該算是中國倡導現代化的第一人。到 1920 年代，中國知識分子正式提出了現代

化的口號。1927年，柳克述在《新土耳其》一書中把西化與現代化相提並論。1929年，胡適在《文化的衝突》一文中，使用了「一心一意的現代化」的提法。1933年，申報月刊刊出「中國現代化問題」專輯。這大概是現代化概念被中國知識界廣泛使用的開端。胡適先生的一句「全盤西化」在中國引起軒然大波，從而揭開了一場「全盤西化」與「中國本土文化」的大論戰。

讓一個有著悠久歷史傳統的文明古國，完全拋棄自己的政治理想和傳統文化，完全「西化」，對於中國人來說，無論如何都是難以接受的。事實上，自漢唐以降，中國人就以勤勞勇敢、充滿智慧自居，創造了無數了科學發明和文明成果：絲綢、青銅、瓷器、造紙、火藥、指南針、印刷術……。然而，中華民族一直是一個沒有「學問」的民族，有技術但沒有科學，沒有上升為系統理論的東西。中國人對當代世界文明的貢獻幾乎是零，不管是數學、物理，還是生物、化學等現代基礎科學理論體系內的有分量的定律、定理、公式，沒有一個是中國人創造的；現代的科技產品，如火車、汽車、飛機、衛星、電視、計算機、錄音機、照相機、攝影機等，沒有一樣是中國人發明的。

和古代中國相比，近代的中國人似乎顯得有些「愚蠢」，這導致中國在最近200年裡遠遠落後於西方。甚至有人據此認為，中國人是個劣等民族。雖然這種觀點有失偏頗，但我們也沒有必要因此「義憤填膺」、「拍案而起」。法國思想家伏爾泰曾說，「雖然我不同意你的觀點，但我誓死捍衛你說話的權利。」對於不同的觀點，我們應有包容的氣度和胸懷。

巍巍中華，泱泱大國，為什麼就落後了呢？中華民族有著悠久的歷史、遼闊的國土和眾多的人口，正所謂「上下五千年，縱橫九萬里，人口四萬萬」。然而，正是這些讓我們長久以來引以為榮的東西，讓中國人驕傲自滿了

幾百年，故步自封而不思進取，從而成為阻礙近代中國發展的沉重桎梏。太過長久的輝煌和傳統，使近代中國與現代世界漸行漸遠，沉重的歷史包袱使中國「與世隔絕」了兩百多年。

五千年的歷史，四千年的專制

中國歷史很悠久，民族文化很燦爛。對於每一個中國人來說，一提起「上下五千年，縱橫九萬里」，都會感到無比驕傲和自豪。如果再加上一句，「犯我強漢者，雖遠必誅」，那就更加振奮人心了。

然而，中國悠久的歷史真的那麼輝煌和偉大嗎？其實未必。歷史永遠都是勝利者和統治者的歷史，失敗者和老百姓是沒有資格寫歷史的。在恢弘寬廣的敘事模式下，歷朝歷代的史官們向來都習慣於用鮮花和掌聲為統治者歌功頌德、粉飾太平，而根本無視占絕大多數的普通百姓的悲慘生活。

中國五千年文明史，如果撇開三皇五帝的神話傳說時期，真正有歷史記載的只有四千年（國際社會只承認自商代開始的 3500 年）。在這四千年中，從西元前 2062 年（根據 2000 年 11 月 9 日「夏商周斷代工程」課題組公布的《夏商周年表》），夏啟開始「家天下」，到西元後 1911 年，清朝最後一個宣統皇帝溥儀退位，專制社會占到了 3900 年多年。所以說，中國的歷史其實就是一部專制的歷史。誠如魯迅先生在《狂人日記》中所言：「我翻開歷史一查，這歷史沒有年代，歪歪斜斜的每頁上都寫著『仁義道德』幾個字。我橫豎睡不著，仔細看了半夜，才從字縫裡看出字來，滿本都寫著兩個字是『吃人』！」在魯迅先生看來，中國的歷史就是一部「吃人」的專制歷史。

中國歷史所謂的輝煌和偉大，其實不過是封建統治者和御用文人們的自我吹噓罷了，而且一代比一代吹得厲害。明代史官曾這樣描述，「我朝國勢

之尊，超邁前古，其馭北虜西番，無漢之和親，無唐之結盟，無宋之納歲薄幣，亦無兄弟敵國之禮。」然而，恰恰是明代把中國的封建專制制度推向了極致。

古代中國一直有兩種歷史文化，一種是為統治階級服務的菁英文化，另一種是反映民間疾苦的草根文化。在強大的封建專制統治之下，菁英文化一直占據著中國的歷史舞臺。在古代中國，要想出人頭地，唯有讀書出仕一條路。

在「修身齊家治國平天下」的人格追求和道德理想指引下，不管是得意的仕途官員，還是失意的落榜秀才，他們都懷有一種「心繫天下蒼生，拯救黎民百姓」的博大情懷，「居廟堂之高則憂其民，處江湖之遠則憂其君」。然而，這些菁英文化並不能為普通百姓帶來實實在在的利益，而不過是麻痺和禁錮他們思想和靈魂的精神鴉片。林語堂先生曾經說過，「中國古代很多平民百姓本身就處在社會的最底層，利益每天都在受到侵害，卻有著統治階級的意識，要在動物界找到這麼愚蠢的動物幾乎是不可能的。」

曠世聖君從來都是殺人如麻

在中國漫長的歷史長河中，專制統治者的權力一直不受任何約束 —— 窮奢極欲、無惡不作；而老百姓在受盡欺壓凌辱之餘，卻要三呼萬歲、叩謝皇恩。除了皇帝，還有各級酷吏、奸臣、貪官、昏官也玩法律於股掌之上，置人民於血腥之中，不擇手段地追逐富貴和權力。為此，君臣相殺，父子相殘，骨肉相殘，同胞相害，權力鬥爭將人異化為豬狗不如的野獸。歷史上那些的「曠世英主」們，無限風光的外表之下其實都有一顆兇殘狠毒之心，正所謂「量小非君子，無毒不丈夫」。

「千古一帝」秦始皇嬴政是第一個殺人如麻的惡魔。嫪黨一案，嫪毐被滅族，太后被囚禁，20多個勸諫釋放太后的大臣被處死。為鉗制人們思想、實行專制文化，秦始皇以妖言惑眾、誹謗朝廷的罪名「焚書坑儒」，活埋700多位讀書人。有一年，天上落下一塊隕石，有人在上面刻下「始皇帝死而地分」七個大字，秦始皇因追查不到罪犯，便下令把附近村莊的老百姓全部殺光。

到了漢代，「雄才大略」的漢武帝劉徹也是殘忍無比。淮南王劉安謀反一案，殺人數萬；戾太子劉據巫蠱一案又殺人數萬；民間盜鑄錢幣一案殺人竟達數十萬之眾！不僅如此，漢武帝還窮兵黷武，連年對外用兵，結果弄得民不聊生，全國人口減半。其暴戾比秦始皇有過之而無不及。

盛世大唐的唐太宗李世民，也不是什麼善主。他為了奪取皇位，不惜弒兄殺弟，逼其父李淵退位，在他身上同樣背負著累累血債。李世民登基後，一直都對自己繼承皇位的合法性缺乏自信，心存擔憂。

元代之後，明朝的統治者比起野蠻的蒙古貴族，更加殘暴。明太祖朱元璋將「開國功臣」幾乎全部殺光之後，又接連製造了幾個驚天大案：胡惟庸一案誅殺三萬多人，藍玉一案誅殺兩萬多人，空印案與郭桓案共誅殺七萬多人。明成祖朱棣奪取皇位後效法其父，誅滅方孝儒十族（共873人被殺），齊泰、黃子澄、卓敬、高翔等被滅族，御史大夫景清不但被滅族，而且牽連其鄉人（被稱為「瓜蔓抄」）。

到了清代，清康熙玄燁雖然號稱「仁」皇帝，可殺起人來，也毫不手軟。徐二官謀反一案，27人被凌遲，70多人被斬首；戴名世一案，戴家16歲以上的男子全被斬首，300多人獲罪下獄。至雍正、乾隆兩朝時，大興文字獄，僅乾隆一朝就發生文字獄130多起，被捕殺的文人及受牽連的家屬達上萬人。

血腥殘暴的封建專制制度，只能製造殺人的惡魔、愚昧的民眾和貪婪的權貴。古代的專制統治者完全是一群野獸！人民生活在野獸的統治之下，歷經幾千年的茫茫黑暗。渺小而卑微的老百姓像一群螻蟻一樣苟活於世，任憑統治者壓迫和殺戮。統治者們手中拿著屠刀，口中卻在說著「帝德乾坤大，皇恩雨露深」的騙人鬼話；御用文人們也不斷為「仁政」、「盛世」和「名君」大唱讚歌。老百姓常常在災難來臨時，還情不自禁地下跪叩頭，山呼萬歲，感謝隆恩。

改朝換代讓專制愈演愈烈

中國古代的歷史從來都是統治者的歷史，其中屬於老百姓的，寥寥無幾。卑微的百姓們唯一的希望，就是能活下去。對於胸懷「治國平天下」理想的社會菁英來說，「文死諫，武死戰」，是他們立身處世的道德標準，而對那些被排除在主流社會之外的草根平民來說，「好死不如賴活著」，則是他們生活的全部意義。

在封建專制制度下，老百姓能活下來就已經感到相當滿足。畢竟，人首先是動物，其次才是人。然而在中國歷史上，老百姓真正做人的機會其實並不多。他們對於人生的期望，也低得可憐。他們可以拋棄理想，拋棄尊嚴，拋棄自由，拋棄人格，只有一個要求——讓我活著就行！等到實在活不下去了，就起來造反。把舊的統治者推翻，迎來新的統治者。老百姓只有兩種選擇：要嘛做逆來順受的順民，要嘛做刀口舐血的草寇。

中國歷史上曾發生無數次的農民起義，所有起義的原因都是：老百姓實在活不下去了！起義過後，舊的朝代被推翻，新的朝代重新建立，然而本質卻沒有改變。新上任的君主們往往會吸取前朝的教訓，對老百姓採取更加嚴

屬的專制壓迫政策。在由亂及治、由治及亂的歷史循環中，中國的老百姓們一直都在艱難地生存著，輪迴著……

沒有理想而生活著的中國百姓，幾千年來都未能逃脫這種宿命和輪迴。生活對於他們來說，只是苦難的無限循環而已。在漫長的道路上，曾經有很多人想用自己的雙手，來阻擋這一巨大車輪向前行進，或是讓其改變方向。然而，最終卻都被車輪壓得粉碎。車輪所到之處留下長長的轍印，裡面流淌著血與火，以及多得數不清的白骨。無知的百姓們，被車輪殘酷地捲起，又殘酷地壓下。

跑馬燈式的改朝換代，使中國人的血性一次次被嘲諷。每一次的堅守和認真，換來的都只是砍頭、滅族，和後人的唏噓不已。「捨生取義、為國盡忠」，於國於民，根本沒有任何的實際意義；於千秋萬代，也沒有起到任何的推動作用。忠於前朝是「忠」，忠於後朝不也是「忠」嗎？前朝的社會菁英們由於「世受皇恩」，所以他們有責任也有義務擔當道德的示範者和殉道者。但這種示範和殉道精神，在若干年後，常常會變得毫無意義。普通百姓們因為沒有這種責任和義務，所以他們無論面對從哪個方向來的進城大軍，都會熟練地插上順民的標牌，擺上香案，跪在城門兩邊迎接。

與改朝換代相伴的，是封建專制統治的日趨嚴密。郭廷以先生在《近代中國史綱》曾說，「統觀清代的統治策略，一切以集權、防範、壓制為尚。君權之隆，君威之盛，超過任何時代。漢、唐君臣之間，尚略有對等體制，宋、明朝儀雖漸森嚴，臣僚仍可立而陳奏，清則改為三跪九叩。明代百官、布衣皆得上書，清代則除部院堂官（尚書侍郎）、給事中、御史及撫、督等外，概不得專折言事。」

從秦始皇開始，幾乎每一朝的皇帝都在思考同一個問題：怎麼樣才能保

證皇位永遠不讓他人染指？這個問題是秦朝之後兩千多年時間裡，中國封建政治的全部焦慮所在。每一個皇帝都為此寢食不安。其實答案很簡單，那就是千方百計扼殺民眾的活力，不惜一切代價維持專制政權的穩定。為此，就要防止人們獨立思考，阻止人們自發組織，消滅任何能對皇權構成威脅的社會勢力。

不論統治者在整個社會中所占的人口比多麼微小，然而只要他們掌握了絕對權力（軍隊和司法），社會就會不可避免地向著他們所希望的方向發展。不管這個方向是多麼荒謬，對絕大多數人們來說是多麼的不合理。在兩千多年的時間裡，中國社會始終堅定不移地走向越來越嚴密的專制和越來越死寂的僵化。

秦始皇創立了大一統的郡縣制度後，漢武帝罷黜百家，獨尊儒術，開始推行思想和文化專制。唐太宗透過科舉制度，把全國的智力資源集中到功名利祿這一個方向，有效地防止了智力活動的多元發展。元朝皇帝們強化里甲和連坐制度，不許百姓使用兵器，甚至不許使用菜刀。朱元璋則取消了丞相制，憑借小農本能，把中國社會蛻變成了一個「大村莊」，自己擔任事事都要過問的「村長」。清代乾脆連內閣也取消，徹底把天下變成一個人的天下。為了不讓人們亂說亂想，清代康熙、雍正、乾隆三位「英主」，更是把文字獄推向極致。文字獄的盛行，使清朝的大臣們相互之間甚至都不敢通信，唯恐被人抓住把柄。

封建帝王們的智力接力，使得中國的專制制度達到了近乎完美的地步，中國社會終於凝固成鐵板一塊。這個社會的本質特性就是超穩定，對任何改革的願望都給以毫不留情的打擊。由於不惜代價以換取穩定，千百年下來積累了無數的弊病，根本無法根除。中國人的思想完全被禁錮，活力完全被扼

殺。殘酷的暴力和專制，雖然引發了無數次轟轟烈烈的農民起義，然而，不論起義和反抗多麼頑強多麼壯烈，老百姓最終還是沒有逃脫被征服被壓迫的命運。血流成河和人口減半的巨大代價，並沒有換來人民權利的伸張，反而使專制制度越來越嚴密。

在專制制度下，最高統治者享盡人間奢華極樂，食髓知味。任何人只要坐上龍椅，都會毫不含糊地「照此辦理」。雖然王朝不斷更替，但其政治結構與治理模式卻反覆克隆。改朝換代的實質，其實不過是改變江山社稷的姓氏而已。王朝更替除了為極少數人提供政治遊戲的極品享受外，對改變勞苦大眾的悲慘命運根本起不到絲毫作用。正如元代詩人張養浩在《山坡羊·潼關懷古》中所說：「興，百姓苦；亡，百姓苦！」

幾千年的中國歷史始終逃不出「分久必合，合久必分」的歷史循環，政權更替的過程往往有一個顯著的特點，那就是「其興也勃焉，其亡也忽焉」。而且這個過程從古至今，周而復始，形成了任何朝代都跳不出的興亡循環。人們在百思不得其解之下，只好把這個似乎不可抗拒的循環歸因於中國人的宿命。

專制統治下的馭民、弱民之術

歷朝歷代的封建專制統治者，除了用血腥的屠刀殺戮不安分的百姓，用專制的文化愚昧人民的思想，還建立了一整套嚴密的社會管理制度。由於封建專制統治者壟斷了一切政治權力和所有經濟利益，這等於牢牢扼住了臣民的咽喉，擁有了對臣民生殺予奪的絕對權力。臣民們只有唯命是從才能生存，這就是為什麼中國歷代可以得心應手地實施殘酷的專制統治的根本原因。

第二篇　悠久的歷史沉重的負擔

　　封建朝廷處心積慮地控制了一切謀生手段，只有為專制政府服務（即出仕為官），才能獲得生存和發展。任何一個有理性的人，要想在這種環境中生存下來，只有依附於政治權力或國家機器這個唯一的選擇。我們常常指責封建文人缺少風骨，其實這是中國古代官本位制度導致的結果。所謂「皮之不存，毛將焉附」，說的就是中國知識分子千年之病，千年之痛。

　　自秦始皇統一中國之後，中國知識分子就變成了依附在專制政權之上的「毛」。

　　對上「唯命是從」，對下「頤指氣使」，還表現為由政治權利帶來的不可計數的經濟利益。專制制度全仗各級官吏來維繫，掌握權力的官吏就成了特殊人物，官大者威風赫赫，權傾一方，官小者也是養尊處優，好處無數。官員的權威與身價，就在於他們手中的權力以及由此而獲得的各種利益。官位成了最有價值的無形資產，權力成了財富的代名詞。

　　在中國古代，要想出人頭地，唯一的途徑就是做官，官越大，獲利越厚。官位、權力和財富構成奇妙的「三位一體」，財富的多少取決於官位的高低和權的大小。正是基於這種社會規則，實現個人價值的最佳途徑就是做官，光宗耀祖、青史留名的最好方法也是做官。升官發財的意識浸透了古代中國人的靈魂。

　　在專制制度下，沒有政治權力作後盾的經濟利益是沒有根基的。漢武帝時，由於長年對匈奴作戰，導致國家財力枯竭，劉徹便向商人開刀，發布了著名的「告緡法」，大力鼓勵民間「告緡」，對申報財產不實者進行檢舉揭發（告發者可獲得沒收財產一半的獎賞），使得中等以上的工商業者幾乎全部破產，家破人亡者不計其數。後來的唐玄宗、唐肅宗也效法劉徹，不過，他們要稍稍文雅些，美其名曰「借商」，每次借款高達數百萬緡，然而結果卻是

「有借無還」。誰敢斗膽向皇帝討債？！

僅僅依靠官本位的制度安排，也許還不足以完全駕馭控制臣民們的意志。於是，專制統治者又發明了另一種弱民之術 —— 重農抑商。

重農抑商的根本核心，就是以農為本，限制工商業的發展。這是中國歷代專制王朝最基本的經濟指導思想，其目的就是把廣大人民強行束縛在土地上，達到隨時可以為統治者所驅使的目的。重農抑商政策始於戰國時期，商鞅變法將重農抑商政策第一次明確提出，並作為秦代的基本國策付諸實施。以後的中國歷代統治者都將其作為治國的不二法門。

其實早在兩千多年前，人們就知道「以貧求富，農不如工，工不如商，刺繡文不如倚市門」的道理。重農抑商政策是在人為地扼殺人民發家致富的通路。那麼，歷代的封建統治者為什麼都要不遺餘力地重農抑商、驅民歸農呢？

以私有制為基礎的自由商業，可以增加社會的橫向聯繫，打破彼此隔絕的地域界限，在各個獨立的社會個體之間架起互相溝通、互相依存的橋梁。在追逐利潤這只「看不見的手」的作用下，協調各地區各行業之間的生產和消費，促進商品與物資的流通，從而積極地促進社會的發展和財富的增加，而社會財富的增加又必然導致人民生活水準的普遍提高，從而增加其受教育的機會，促進科學、技術、藝術的發展，而人民文化素養的普遍提高又必然導致對專制統治的否定與反叛。

專制統治要求人民空間位置凝固，彼此之間杜絕橫向聯繫，保持小農經濟的主導地位，以實現對他們的人身控制。而自由商業活動遵循的是等價交換的價值規律，其基礎是市場面前人人平等，這與封建等級制度水火不容。而且商業活動會促進人員、資金、技術、資訊、商品等的橫向流動，這又是

對人身控制制度的極大危害，勢必威脅到專制制度的根基。因此，歷代的封建統治者都不遺餘力地抑制商業活動的發展。

為了確立官本位制度和實施重農抑商國策，從春秋時期的管仲開始，歷朝歷代的專制統治者都強調「士、農、工、商」的行業排列順序：士為首，商為末，只有出仕為官，才能光宗耀祖、出人頭地；農為本，商為末，只有農業才是國之根本、家之根本；商業和商人從來都是被貶低被嘲笑被打擊的對象。

儒家文化對中國人思想的禁錮

眾所周知，改革開放以來，中國經濟取得了舉世矚目的輝煌成就。世界銀行的一份研究報告指出，「中國正處於一個巨大變革的時期。其速度之快、範圍之廣，預示著一個新的經濟發展時代即將到來，這給眾多的中國人民帶來了新的希望。中國已經跨入一個其他國家需要幾個世紀的努力才能達到的時代。對於一個人口超過非洲和拉丁美洲人口之和的國家來說，能取得如此的成就，可以說是我們這個時代最偉大的成就。」

很多人對此沾沾自喜，歷史上的天朝大國好大喜功的思想依然殘存在我們的血液裡。從「中國可以說不」到「中國不高興」，以及各種現代「私塾」的興起，都可以看出這種民族情緒。很多人以為中國傳統的儒家文化是最優秀的文化，試圖在傳統文化的舊書堆裡尋找強國之路，甚至想在孔孟思想裡尋覓民族復興的真經。

然而，令中國人津津樂道的「儒家文化」和傳統價值觀，真的可以讓我們實現中華民族復興的偉大夢想嗎？恐怕很難。要知道，儒家文化的傳統價值觀，是在農業社會條件下產生並發展起來的，它是與農耕文明相適應的。

無論孔、孟、程、朱等儒學大師多麼高明、多麼偉大,「前知五百年,後知五百年」,他們也無法預知今天的世界是什麼樣子。這種歷史侷限性,是任何人都逃脫不了的。文化和道德都屬於意識形態領域的東西,它的產生和發展必然要受到社會經濟基礎的制約。農耕文明下產生的儒家文化不可能適應今天的工業社會,工業社會需要商業價值觀。

開國皇帝從來都不是「忠臣孝子」

儒家思想雖然誕生於春秋時期,但它占據中國社會的統治地位是從漢武帝開始的。在此之前,儒家學說不過是諸子百家中的一種,秦代是法家獨大,漢初推崇黃老,直到漢武帝才開始「廢黜百家,獨尊儒術」。為什麼儒學在孔子死了 400 年後才紅起來,這是有歷史原因的。漢武帝時,由於他是幼年即位又很有抱負,為了有所作為,也為了鞏固其地位,所以把董仲舒的儒學利用起來,宣揚「君權神授」,宣揚等級禮法,以幫助其「家天下」的專制統治。從此以後,以儒家倫理道德為中心,以法家的嚴刑峻法為輔助,以道家權術政治為手段的治國模式基本上符合古代中國的國情,成為歷代統治階級奉行不變的治國圭臬。

儒家學說的興起,就當時來說,對於社會的穩定,對於社會從野蠻向文明的轉化,是起了積極作用的。社會思想的統一,使大漢帝國獲得了一個長期比較安定的政治局面,從而有力地促進了經濟的發展,為後來的大破匈奴準備了條件。但是我們應該清楚,漢武帝選擇儒學,其主要目的是為了維護封建專制統治,究其本質,完全是一種愚民政策。把皇權賦予神聖的光環,儒家教育人民,要尊崇天意天道,也就要尊崇皇權而不能想推翻他。這正是利用了儒學「君君臣臣」的治國理念。實際上,古代帝王實行的是外儒內法

的制度，用儒家理論來從思想上愚民，用法家方法鞏固加強其統治。

儒家思想宣揚「忠臣孝子」的價值觀念，這對於歷朝歷代的封建統治者，這當然是天大的好事。但是，縱觀各朝各代封建王朝的開國皇帝，又有哪一個是所謂的「忠臣孝子」呢？如果他們是「忠臣孝子」，怎麼會去造反去搶奪別人的「江山」？而一旦他們奪取了江山，卻又要求別人去做「忠臣孝子」，實在是滑稽可笑。然而，在封建專制統治和愚民政策下，「忠臣孝子」卻一直是古代封建文人的人格理想和精神追求。清代大學士紀曉嵐曾寫下這樣一副對聯，「一等人忠臣孝子，兩件事讀書耕田」。紀大學士的這副對聯，用現在的眼光來看，「忠臣孝子」和「讀書耕田」這八個字中，「孝子」和「讀書」固然不錯，但「忠臣」和「耕田」就顯得不合時宜了，「忠臣」是封建專制社會的產物，而只重「耕田」不重「經商」，則是封建社會「重農抑商」的結果。

儒學經典早已被篡改得面目全非

在中國長達 2000 多年的封建社會裡，儒家思想對維護封建專制統治的穩定起到了十分重要的作用。對於帝王而言，任何有利於集權統治的思想都是求之不得的。封建社會的御用為儒家的「經典」理論，為專制統治服務。這樣的例子隨處可見：

《詩經‧小雅》中的「溥天之下，莫非王土；率土之濱，莫非王臣；大夫不均，我從事獨賢」，被改成一個集權統治的理論依據而流傳千百年：「普天之下莫非王土，率土之濱莫非王臣」。

《韓非子‧初見秦》中的「為人臣不忠，當死；言而不當，亦當死」，最後被發展成為「君要臣死，臣不得不死」。

儒家學說中其實有很多自相矛盾的敘述，《韓非子‧說難》中曾有這樣

的記載：

歷山之農者侵畔，舜往耕焉，期年，甽畝正。河濱之漁者爭坻，舜往漁焉，期年，而讓長。東夷之陶者器苦窳，舜往陶焉，期年而器牢。仲尼嘆曰：「耕、漁與陶，非舜官也，而舜往為之者，所以救敗也。舜其信仁乎！乃躬藉處苦而民從之，故曰：『聖人之德化乎！』」或問儒者曰：「方此時也，堯安在？」其人曰：「堯為天子。」然則仲尼之聖堯奈何？聖人明察在上位，將使天下無奸也。今耕漁不爭，陶器不窳，舜又何德而化？舜之救敗也，則是堯有失也；賢舜則去堯之明察，聖堯則去舜之德化；不可兩得也。

這篇文章的大意是：歷山這個地方民風彪悍，農民、漁民經常發生爭鬥，社會風氣很壞。虞舜去了三年後，以賢德教化萬民，使一切社會秩序井然。虞舜在歷山耕田時，正是堯帝坐天下。韓非子不禁要問，如果堯帝「明察」，「使天下無奸」，歷山的老百姓怎麼會「耕漁相爭，陶器不窳」呢？如果需要虞舜去「救敗」，則說明「堯有失」。因此，韓非子的結論是，「賢舜則去堯之明察，聖堯則去舜之德化」。二者不可兼得。

事實上，自漢武帝確定儒家思想的正統地位後，歷朝歷代的儒家經典被無數次修訂，孔子孟子的原作已面目全非。現在我們所知道的儒家思想，絕大部分來自宋代文獻。以程顥、程頤、朱熹為代表的宋代儒學大師們，把「天理」和「人欲」對立起來，認為人欲是一切罪惡的根源，因此提出「存天理，滅人欲」的觀點，從而徹底扼殺了中國人思想的原動力。

隋朝開始的科舉制度，從制度上奠定了儒家經典至高無上的學術地位。到了明代，朱元璋規定，「非孔、孟之書不讀，非濂、洛、關、閩之學（宋代四大理學）不講」，科舉考試必須以「八股取士」，以宋儒的解說為考試錄用的標準，不許自作議論。因為「自朱熹以來，『聖道』已經大明，不勞後人發

揮」。如此一來，儒家思想徹底淪為了成為統治者加於中國人思想上的沉重枷鎖，成為阻礙思想解放科技進步的御用工具！

以德治國 PK 以法治國

隨著歷史的發展，尤其是到了 16 世紀以後，千年不變的儒家思想越來越成為阻礙社會發展的頑固力量。在歐洲的自然科學開始光芒四射的時候，中國人還在四書五經的海洋裡亙古不變地鑽牛角尖，一味地讀死書，死讀書。1689 年，英國國會通過了《權利法案》，英國王室的專制政治從此消滅；1789 年，法國制憲議會通過了《人權宣言》，提出「人人生而平等自由」。而此時的中國人正陶醉在康乾盛世之中，大興科舉，大倡儒術。

儒家思想十分講究「禮治」，提倡「德治」，重視「人治」，唯獨缺少「法治」。這種思想對封建社會的影響巨大，被封建統治者長期奉為正統。儒家思想將等級秩序視為維護社會穩定的基礎，鼓吹封建道德觀，強調透過個人的自我約束，而忽略法律在社會生活中的作用。現代社會所提倡的民主與法制、自由與人權，在儒學經典中絲毫不見蹤跡。從某種程度上來說，正是我們引以為榮的儒家思想阻礙了中國人接受現代民主觀念。

到底是應該「以德治國」，還是應該「以法治國」？曾有人給孟子出了一道難題。《孟子‧盡心上》中收錄這樣一個故事，故事的主角是儒家學說極為推崇的「至仁、至孝、至德」的虞舜。故事原文是這樣的：

桃應問曰：「舜為天子，皋陶為士，瞽瞍殺人，則如之何？」

孟子曰：「執之而已矣。」

「然則舜不禁與？」

曰：「夫舜惡得而禁之？夫有所受之也。」

「然則舜如之何?」

曰:「舜視棄天下猶棄敝蹝也。竊負而逃,遵海濱而處,終身欣然,樂而忘天下。」

這個故事的大意是,舜帝的父親瞽瞍因為殺人而被司法官皋陶緝拿歸案,身為一國之君的舜帝為了維護法律的尊嚴,不得不接受判決結果。最後,舜帝為了能夠對父親盡孝道,主動放棄自己的君位而冒險將父親從死牢中救出,兩人從此漂泊江湖,不問世事。

在情與法的衝突面前,孟子的辦法是讓舜「竊負而逃」,表面上看起來天衣無縫,但如果仔細推敲就會發現文中其實隱藏著重大矛盾。這個矛盾無論是從純道德或純法律的角度來分析,它們都將割裂虞舜原本忠孝兩全的立體形象!

身為一國之君的舜帝既然已經決定「執之而已」,讓司法官皋陶全權負責父親的案件,他怎麼能「棄天下猶棄敝蹝」,而「竊負而逃」呢?難道一個犯罪的父親比天下所有的人都重要嗎?犯了錯誤就應該改錯,犯了罪就應該承擔後果。逃跑這樣的事情竟然跟我們十分推崇的「聖德無比」的舜帝關聯在了一起!

復興儒學可以實現民族復興嗎

千百年來,中國的士子們把儒家經典都研究爛了,科舉制度使文人們一輩子只讀聖賢之書,想出人頭地只能靠學儒家思想和儒學經典。儒家學說除了造就一大批「忠臣孝子」外,還附帶造出了不少「偽君子真小人」。絕大多數參與到封建政治中的「國家棟梁」都是研究儒學經典的專家大師。

如果說儒家文化真的能讓中國實現大國崛起和民族復興,那麼,為什麼

在傳統文化和儒家學說最昌盛的明清兩代，中國卻開始走下坡路呢？ 21 世紀，希望重拾儒學實現民族復興，根本就是無稽之談。現在探索中國的未來發展之路，絕不能寄希望於復古儒教。從中國歷史來看，儒家並不能強國，它不過是被用作擔當封建專制的工具。其禁錮中國人思想的副作用至今仍然揮之不去！而且過於強調道德的作用，必然會弱化了制度建設。

儒家文化有兩個致命問題：其一是宣揚等級觀念，與平等、自由、民主、人權的現代制度相悖。其二是靠道德說教治國，忽視制度建設。 2000 多年過去了，在民主法制成為潮流，講究制度治國的現代社會，儒家不僅過時了，而且成為中國重新崛起的巨大障礙。不把那些刻著儒家文化烙印的官本位、裙帶關係、宗族傳統和等級觀念徹底根除，自由、民主、人權、法制的現代思想怎能有立足之地？

也許有人會把日本、韓國等東亞儒家文化圈的國家所取得的經濟成就，拿出來作為捍衛儒教的有力論據。的確，在日本和韓國的日常生活中，使用筷子，穿著唐服，男人在外工作打拚，不下廚房，女人在家相夫教子，孝敬公婆等等習慣，都來源於儒家文化，然而這些僅僅是一種生活習慣罷了。如果據此就妄稱他們是儒家立國，靠儒教振興，豈非無稽之談？日本經濟崛起不過 100 多年，而韓國經濟崛起則不過幾十年，而儒教傳入日韓起碼有 1000 多年了。因此，無論如何，我們都不能把日本和韓國經濟崛起的原因歸功於儒家文化。

文化是人類發展和進化的痕跡，並非僅僅中國獨有。歷史越悠久的國家地區，其文化越豐富越厚重。但有意思的是，在當今世界，越是古老越有文化底蘊的國家卻多是較落後的發展中國家，埃及、印度、中國等文明古國莫不如此。而一個新大陸上僅 200 多年歷史的美國卻成為世界第一強國。太過

長久的厚重歷史正是壓在這些文明古國頭上的沉重負擔，從而制約了後來人的活力和激情，他們往往被文化所束縛所羈絆，非常容易在回味自己祖先輝煌文化時不自覺地減慢甚至停下前進的腳步。來自於祖宗和祖制的東西，一次又一次地成為發展變革的思想障礙。

對於中國人來說，對固有文化的崇拜在每一次變革時都成為了前進的阻力。歷朝歷代的改革家往往都成為了封建保守勢力的攻擊對象，甚至是刀下之鬼。對於保守勢力來說，維持現有秩序，不需要承擔什麼風險，卻可以獲得最大的利益。然而這僅僅是從個人利益的角度出發，而至國家、民族的未來於不顧。人類的進步更重要是來自創造力，文化不應該成為束縛創造力的壞東西，擁有輝煌歷史的國度和民眾更應該正確地對待歷史文化的積澱。

面對當今世界和當代中國，我們應該以史為鑑，卻絕不能被所謂的悠久歷史和燦爛文化所累。在保護歷史文化遺產的同時，我們應該清醒地認識到：中國無論是古代，還是現代，我們都不是那麼的優秀！在每一次思想解放的大潮到來之際，我們都應該勇敢地拋開歷史文化的包袱，邁出變革的腳步！中國之所以落後，不是傳統丟的太多，恰恰相反，而是丟的太少。要想真正走上自由、民主與法治的道路，我們必須更加勇敢地承認並正視差距，敞開胸懷接受外國的先進科學技術和法制治國思想，把儒教思想中的等級觀念和德治思想，毫不留情地砸碎砸爛，才能迎接人類先進文明的洗禮，建立真正的國強民富的和諧社會！

萬里長城既是驕傲，也是枷鎖

萬里長城歷來被主流媒體宣揚為中華民族精神的象徵，中華民族的驕傲。偉大的中國人民在 2000 多年前就建造出如此輝煌如此偉大的曠世工

程，長城因此成為中國人民的勤勞和智慧的見證，而被後世子孫們大書特書。在各種報紙、圖書、雜誌、網站上，關於長城的「溢美之詞」不絕於耳：「世界十大奇蹟之一」；「入選世界文化遺產名錄」；孫中山曾評價長城說：「工程之大，古無其匹，為世界獨一之奇觀」；美國前總統尼克森參觀長城後說：「只有一個偉大的民族，才能造得出這樣一座偉大的長城」……這一切聽起來，都是那麼的美好，那麼的振振有詞，那麼的理直氣壯！

太空中能看到長城嗎

2003 年 10 月 15 日，中國第一位太空人楊利偉乘「神舟五號」火箭，成功遨遊太空，實現了中國人幾百年的航天夢想，讓全中國的人都為之歡呼雀躍。我們應該還記得，距今五百多年前，明朝有個叫萬虎的人，把自己綁在四十七支火箭上，想借此遨遊藍天。然而，他卻在一陣劇烈的爆炸聲中被炸得粉碎。雖然如此，但中國人的太空夢想從來沒有停止過。他在返回現場接受了媒體的採訪，有位記者好奇地問：「你在太空上看到了萬里長城了嗎？」楊利偉不假思索地回答：「沒有。」

這位記者所提的問題也是很多中國人想問的。不知從何時起，「中國的萬里長城是太空中能夠看到的地球上唯一的人工建築」的說法就廣為流傳。據說是得到了眾多太空人的親口核實，並有照片為證。各大媒體爭相報導，甚至有媒體煞有介事地說：「美國太空人阿姆斯壯稱，他們從月球上用肉眼能看到的人類最大的建築物，是中國的長城，在月球上面看到的長城像一條黑色的蚯蚓。」於是，這一說法更加深入人心。

楊利偉的回答也許讓很多人感到失望。但這是事實。楊利偉不可能為了滿足一些人的虛榮心，而作出既違背科學精神又違背道德良知的回答。阿姆

斯壯在月球上連埃及的「金字塔」和美國的「帝國大廈」這樣巨大的單體建築都沒有看見,怎麼可能看得見長城!

其實,在楊利偉回答這個問題之前,稍有科學常識的人都知道,在太空根本不可能看見長城。長城雖然長達 7000 多公里,但其整體外觀是狹窄且不規則的,而在太空中很難觀察到地球上不規則的物體。不僅如此,由於長城的最大寬度不超過 10 公尺,很容易被周圍的地形背景隱沒,因此僅靠肉眼,在 20 公里的高度就很難將它分辨出來。長城完全從人的肉眼裡消失的高度只有 60 公里左右,這相對於太空船平均 400 公里的軌道高度來說,相差實在太大。而從月球到地球的距離則為 384000 公里,如果在月球上也能看到長城,就相當於在 3000 公尺外看見一根頭髮絲一樣。這顯然是不可能的。

實際上,自「太空中能看到長城」這一說法流傳以來,不少親臨太空的國外太空人就曾對此予以否認。和阿姆斯壯一起登月的美國太空人艾德林,在接受採訪時強調:那是人們的誤解和謠傳,是由於人們對太空缺乏了解所造成的。第一位太空遊客、美國富翁丹尼斯・蒂托也否定了這一說法。

儘管如此,中國仍有不少媒體不但不對傳言進行糾正,而且還在津津樂道地宣揚「太空中能看到長城」。道理很簡單,很多年來,人們一直對此說法深信不疑。這說明我們對於過去老祖宗創造的輝煌成就始終抱有依賴感,總覺得這是中國人的巨大驕傲和無上光榮,因此情願相信錯誤的說法也不願承認科學和真相。

不科學的讚譽其實是謬誤,情願相信謬誤而不相信真理,則是自欺欺人。用謬誤和自欺欺人的方式,來渲染民族情緒只會誤國誤民,令後人痛恨和恥笑。中國的萬里長城,埃及的金字塔,印度的泰姬陵,等等這些氣勢宏偉的古代建築,都是各國古代人民創造的奇蹟。它們與現代無關,它們代表

的只是過去和歷史。即使我們有理由為長城感到驕傲，但這種驕傲也沒有必要上升至無處不在、無所不能的地步。

「長城是在太空上能見到的唯一的人工建築」的謬誤宣傳，只會使中國人的愛國情結建立在虛無縹緲的基礎之上，同時影響到人們的科學觀念和務實精神。楊利偉以實事求是、認真負責的科學態度做出了否定回答，也許這個回答使很多中國人的虛榮心遭受了「沉重打擊」。然而，幾百年來，中國人因為虛榮心而遭受的打擊還少嗎？！

古代中國為何要修築長城

古代中國為什麼要修築長城？這要從遙遠的西周王朝說起。

西周時，中國有個「愛江山更愛美人」的周幽王，為了博美人褒姒一笑，上演了一曲「烽火戲諸侯」的鬧劇，從此失信於諸侯，結果被「犬戎」軍隊殺死在鎬京（今西安）郊外的驪山腳下。西周滅亡，東周開始。「烽火戲諸侯」鬧劇和現代版的「狼來了」故事幾乎如出一轍，只是故事的主角不同，一個是帝王，一個是孩子。「犬戎」對鎬京的這次入侵，是有史可查的北方游牧民族對中原的第一次入侵。

春秋戰國時期，北方的匈奴、東胡等游牧民族日益強大，經常南下侵擾中原。為此，秦、趙、燕三國修築了規模宏大的邊關長城。秦始皇平定中原統一中國後，曾派人四處尋找靈丹妙藥，以求長生不老，這其中有個名叫「盧生」的燕國人。盧生沒有為秦始皇找到靈丹妙藥，卻為秦始皇尋到了一本《錄圖書》，這本讖書上記錄著一個驚天祕密：「亡秦者，胡也」。秦始皇當然不想讓大秦帝國亡於「胡人」之手，因此派大將蒙恬率大軍「北擊匈奴」。然而蒙恬的出擊並沒有重創匈奴。秦始皇為了防止匈奴南下，將此前秦、趙、

燕等國修建的邊境城牆進行了整固、擴建，並連成一體。西起臨洮沿黃河向東，直到遼東半島，綿延一萬多里，成為中國最早的古代長城。雖然 2000 多年過去了，秦長城的遺跡現在仍依稀可見。

但是，長城並沒有使秦朝的江山穩固，反而加速了其滅亡。

秦朝初年，天下初定，百廢待興，百姓極需休養生息。然而，秦始皇根本不考慮這些，強行徵調全國勞役，修建長城、阿房宮、始皇陵等宏偉工程，致使無數的家庭，妻離子散，家破人亡。在著名古裝戲曲《孟姜女哭長城》中，編劇雖然虛構了「孟姜女哭倒長城八百里」，但孟姜女對秦始皇暴政的血淚控訴卻是真實無疑的。唐代大詩人杜牧在《阿房宮賦》中也曾寫道，「秦愛紛奢，人亦念其家。奈何取之盡錙銖，用之如泥沙？使負棟之柱，多於南畝之農夫；架梁之椽，多於機上之工女；釘頭磷磷，多於在庾之粟粒；瓦縫參差，多於周身之帛縷；直欄橫檻，多於九土之城郭；管弦嘔啞，多於市人之言語。使天下之人，不敢言而敢怒。獨夫之心，日益驕固。」

秦始皇徵調全國民夫，大興土木，不僅耽誤了農業生產和社會經濟的發展，而且由於秦朝實行嚴刑酷法，很多民夫兵丁不能按時趕到指定地點，常常被處以極刑，致使怨聲載道，民怒沸騰。歷史上著名的大澤鄉起義，就是因為陳勝吳廣等人在前往漁陽（今北京密雲西南）戍邊的途中，途經蘄縣大澤鄉（今安徽宿縣西南）時，因大雨阻隔，無法及時趕到。按照秦朝法律，誤了期限就要被全部處死。去是死，不去也是死，橫豎都是死路一條，所以才爆發了歷史上第一次大規模有組織的農民起義。陳勝吳廣振臂一呼，天下皆應，外強中乾的大秦帝國剎那間土崩瓦解。

秦朝滅亡以後，漢高祖劉邦開創了漢朝四百年基業。西漢初年時，北方的匈奴仍然是大漢帝國的最大威脅。劉邦曾親率大軍抵抗匈奴，結果卻被圍

於白登山上，達七天七夜（史稱「白登之圍」）。後來劉邦依靠陳平之計，用送禮和親的方式，才得以逃脫。此次被圍可能是劉邦稱帝以來遭受的最大恥辱。面對北方匈奴的威脅，西漢的高祖、惠帝、文帝、景帝都採取和親的方式，與匈奴保持交好。雄才大略的漢武帝劉徹登基掌權後，改變了對匈奴的防守態勢，派李廣、衛青、霍去病等人主動出擊，一舉擊潰了匈奴，從而徹底解除了北方匈奴對中原的威脅。

漢代以後，中原王朝與北方的游牧民族雖然戰爭不斷，但一直到明代以前，都沒有再對長城進行過大規模地整修。中原王朝是否修築長城，主要取決於兩個因素，一是有無必要，二是有無實力。秦始皇雖然修建了雄偉壯麗的萬里長城，並夢想大秦帝國由一世、二世、三世⋯⋯，而至萬世。然而，長城並沒有使秦朝綿延萬世，反而加速了秦朝的滅亡。

明太祖朱元璋將蒙古人逐出中原，恢復了漢室江山。雖然蒙古人遠逃大漠草原，但北方游牧民族對中原王朝的威脅，讓大明帝國的統治者們一直記憶猶新。後來發生的一切證明這種擔心不無道理。元朝滅亡 80 年後，蒙古人再度興起，瓦刺首領也先統一了蒙古各部，再次率兵入侵中原。在 1449 年發生的「土木堡之變」中，明英宗朱祁鎮和當年的漢高祖劉邦一樣，被來自草原的騎兵團團包圍。不過，明英宗沒有漢高祖那麼好的運氣。劉邦依靠陳平之計，得以逃脫；而朱祁鎮則因聽信太監王振之言，被瓦刺所擒。

「土木堡之變」後，明朝政府為了加強北方的邊防，決定再次修建長城。這就是現在我們經常看到的橫亙在中國北方的萬里長城。然而，此長城非彼長城。與秦代長城相比，明代長城向後退縮了 500 多公里，但是它卻更宏偉，也更堅固。修建長城的浩大工程，使大明王朝耗費了大量人力、物力和財力，元氣大傷。等到女真人崛起於白山黑水之間，一代雄傑奴爾哈赤又

一次帶給明朝巨大的失敗。以至於後來的康熙皇帝說：「修築長城，實屬無益。」

長城是中華民族的驕傲嗎？

被現代中國人津津樂道的萬里長城，真的是中華民族的驕傲和自豪嗎？它代表的是中國古代勞動人民的智慧結晶，還是封建王朝的封閉保守？耗費巨大人力、物力和財力修建的磚石城牆，真的發揮了抵禦外侮的作用嗎？這些問題很難用三言兩語來回答。

單純從軍事角度來說，秦代長城也許還能起到一些軍事防禦的作用，但明代長城卻是一個巨大的錯誤和浪費，根本起不到抵禦外族入侵的效果。明代所處的世界與秦代所處的世界截然不同。15、16 世紀時，西方國家已經開始用火槍大炮在全球進行瘋狂地擴張和征服，而大明帝國的統治者們還停留在冷兵器時代的思維模式裡，希望用堅固的城牆擋住來自北方草原的鐵蹄。

無論是秦代長城，還是明代長城，其實都是一種被動防守的體現，放棄了主動進攻權，並希圖一勞永逸地將進攻者封鎖在長城之外。它說明一個王朝不再進取，也就不再有生機和活力。如果說長城是一道堤壩，那麼進攻者就是一股洪水，堤壩無法無限制地加固加高，而洪水的沖刷卻可以永不停息。一旦洪水找到了堤壩縫隙，或者當洪流漫過堤壩咽喉，再宏偉再壯觀的堤壩也只能功虧於一簣！

回顧歷史，我們驚訝地發現，中國歷史上一貫的戰略姿態就是防守。而人類軍事史早已證明，被動防守是鮮有勝利的。長城作為華夏民族幾千年歷史的見證，目睹了中原民族一次又一次地遭受失敗和承受屈辱，在它古老的城牆上寫滿了保守、懦弱和故步自封。

第二篇　悠久的歷史沉重的負擔

　　如今，沉睡在沙漠裡的秦代長城已漸漸被人們所遺忘，被狂風裏挾著流沙一點點吞噬，彷彿一個千年的流放者，靜靜地躺在荒漠之中，等待死神的最後來臨。而雄姿英發的明代長城卻受到了現代中國人的無比景仰，人們甚至要用它來象徵中國曾經的繁榮和強盛。然而，假如長城會說話，它一定會告訴華夏兒女們，它是由歷史的命運所鑄造的一座巨大的悲劇紀念碑，它無法代表強大、進取和榮光，它只代表著退縮、封閉和保守，無能的防禦和怯弱的不出擊。由於它的龐大和悠久，它還把自詡自大和自欺欺人深深地烙在了中國人的心靈上。在寧夏紅石峽的長城城牆上，我們至今還能看到祖先留下的「華夷天塹」的石碑，這標示著華夏民族農耕文明的最後邊界，我們的祖先永遠無法超越土地和農業。

　　歷史走到今天，長城的防禦功能已不復存在，只能作為景觀供後人遊覽。如同埃及的金字塔一樣，長城作為建築史上的浩大工程，我們不能簡單的以它為榮或者以它為恥。它既不是奇蹟，也不是驕傲，它只是一個遺跡，證明了過去的一段歷史。如果說長城是中華民族的驕傲，那麼法國的馬其諾防線是否也值得法國人去驕傲？

　　也許除了建築學上的意義，長城留給我們後世子孫的更多的是思考的價值：長城並沒有擋住來自北方草原游牧民族的一次次入侵，卻阻礙了中原民族前進的步伐。我們在為萬里長城驕傲的同時，是否思考過它也是我們中華民族精神的枷鎖。

　　對於長城，我們應該少一些浪漫的感情渲染，多一些科學的理性思考。長城的確宏偉，它的建築難度是世界建築史上的奇蹟，但這些宏偉和奇蹟是暴政奴役和封閉保守的結果。如果這也值得讚美，那麼暴政就成為了正義，保守也就成了美德。

第三篇

文化只是工具福祉才是根本

宗教和文化從來都只是工具

　　從社會學的角度來說，文化是人類生活的反映、活動的記錄、歷史的積沉，是人們對生活的需要和要求、理想和願望。它是人們認識自然，思考自身，並使精神得以寄託的載體。宗教則是人類社會發展到一定歷史階段出現的一種文化現象。在人類早期一些社會中，宗教承擔著對世界的解釋、司法審判、道德培養和心理安慰等功能。現代社會中，科學和司法已經從有些宗教分離出來，但是道德培養和心理安慰的功能還繼續存在。宗教和文化同屬意識形態範疇，它們都是人類發展過程中逐漸形成的，並且都是促進人類進步和社會發展的工具。

　　東方的儒家文化和西方的基督文化是當今世界最具代表性的兩種文化。它們是東西方民族在漫長的歷史進程中逐漸形成的。儒家文化誕生於中國春秋晚期的魯國（今山東南部）；基督教誕生的時間為西元前後的古羅馬時期，其發源地為巴勒斯坦的耶路撒冷地區猶太人社會，它是在原猶太教的基礎上發展起來的。

　　基督教誕生之時，當時的羅馬帝國信仰包括古希臘和古羅馬眾多神只在內的多神教，因此篤信「一神論」的基督教被羅馬統治者們視為「異端邪說」。而且，隨著基督教徒數量的快速成長，羅馬統治者們開始擔心其巨大的影響力，會危及到帝國的統治，因而對基督教徒在十字架上。

　　在長達三個世紀的時間裡，基督教徒一直受到殘酷的迫害和鎮壓。到後來，羅馬帝國的統治者們發現，基督教宣揚的與人為善、克制禁欲等思想，其實對愚弄欺騙人民、維護專制統治十分有利。西元 313 年，羅馬皇帝君士坦丁頒布《米蘭敕令》赦免基督徒：「我們本著一向寬大為懷的宗旨，決定對那些不幸的基督教徒格外開恩。希望我們的寬容將會使得基督教徒們在他們

所崇拜的神前禱告時,勿忘為我們的安全和繁榮、為他們自身以及為共和國祈禱。」羅馬帝國承認基督教的合法地位後,基督文化逐漸成為主導西方世界一千多年的主流文化。

在長達兩千年的發展過程中,東方的儒家文化和西方的基督文化,形成了兩種風格迥異的文化內涵:東方人重仁義,西方人重財貨;東方人重公利,西方人重私利;東方人講集體主義,西方人講個人主義;東方人崇尚士大夫精神,西方人崇尚騎士精神⋯⋯

任何一種文化都具有其自身的歷史性和地域性,但他們的產生和發展都有一個共同的前提:能為信仰這種文化的群體中的絕大多數人帶來幸福。從這個意義上來說,文化應該是為人類謀取福利的工具,而不應該成為人類的枷鎖。如果為了「弘揚文化」,而損害了人類自身的福祉,那就成了本末倒置。

如果我們仔細檢視一下基督文化主導下的西方國家的發展歷史,從羅馬教廷到歐洲各國的封建專制統治者,他們之中很少有真正虔誠的基督徒。教皇與皇帝要嘛互相勾結利用,維護既有的專制統治秩序;要嘛互相爭權奪利,爭奪基督教世界的控制權。在羅馬教皇與世俗君主的鬥爭中,他們甚至摒棄宗教的分歧,與伊斯蘭教徒合作:法國的法蘭西斯一世曾與鄂圖曼土耳其的蘇里曼一世合作,向神聖羅馬帝國皇帝查理五世開戰;而神聖羅馬帝國皇室又與波斯人合作,反對他們的這兩個共同敵人。

羅馬教皇成為歐洲事務裁判之始

西元 476 年,西羅馬帝國滅亡後,來自北歐的「蠻族」在羅馬帝國的廢墟上建立了法蘭克王國。西元 741 年,矮子丕平繼承父位,擔任法蘭克王國

的宮相，掌握了軍政大權。但他並未因此感到滿足，日思夜想著如何篡奪王位。由於他不想擔當篡位的惡名，於是向羅馬教皇尋求支持——羅馬基督教會和北方「蠻族」第一次走到了一起。

西元 751 年，矮子丕平派出使臣去見羅馬教皇扎恰里，想了解教皇對丕平篡奪王位的態度。使臣來到羅馬謁見教皇，並向教皇提出了一個問題：「是徒有虛名的人做國王好，還是讓真有實權的人做國王好？」教皇面對使臣的提問，自然懂得丕平的用意，於是答覆道：「在我看來，讓真正有實權的人當國王要好些，掌權者應為王。」得到教皇的認可，矮子丕平便馬上動手，在法蘭克貴族及其附庸的蘇瓦松會議上，「根據全體法蘭克人的擁戴，眾主教的奉獻和貴族的宣誓」，廢黜墨洛溫王朝的末代國王希爾德里克三世，將他關進修道院作修士。丕平順利即位為法蘭克國王，加洛林王朝由此開始。新即位的羅馬教皇斯提芬三世（扎恰里於 752 年去世）親自到高盧（今屬法國）為新國王丕平舉行加冕儀式。教皇模仿《聖經》上大衛王的故事，將丕平塗上聖油，這一儀式使新王朝的國王具有一種神聖的光環，表示國王是「蒙神之恩當選」的國王，從而使丕平成為神在世間統治的代表，反對國王就是反對至高無上的神。

丕平遣使問羅馬教皇「誰應該做國王」，開創了教皇有廢立君主的特權，從而為後來教權高於王權提供了理論根據。當上法蘭克帝國皇帝的丕平當然沒有忘記報答羅馬教廷，他在西元 754 年、756 年兩度出兵義大利，征服了倫巴第人（生活在義大利北部山區），並把從倫巴第人手中奪回的土地——羅馬城及其原東羅馬帝國在義大利的拉文那總督管區劃歸教皇管轄，這便是教會史上稱為的「丕平獻土」。羅馬教皇於是以此為基礎，在義大利中部建立起政教合一的教皇國。教皇國便是現在的梵蒂岡城國的前身。

　　西元 768 年，丕平死後，法蘭克帝國由他的兒子查理和卡羅曼分別繼承。三年後，卡羅曼去世，查理統一了整個法蘭克帝國。在查理統治時期（768 ～ 814 年），法蘭克帝國處於鼎盛時代。他在位 46 年，東征西討，把疆域幾乎擴大了一倍，其版圖包括現在的法國、德國、荷蘭、比利時、盧森堡、瑞士、奧地利以及義大利和西班牙的一部分。查理因此在法蘭克帝國的歷史上被稱為查理曼（即查理大帝之意），而法蘭克帝國也被稱為查理曼帝國。建立了如此豐功偉績的查理，顯然對國王的稱號已無法感到滿足，他在等待著加冕稱帝的有利時機。西元 799 年，羅馬貴族殘酷迫害羅馬教皇利奧三世，要「把他的眼睛挖出，把他的舌頭割掉」，逼得利奧三世倉皇逃出羅馬。查理親自帶兵護送教皇回到羅馬教廷，重建教皇權威。為了報答查理國王的「拔刀相助」，西元 800 年聖誕節，羅馬教皇利奧三世在羅馬聖彼得教堂為查理舉行加冕禮，並授予他皇帝和奧古斯都（神聖、高貴的尊號）的稱號。

德意志國王與羅馬教皇的爭鬥

　　11-13 世紀時，歐洲基督教勢力如日中天，羅馬教廷曾在 1096 年至 1272 年間，先後發動了九次十字軍東征。當時歐洲各國的君王，都要聽命於羅馬教廷，教皇的權力是至高無上的，他不僅可以廢除君主，而且還可以懲罰國王。然而即便如此，仍然有少數膽大妄為的君主，因為不滿教皇勢力太盛，而公然挑戰教皇的權威。德意志國王亨利四世就是其中之一。

　　德意志人源自日耳曼血統，在羅馬人看來，他們都是北方的「蠻族」。而德意志人對羅馬教廷也一直缺乏尊重。11 世紀時，德意志王國基督教主教的任免權，一直掌握在國王手裡，羅馬教廷對此十分不滿。1056 年，年僅 6 歲的亨利四世即位為德意志國王。羅馬教廷乘著國王年幼無知，便提出教會獨

立，反對主教由國王委任，想借此削弱國王的權力。

　　1073 年，羅馬教皇格列高利七世，在敕令中明確提出：教皇的權力高於一切，不僅有權任免主教，而且可以廢除君主，審判和懲罰國王，而任何人都無權審判教皇。此時的亨利四世已經 23 歲了，他當然不能忍受教皇對國王權力的限制，於是雙方發生了激烈的衝突。

　　1075 年，亨利四世不顧教皇敕令，委派了許多空缺的德意志主教。教皇得知後，寫信威脅亨利四世，要他立即懺悔，並且向他作出書面檢討。亨利四世不服，於 1076 年 1 月召開宗教會議，宣布廢黜教皇。一個月後，教皇也在一次宗教會議上宣布：剝奪亨利四世的國王權力，並將他開除出教。教皇這一舉動，對亨利四世的王位構成了嚴重威脅。蓄意反對亨利四世的德意志公侯和高級教士，於 1076 年 10 月作出決議：亨利四世應暫時放棄國王權力，宣布效忠教皇，並必須在一年之內獲得教皇的赦罪令，否則將廢黜國王。同時定於第二年 2 月，在德意志中部的奧格斯堡舉行會議，邀請教皇出席，裁判是否廢黜亨利四世。面對這種極為不利的局勢，亨利四世被迫簽署了服從教皇權力的保證書，並表示願意對自己的嚴重罪行作懺悔。

　　1076 年 12 月，亨利四世獲悉，教皇已從羅馬啟程北上，到達了阿爾卑斯山以南的卡諾莎城堡，等候德意志公侯派來迎護的軍隊，前去參加裁判他的會議。亨利四世意識到，這一次非當面向教皇屈服不可。因此，他馬上脫下王冠御袍，換上便裝，帶著妻子貝爾塔和兩歲的兒子康拉德，以及少數隨從，越過阿爾卑斯山南下，趕往卡諾莎城堡，準備當面向教皇乞求赦免他的罪行。

　　亨利四世趕到了卡諾莎城堡後，他脫下禦寒的皮帽和靴子，把一條懺悔罪人用的氈毯披在身上，冒著風雪，徒步赤腳來到教皇的門前。當時，羅馬

教會對逐出教會或違反教規的人，允許他們舉行各種不同形式的懺悔儀式，來贖回自己的罪過，懺悔時間有時長達幾年。比如，有的赤腳露頭，在教堂門前向所有進入教堂的人懇切哀求，請他們代為祈禱；有的請人用木杖來棒打自己身體，以 3000 杖抵一年的懺悔；有的赴聖地朝拜，或捐納巨款等，一直到教會滿意他的懺悔為止。

亨利四世為了表示自己真誠懺悔，直接來向教皇哀求。他不得不忍氣吞聲，放下一切屬於國王的尊榮，站在雪地裡苦苦哀求了三天。直到第四天，許多教士被他的真誠懺悔所感動，紛紛替他去向教皇求情，教皇才勉強傳見他。

教皇格列高利七世是個意志堅定、手段毒辣、權欲極強的人。他對俯伏在面前的亨利四世沉著臉說道：「上帝是非常忍耐和寬容的。我們曾經期待，隨著你年齡和知識的日益增長，你終於能遵奉上帝的誡命。我也曾經用父親般的慈愛警告過你，希望你今後不要濫用上帝給你的尊榮和權力，來阻礙教會的自由。可是你不僅不感謝上帝的恩典，反而固執己見，不肯返回到你所遺棄的上帝面前來，而且一再分裂教會。為此，我不得不遵照上帝的意志，對你進行懲罰。」

亨利四世聽了教皇的嚴厲訓斥，只是伏在地上痛哭，不敢再為自己辯解。看著可憐兮兮的德意志國王，教皇身邊的紅衣主教、大主教和德意志貴族，紛紛代國王求情。最後，教皇的口氣終於有所鬆動，「看來，你的痛悔是真誠的。我已經說過，上帝是永遠忍耐和寬恕的。為了他的慈愛，我將鬆開驅逐你出教的鎖鏈，讓你重新回到基督的懷抱中來。但是，我不能立即恢復你國王的權力。你必須在上帝面前立下誓言，並且向在場人員作出保證。」

亨利四世謝過教皇的「恩典」後，當場寫了一份誓詞，表示願意遵照教

皇的旨意，改正自己的過錯。現場的主教們隨即在誓詞上簽名作證。教皇隨即吩咐手下：「馬上起草一份文件，敘述亨利四世在這裡懺悔的經過，並且附上他的誓詞。這份誓詞要迅速發給德意志王國的所有公侯！」

亨利四世獲得教皇赦免後，帶著隨從垂頭喪氣地離開卡諾莎城堡。不久，他的卡諾莎悔罪事件迅速傳遍了歐洲，當然也包括德意志王國。此次事件不僅意味著亨利四世顏面掃地，也意味著羅馬教廷的權力達到巔峰。從此，「卡諾莎之行」在歐洲人心目中成為了屈辱投降的同義詞。

透過「卡諾莎之行」，亨利四世贏得了喘息的機會。三年的低調和收斂，使他積聚起強大的力量，並擊敗國境內的最主要政敵士瓦本公爵魯道夫。王位得到鞏固的亨利四世再次與羅馬教廷發生決裂。1080 年，教皇格列高利七世第二次開除了亨利四世的教籍，而亨利四世也第二次宣布廢黜教皇格列高利七世，並推選了一名新教皇 —— 克萊芒三世。1084 年，亨利四世為報當年受辱之仇，揮師進軍羅馬。羅馬城被攻破後，亨利四世在那裡接受了教皇克萊芒三世的加冕。格列高利七世被迫南逃至薩萊諾，向盤踞在西西里的諾曼人首領羅貝爾·吉斯卡爾求援。吉斯卡爾欣然從命。結果諾曼人確實趕走了亨利四世，但他們同時洗劫了羅馬城，有 1/3 的羅馬街區被燒毀。諾曼人撤離羅馬時，格列高利七世因害怕羅馬人會聲討他「引狼入室」，只好隨諾曼人一起南撤，並於 1085 年客死薩萊諾城。

伊比利亞人對基督教的熱情

比較起來，在中世紀的歐洲人中，只有伊比利半島的西班牙人和葡萄牙人對羅馬教廷懷有比較高的敬意。當然，他們也並非天性如此。他們之所以如此，是與他們的國家和民族歷史息息相關的。

伊比利半島是歐洲的另類世界：在歐洲人眼裡，他們像是伊斯蘭國家；而在伊斯蘭人眼裡，他們又是歐洲國家。基督文明和伊斯蘭文明在伊比利半島經歷了最完美的結合和最殘酷的鬥爭。在伊斯蘭人統治伊比利半島 700 多年的時間裡，他們不僅帶來了先進的農耕技術和伊斯蘭文化，而且在伊比利半島建立了很多伊斯蘭風情的建築和雕塑。

然而，伊比利半島人與伊斯蘭人的戰爭一直都沒有停止過，基督教與伊斯蘭教的戰爭也一直都在持續，並在十字軍東征期間達到頂峰。伊比利半島位於歐洲的西南角，距離聖城耶路撒冷很遙遠，雖然參加十字軍東征的西班牙人和葡萄牙人並不多，但他們與伊斯蘭人進行的光復國土戰爭，實際上是與十字軍東征互相呼應的。在長達 700 多年的光復國土戰爭中，羅馬教廷為伊比利亞人提供了很多物質和精神上的幫助。西班牙和葡萄牙趕走伊斯蘭人後，自然對羅馬教廷感恩戴德。在伊比利半島，基督教騎士的地位十分尊崇。葡萄牙著名的航海家亨利王子就是天主教騎士團的團長，他正是利用擔任騎士團團長的職位，才得以籌措航海探險的巨額資金。

伊比利亞人對基督教的虔誠不僅從他們的每次航海搭載的傳教士身上得到體現，而且可以從羅馬教廷在西班牙與葡萄牙發生爭端時扮演的裁判身份上得到印證。

15 世紀上半葉，葡萄牙人沿著非洲西海岸開始航海探險的時候，曾請求羅馬教皇授予他們對所發現土地的所有權。1454 年，教皇尼古拉五世發布敕令：「經過細緻的審議，並在考慮了我們所作的審議之後，我們頒發教皇的許可證，授予葡萄牙國王以侵入、征服和統治所有尚處於基督教徒或其敵人以及異教徒統治之下的國家的權利，這種權利是完整而絕對的。我們頒發教皇的許可證，是希望葡萄牙國王及其所有繼承人以獨有的權利占有上述的島

嶼、港口和的海洋，因此，所有虔誠的基督教徒未經葡萄牙國王及其繼承人的允許，決不可侵犯他們的專有權。在已經獲得或即將獲得的征服地中，凡是伸展到巴賈多角、幾內亞海岸的諾恩角以及整個東方的征服地，從今以後永遠歸葡萄牙王國專有。」教皇的敕令，使葡萄牙人擁有了沿非洲西海岸向印度行進時所發現的所有土地的「合法」所有權。

1481 年，由於葡萄牙與西班牙在非洲西海岸加那利群島的歸屬問題上發生爭吵，羅馬教皇西斯科特四世批准一個由兩國政府簽訂的《阿爾卡索瓦斯條約》。在教皇的敕令中，教皇宣布「加納利群島歸西班牙國王所有」，葡萄牙國王則擁有「加那利群島（約北緯 30 度）以南已經發現或將要發現的一切島嶼」。

1492 年，西班牙完成「光復國土」後，伊莎貝爾女王派遣哥倫布橫渡大西洋，發現了美洲新大陸，並立即宣布新大陸「歸西班牙王國所有」。由於哥倫布「發現」的古巴和海地，其地理位置在北緯 30 度以南，這無疑違反了《阿爾卡索瓦斯條約》的約定，葡萄牙與西班牙兩國為此發生激烈爭吵。

1493 年 5 月 4 日，為平息葡萄牙和西班牙的爭端，羅馬教皇亞歷山大在非洲西海岸的亞速爾群島和佛得角群島以西 100 里格處劃出一條分界線，分界線以西地區授予西班牙，以東則授予葡萄牙。事後不久，葡萄牙人發現，按照這個分界線，西班牙可以沿非洲西海岸將主權擴張到任何地方，而葡萄牙人所得的區域則相對有限。1494 年 6 月 7 日，在羅馬教皇的再次主持下，西班牙女王伊莎貝爾和葡萄牙國王若昂二世在距西班牙首都馬德裡西北 150 公里的小鎮托爾德西拉斯，簽訂了《托爾德西拉斯條約》，透過這個條約將原先的分界線向西移了 270 里格（大約西經 48-49 度，距離佛得角群島 370 里格，約 2190 公里）。

伊比利亞人開啟了大航海時代的序幕，並成為航海探險的最大受益者，而羅馬教皇則扮演了葡萄牙和西班牙探險糾紛的最後仲裁者。伊比利亞人的航海探險，除了源自對黃金和香料的渴望，也有宗教方面的動因。

1453 年，拜占庭帝國滅亡後，伊斯蘭人的勢力擴張到歐洲巴爾幹半島的南部，從而直接威脅到歐洲基督教國家的安全。此外，由於東地中海沿岸的小亞細亞半島、塞浦路斯以及耶路撒冷全部被鄂圖曼土耳其收入囊中，歐洲人失去了對傳統的東西方貿易通路的控制。

當時在歐洲的基督教徒中，廣泛流傳著在非洲大陸撒哈拉沙漠以南，存在有一個強大的信仰基督教的黑人王國 —— 普萊斯特‧約翰王國的傳說。因而，繞過非洲南端聯絡傳說中的「約翰長老王國」，與他們一起對伊斯蘭人進行「東西夾擊」，也是葡萄牙人開始航海探險的原因之一。葡萄牙人後來繞過非洲大陸尋找到了傳說中的約翰王國 —— 非洲東部的埃塞俄比亞，他們發現與傳說中的約翰王國完全對不上。唯一可能的解釋是，葡萄牙的基督徒們為了自圓其說，強行把約翰王國的帽子加在埃塞俄比亞的頭上，從埃塞俄比亞的地理位置來看，它的確是充當「約翰長老王國」的最好選擇。而此時的歐洲人已經借助於航海探險開始強大起來，對於不能與約翰王國夾擊伊斯蘭人，也不會產生多少遺憾了。

打著上帝和佛祖的名義斂財

宗教是人類社會早期發展的產物。在人類進入現代文明社會以前，宗教一直承擔著人類認識世界、維持秩序和安慰靈魂的重要功能。在人們對社會和自然建立起科學理性的認識以前，宗教不可避免地包含了很多愚昧落後的東西，並淪為專制統治者維護專制統治的工具。早在兩千四百多年前，古希

臘的血腥統治者克里底亞（柏拉圖的舅父）就曾非常明確地指出：「宗教不過是一位偉大而機敏的政治家高傲的謊言而已。」

贖罪券是個什麼東西

歐洲中世紀時，曾出現過基督教士販賣贖罪券的奇特現象，而且時間長達 200 多年。贖罪券的本質，其實就是用金錢為自己贖罪。由於基督教宣揚的是一種救贖哲學，基督徒們認為：人類從始祖亞當、夏娃開始，就違反了上帝的旨意（偷吃禁果，被逐出伊甸園），犯有「原罪」；世上的每個人天生都是有罪的，以後又不斷違背上帝的規條，罪孽更加深重；上帝為了拯救人類，特意派耶穌基督降臨人世，傳播教義，並且以耶穌被釘上十字架來替人類贖罪；耶穌以後的人類只要信仰上帝，就可以贖罪得救，在末日審判時升入天堂。

據《新約‧約翰福音》記載，耶穌基督在復活後對門徒們顯靈，並向他們吹一口氣，指示說：「你們受聖靈委託。你們赦免誰的罪，誰的罪就赦免了。你們留下誰的罪，誰的罪就留下了。」羅馬教廷後來據此宣布，他們作為耶穌基督最正宗的繼承人，具有赦罪的特權。教皇還宣稱，耶穌以及其他殉教的聖徒的血，用以贖免人類的罪孽「綽綽有餘」；積累下來形成的「聖公善庫」，可以由聖彼得的接班人 —— 也就是教皇代表的天主教會來執掌，代表上帝來贖特定人物的罪孽，開啟從煉獄到天堂的大門。

教皇代表的天主教會有贖人罪孽的資源，有讓人死後升入天堂的鑰匙，有權宣布參加十字軍東征或到羅馬朝聖的人都能夠得到救贖（1095 年，教皇皇烏爾班二世發起第一次十字軍東征時，為了讓十字軍將士加強其宗教信仰，教皇宣布所有參加東征的人，可以獲得減免罪罰，並為每一位十字軍將

士發放贖罪券）。後來的教皇索性宣布，不能前往羅馬朝聖的人也可以透過支付費用的方式來獲得救贖，並由教會發給他們代表「已經朝聖」的文書。這種文書就被稱為「贖罪券」。

讀過《聖經》的人應該知道，羅馬教廷透過出售「贖罪券」來斂財的惡劣行徑，其實可以在《聖經》中為其找到「合理合法」的宗教理論依據。各種各樣的物質條件要求；為了紀念出埃及的日子，要在每年的 1 月 14 日至 21 日晚上，吃無酵餅；要將所有牲畜中頭生的雄性牲畜獻祭給上帝，連頭生的男孩，也要透過交費的方式從上帝那裡贖回來。《聖經》中這樣寫到：

「你要吃無酵餅七日，到第七日要向耶和華守節。這七日之久，要吃無酵餅，在你四境之內不可見有酵的餅，也不可見發酵的物。你要將一切頭生的，並牲畜中頭生的，歸給耶和華，公的都要屬耶和華。凡頭生的驢，你要用羊羔代贖，若不代贖，就要打折它的頸項。凡你兒子中頭生的都要贖出來。」

既然上帝可以要求信徒用錢將自己頭生的兒子贖回來，那麼教會為什麼不可以要求信徒用金錢來為自己贖罪呢？因此，羅馬教皇兜售贖罪券的行為，應該是得到上帝「許可」和「授權」的。

據史料記載，羅馬教廷在 1300 年前後，開始向公眾出售贖罪券。教皇宣稱任何人只要出錢購買了教會的贖罪券，不但所有的罪惡都將得到赦免，還能得到上帝的「關照」，死後進入天堂。最初的時候，教皇規定贖罪券每 100 年出售一次；在嚐到甜頭之後，於 1400 年調整為每 50 年一次；到了 1450 年，又改為每 25 年一次；到了 1501 年，貪婪的教皇宣布每 5 年出售一次，到了 1506 年乾脆改為每年出售。

1515 年，擔任羅馬教皇的利歐十世，出身佛羅倫斯豪門麥第奇家族，他

不僅生活驕奢淫逸，而且酷愛藝術。因為興建聖彼得大教堂急需資金，利歐十世不但直接出售贖罪券，還將出售贖罪券的資格賣給下屬的各大教區。也就是說任何一個教區只要向教皇繳付一筆巨款，便有權售賣贖罪券，而所得的金錢便歸那個教區所有。

為了取得銷售贖罪券的資格，不少地區的大主教向銀行貸款，繳付給教皇；而銀行為了確保主教們按期還款，往往派專員協助教區推動贖罪券的銷售。教會宣稱「只要購買贖罪券的錢一進到教會的錢櫃裡，就可以使購買者的靈魂從地獄升到天堂。」擔任推銷員的教士們在吹噓贖罪券的「功用」時，也常常會說：「當你購買贖罪券的銀錢叮噹落在箱子裡，你的親人就從煉獄的火焰中出來了。」曾有一位精明的推銷員對他的顧客說：「你投下銀錢，現在我看見你父親的左腿已經邁出煉獄的火焰，只剩右腿還在火裡面，再繼續加錢吧！」而那人卻說：「不必了。我父親並沒有右腿！」簡直無恥到了極點。

羅馬教廷對金錢的貪婪和教徒對上帝的虛假之情在出售贖罪券這件事上得到了淋漓盡致的體現。任何一個稍微有些頭腦的人都會明白，所謂的上帝是不可能來享用這些昂貴的物質供奉的，這些東西最後實際上都是被教會的神職人員所享用。也就是透過眾多信徒的高額供奉來滿足極少數宗教領袖的奢靡消費。這不但構成了人與人的極端不平等，就連這些供奉的理由也很難自圓其說。比如，即便上帝真的曾經擊殺過埃及頭生的人和牲畜，難道就可以以此為藉口，強迫所有的人都必須將頭生的男孩和牲畜都獻給上帝嗎？都必須用向上帝交錢的方式把自己贖出來嗎？殺人居然成了上帝向信徒斂財的理由！

出售贖罪券，不只是體現了天主教神職人員對錢的貪婪，更加嚴重的是體現了天主教神職人員對信徒的欺騙，因為那些「贖罪券」根本就不可能發

揮絲毫的贖罪作用。出售贖罪券，從某種程度上來說，已經宣布了天主教宗教謊言和宗教道德的徹底破產。

天主教教會延續 200 多年的公然出售「贖罪券」欺騙詐財醜行，搞得天怒人怨，不但使得天主教的宗教道德破產，就連天主教會的一些教徒也看不下去了。1517 年，一些天主教徒在天主教奧斯定會的馬丁‧路德神父的帶領下，從羅馬天主教分離出去「另立門戶」，另外成立了一個宗教——「新教」，並由此拉開了歐洲宗教改革的序幕。

事實上，也正是天主教的這一延續 200 多年的集體墮落行為，才激發了歐洲的文藝復興，喚醒了被天主教長期愚弄、洗腦而迷失了的人性。從而使歐洲人逐漸從天主教的精神奴役下解放出來，衝破了中世紀天主教的黑暗統治，扭轉了歐洲的發展方向。16 世紀以後，天主教在歐洲社會的統治地位逐漸衰落，這種衰落的趨勢其實是必然的，也是不可逆轉的。

中國式的贖罪券：少林寺的天價香

宗教雖然在人類早期發展時期，為維護社會秩序、管理社會事務發揮了一定的作用，但隨著人類社會的發展和進步，宗教中的愚昧、落後和消極的內容開始顯現，很多反宗教人士毫不客氣地將宗教貶斥為「精神鴉片」。他們斥責那些打著「上帝」和「佛祖」名義牟取私利的人們，一方面給宗教披上「精神信仰」、「道德說教者」、「護佑者」等華麗外衣，一方面卻用卑劣、迷信、愚昧的手段肆意玷污宗教本身的潔淨。

有位網友在網路上發了一篇文章《在釋永信和他的少林寺，我們燒不起一炷香》，講述了自己在少林寺燒香的經過：

「少林寺大雄寶殿前面的香龕旁邊，端坐三個穿袈裟的和尚。請香的客人

過來，他們先不告訴你價格和規矩，而是請你在簽名簿上簽上自己的名字。遊客並不知道簽名簿是一個陷阱，可能有人還誤以為那是少林寺對香客們的尊重，糊里糊塗地就把自己的名字簽上去。這一簽，你就中了圈套。簽完名，和尚告訴你，凡簽了名的香客，釋永信法師都會親自誦經念佛，為你消災。然後指著粗細不一、華麗不一，但都金光燦燦的香問你：施主，你請哪一柱高香，等到他們把香遞到你手上，才告訴你說，這柱香是六千塊錢。到時候，你後悔都來不及了，名字已經簽上去不說，香都拿到手裡，周邊又圍著看客，面前又供著大佛，人在這個時候一般都會咽著苦水把錢掏出來。

「香龕裡面的高香，最便宜的六百，最貴的六千。那個遊客選擇的是最粗的一柱香，他聽到六千塊錢的時候，臉刷的一下就白了，僵在那裡。他老婆跟在後面，臉拉得更長，拽著男人的袖口要走。和尚說，施主，你已經簽過名了。男人哭喪著臉，央求老婆說，算了，六千就六千吧，心誠則靈，破財消災吧。」

從這篇文章可以看出，遊客們在少林寺為了表示自己真心向佛，要購買天價香孝敬佛祖。意思很明顯，誰花的錢多，佛祖保佑誰也就越多。原來佛祖也會「嫌貧愛富」。

可能很多人對少林寺佛門重地如此的「商業化經營」，感到憤怒。其實仔細想想，少林寺並沒有硬從遊客的口袋裡拿錢；遊客不掏錢，少林寺也不會報警，或者把遊客告上法庭；和尚所說的「施主，你已經簽過名了」，並不代表遊客與少林寺簽訂了買賣合約。究其原因，還是面子在作怪，如果那位遊客能按下面子被老婆拽走，自然就不用掏那六千元的香火錢。而少林寺的經營者正是利用了廣大遊客「好面子」的心理，讓遊客「心甘情願」地掏錢。

鳳凰網世紀大講堂也登載一篇文章《少林寺的天價香和基督教的贖罪

券》，這篇文章指出：「如此以天價香騙取遊客錢財的拙劣手段，不過是七百年前基督教出售贖罪券騙取信徒錢財的簡單模仿而已。……不管是少林寺的高價香，還是七百年前基督教的贖罪券，儘管罪惡在這些蓄意詐騙錢財的教徒和僧人身上，但是根子卻在我們自己身上。如果不是因為我們自己的愚昧迷信、以及對未知世界的貪婪欲望的存在，如此拙劣的騙術又怎麼可能行得通？所以，在我們眾口一詞強烈譴責此類醜惡現象的存在，強烈譴責政府有關部門不作為的時候，也要深刻反省一下我們自己：我們對宗教的認識，是不是還停留在愚昧迷信的時代。」

確實如鳳凰網的這篇文章所言，我們不要總是去指責販賣者的品行低劣和道德敗壞，因為在市場經濟社會裡，人們都是趨利的。只要不違反法律法規，任何東西都可以出售。不要老是譴責商人們的刁鑽奸猾，而更應該從消費者自己身上尋找原因。市場的法則永遠是「有需求就會有供給」。對於每一個具有完全民事行為能力的公民來說，我們應該有自己的價值判斷和是非標準，不要總是把自己所受到的欺騙、損失和傷害，都推到別人的身上，而更應該在自己身上尋找根源。

歐洲歷史強國都不是虔誠的基督徒

西元 476 年，古羅馬帝國解體後，西方世界先後崛起了威尼斯、葡萄牙、西班牙、荷蘭、英國。這其中，只有葡萄牙和西班牙對基督文化懷有比較高的敬意和熱誠，而其餘的三個國家從來都不是虔誠的基督教國家。雖然葡萄牙和西班牙在十五、十六世紀得益於大航海時代，一度成為世界霸主，但它們在經濟和科技方面卻並沒有做出令人稱道的貢獻。

伊比利亞人用血腥的掠奪手段在亞洲和美洲獲得了大量財富，但其中國

經濟發展並沒有因此受益，人民生活水準也沒有因此提高。美國史學家斯塔夫里阿諾斯在《全球通史》中這樣說道：「富有諷刺意味的是，西班牙海外事業的最後結果是進一步刺激西北歐迅速發展的資本主義經濟，而在伊比利半島，它僅僅提供了足夠的財富，以阻擋早該實行的基本的制度改革的壓力。這就是帝國繁榮數十年後隨即突然地、無可挽回地衰落的根本原因。」

　　威尼斯人、荷蘭人和英國人雖然都屬於基督教文化圈，但他們從來就沒有拿基督教「真正當回事」。他們之所以成為歐洲和世界的霸主，完全是因為他們在商業、金融以及工業方面的偉大創舉：威尼斯人發明了票據流通、複式記帳和合資公司，荷蘭人首創了股份公司、現代銀行和證券交易所，英國誕生了工業革命和自由貿易思想。威尼斯人、荷蘭人和英國人都不是虔誠的基督教徒，這三個國家的崛起根本不是受益於基督教文化的影響和作用。

「唯利是圖」的威尼斯人

　　很多人可能不記得，在義大利歷史上，曾經有一個威名赫赫的威尼斯共和國。威尼斯城始建於西元 453 年，697 年正式立國，1866 年加入義大利王國，其獨立存在的時間超過了一千年。儘管威尼斯共和國的國土面積和人口數量都微不足道，然而，它卻在西元 1000 年後，成為地中海地區的一股強大的力量（主要指經濟和軍事方面），在西方世界裡占據霸主地位達幾百年之久。無論是後來的西班牙、荷蘭，還是英國都沒有創造這樣的記錄。威尼斯人之所以能創造如此的輝煌，完全是得益於其「唯利是圖」的商業本性。

　　威尼斯位於義大利半島北部，瀕臨亞得里亞海。雖然它屬於基督教世界，並在名義上接受羅馬教廷的領導，然而威尼斯人從來就不是虔誠的基督教徒，即使是在中世紀歐洲基督教勢力如日中天的時候，他們也是如此。威

尼斯人一直在地中海東岸的東西方貿易中扮演重要角色，並因此積累了大量財富。羅馬教皇雖然對威尼斯人與東方的伊斯蘭人通商，心存不滿，但是，羅馬教廷又常常需要威尼斯人的資金支持，因此只好對他們採取聽之任之的態度。撒冷曾發生無數次的衝突和戰爭。著名的「十字軍東征」，就是歐洲的基督教徒為了收復聖地而發起的戰爭。在前三次的十字軍東征中，威尼斯人沒有參戰，他們在為十字軍提供糧草的同時，也在與伊斯蘭人進行貿易。真正讓威尼斯人「露臉」的是第四次十字軍東征。

「沒有錢，不開船！」

1198 年，羅馬教皇依諾增爵三世發出詔令，任命孟菲拉特侯爵為東征指揮官，準備進行第四次十字軍東征，並要求威尼斯共和國提供人員和艦隊支持。時任威尼斯總統的是商人出身的 90 年高齡的恩里科・丹多洛。經過一番計算後，丹多洛總統毫不客氣地提出了參加此次東征的報價：派遣一支由 3 萬名士兵和 480 艘艦船組成的海上艦隊，征戰一年的費用為 8.5 萬銀馬克（威尼斯 1195 年發行的銀幣）。可是，羅馬教廷為此次東征安排的「全部預算」只有 5 萬銀馬克，而這還包括來自歐洲其他國家一萬名十字軍將士的費用。

羅馬教皇雖然嘗試殺價，但丹多洛總統解釋說這已經是很低的報價了，如果不是「為了基督教的榮譽」，根本不會考慮接下這單生意。最後談判的結果是，對於威尼斯的酬勞分成四期付款，前兩期分別是 1.5 萬馬克，後兩期是 2.75 萬馬克。

經過三年多的準備，威尼斯人準備後的東征所需的一切。孟菲拉特侯爵帶領一萬多人的十字軍將士，於 1202 年 6 月抵達威尼斯。他雖然帶著軍隊來到了威尼斯，但是原先承諾支付的首批款，卻沒有如數帶來。孟菲拉特提出希望威尼斯人能給他們打點折扣，並寬限數日。威尼斯人對此的答覆，非

常簡單明瞭：「沒有錢，不開船！」

　　十字軍將士們一下子陷於了進退維谷的窘境。精明的丹多洛總統此時又提出了新的解決方案：同意十字軍推遲付款，但條件是要求十字軍幫助威尼斯人攻打達爾馬提亞（位於亞得里亞海東岸，巴爾幹半島西部沿海，今屬克羅地亞）的薩拉。薩拉當時是匈牙利國王艾米利克的領土，同屬基督徒國家。威尼斯人希望攻取薩拉的理由很簡單，這座城市仗著匈牙利國王撐腰，截斷了威尼斯所屬的南北達爾馬提亞，而且還經常襲擾威尼斯商船。

　　雖然十字軍將士們對於向同是基督徒同胞的匈牙利人開戰頗感顧慮，但這是唯一的辦法。經過一番權衡鬥爭，一萬名十字軍將士搭上了威尼斯的戰船，與威尼斯人一起開赴薩拉海岸。薩拉很快就被十字軍攻破，威尼斯人上岸接管了一切。

　　雖然攻陷薩拉城使得十字軍將士們免於不光彩的解散，但是卻要面對襲擊基督教徒的另一個不光彩。羅馬教皇依諾增爵三世很快就接到匈牙利國王對十字軍將士和威尼斯人的指控，在了解了事情的原委後，教皇為了不影響第四次十字軍東征的進行，只好選擇了沉默。

　　攻陷君士坦丁堡中，邀請十字軍將士和威尼斯人去攻打君士坦丁堡。原來這位王子剛剛在宮廷鬥爭中落敗，希望借助十字軍的力量幫自己奪取皇位。阿列克謝承諾，他登上皇位之後，願意贊助十字軍將士 20 萬銀馬克的軍費。此舉正中威尼斯人的下懷，事實上，他們為了控制在拜占庭的東西方貿易早就想這麼做了。而對於孟菲拉特侯爵和十字軍將領們來說，20 萬馬克的金錢也足以讓信仰最堅定的基督徒泯滅良心。孟菲拉特侯爵委婉地向羅馬教皇解釋說「此乃東西基督教會合併的最佳時機」（注：1054 年基督教分裂為羅馬天主教和希臘東正教，羅馬天主教被認為是正統的基督教）。羅馬教皇

對這個解釋當然很滿意。威尼斯總統丹多洛很爽快地表示，他們只拿原先約定的 8.5 萬馬克，剩下來的金錢全部送給十字軍將士。

在完成一切出征準備工作後，1203 年春，孟菲拉特侯爵向十字軍將士宣布：「我們不去聖地耶路撒冷，改去君士坦丁堡！」這個命令立即在十字軍將士中引起了騷動，有不少人拒絕再被威尼斯人牽著鼻子到處亂竄，也有人覺得即使是東正教也還算是耶穌信徒，實在無法同室操戈。但當孟菲拉特侯爵告訴他們，此舉可以促成東西方基督教的合併，以及獲勝後每個人都可以獲得巨額財富時，所有的騷動都停止了。

很快，十字軍將士們再次登上了威尼斯的戰船，浩浩盪盪地向君士坦丁堡開去。

經過一個多月的攻堅戰，1203 年 7 月 19 日，這座當時號稱擁有世界上最堅固城牆的拜占庭帝國的首都 —— 君士坦丁堡，被十字軍和威尼斯人攻破了。阿列克謝王子興高采烈地即位為阿列克謝四世皇帝。該是他兌現承諾的時候了。可是，此時拜占庭帝國的國庫早已是山窮水盡，君士坦丁堡有四分之一的街區一片廢墟。阿列克謝四世根本拿不出原先承諾的 20 萬馬克的錢財，於是他只好使出「拖」字訣，希望能夠賴掉這筆糊塗帳。但是在金錢這個問題上，威尼斯人是不可能被隨便糊弄過去的。至於東西方基督教的合併，倒不是什麼很緊急的事情。

因為金錢問題沒有解決，十字軍的將士也就只好就地駐扎在君士坦丁堡城外。然而，四肢發達頭腦簡單的十字軍士兵，從來都閒不住。他們到處橫行霸道、燒殺搶掠，很快引起了君士坦丁堡市民的不滿和仇恨。阿列克謝四世夾在十字軍和抗議的市民之間，左右為難，一籌莫展。隨著衝突和仇恨的逐漸升級，拜占庭帝國的強硬派奪取了政權，殺死了阿列克謝四世，並重新

第三篇　文化只是工具福祉才是根本

選出了一位新皇帝 —— 阿列克謝五世。這樣一來，原先阿列克謝四世承諾的
20 萬馬克的軍費徹底泡湯了，十字軍將士原先對基督徒同胞的一點仁愛之心
也被完全粉碎了。

在與阿列克謝五世的談判破裂之後，十字軍將士和威尼斯人再次攻打君
士坦丁堡，很快城池又一次攻破，十字軍完全控制了這座城市。對君士坦
丁堡市民累積了大量不滿的十字軍士兵，在城內展開了慘絕人寰的屠殺和搶
劫，聖索菲亞大教堂被洗劫一空，皇家圖書館被縱火燒毀，前所未有的失控
暴行在君士坦丁堡上演了三天三夜。第四次十字軍東征因此駭人暴行，而留
下千古罵名。在十字軍將士洩憤完畢之後，孟菲拉特宣布禁止一切掠奪，上
繳所有戰利品，私藏者將處以極刑。

十字軍所搶奪的財物之多，令人無法想像。各種上繳的財物連龐大的聖
索菲亞教堂都無法全部容下，以至於最後要堆放到教堂外的廣場上。經過一
個月的清點計算，後來得出的結果，戰利品總值大約為 50 萬銀馬克。為避
免十字軍將士與威尼斯人因為財物分配問題產生衝突，丹多洛總統主動提出
有利於騎士們的分贓方案：十字軍支付威尼斯人尚未清償的運輸費、糧草費、
軍餉費、撫恤金 8.5 萬馬克，以及兩年的欠款利息 1.5 萬馬克；除此之外的
40 萬馬克全部交給十字軍。這種分配方案對十字軍將士當然極為有利，孟菲
拉特侯爵愉快地表示同意。

不要金錢，要貿易網路

一貫精明的威尼斯人，當然不會做有損於自己的買賣。丹多洛總統趁十
字軍騎士們財迷心竅之際，迅速提出了在拜占庭帝國的廢墟上建立拉丁帝國
的方案。十字軍將士既然在錢財分配方面沾了光，自然要在其他方面表示某
種程度的高姿態。於是孟菲拉特侯爵同意了丹多洛總統提出的組建拉丁帝國

的方案和推薦的拉丁帝國的皇帝人選 —— 法蘭德斯伯爵鮑德溫。

　　毫無疑問，鮑德溫會因此對威尼斯人心懷感激，這對於以後威尼斯人在君士坦丁堡開展貿易必定會給予各種政策優惠和佑護。在精通謀略的威尼斯人策劃下，鮑德溫順利地當上拉丁帝國皇帝，即鮑德溫一世。而君士坦丁堡大主教一職，則由信仰並不虔誠的威尼斯人出任。

　　緊接著，威尼斯總統丹多洛與拉丁帝國的鮑德溫一世簽訂了一系列條約，使威尼斯人取得了克里特、塞浦路斯、伯羅奔尼撒、內格羅龐特、科爾夫港、萊夫卡斯、伊薩基島等很多東地中海的沿海村落和海上島嶼作為殖民領土。此外，威尼斯人還獲得了在君士坦丁堡自由經商和免稅的特權。

　　第四次十字軍東征結束之後，威尼斯商人完全壟斷了東地中海地區的東西方貿易。也許當時的鮑德溫一世並不能理解威尼斯人為何要求東地中海上的許多貧瘠小島和濱海漁村作為領土，等到他發覺威尼斯的用意是建設海軍基地與貿易港口，以取得對東地中海地區全境的商業壟斷之後，才不得不佩服威尼斯人的遠見卓識。

只做生意不傳教的荷蘭人

　　美國人作家約翰・戈登在《偉大的貪婪》中，開篇就提到荷蘭人的商業和冒險精神，「紐約的崛起緣於它眾多的天然優勢，它擁有北大西洋最優良的海港，也秉承了荷蘭移民世俗愛財的傳統。紐約最早的居民點在曼哈頓島的南端，原是印第安人的住地。1626 年荷蘭人以價值大約 60 個荷蘭盾（相當 24 美元）的小物品從印第安人手中買下曼哈頓島作為貿易站，取名為『新阿姆斯特丹』，1664 年被英國人奪去後，才改為現在的名字 —— 紐約（New York，即新約克郡，中文音譯為紐約）。當荷蘭人和其他歐洲人一起飄洋過

第三篇　文化只是工具福祉才是根本

海來到北美洲這片新大陸時，他們將商業精神也一起帶了過來，紐約很好地繼承了荷蘭人的商業傳統。」

　　荷蘭雖然屬於基督教國家，但它從開國之初，它就在與天主教會進行鬥爭。在獨立以前，荷蘭是西班牙的殖民地。篤信天主教的西班牙國王，對荷蘭的加爾文教徒進行了殘酷鎮壓和迫害，設立宗教裁判所，頒布「血腥詔令」，殘酷迫害新教徒。面對西班牙的專制統治和宗教迫害，以宗教鬥爭為先導的荷蘭民眾反抗鬥爭逐步高漲。1566 年 8 月，以制帽工人馬特為首的激進群眾掀起了自發的「破壞聖像運動」。隨後，荷蘭各地都爆發了轟轟烈烈的起義，荷蘭的獨立戰爭由此拉開序幕。經過 15 年的艱苦戰鬥，1581 年，荷蘭正式宣布脫離西班牙獨立，成立荷蘭聯省共和國。

　　在荷蘭人身上，我們很難看到基督文化的身影，他們表現出來的更多的是商業理性。1602 年荷蘭政府創辦了第一個現代股份制公司 —— 荷蘭東印度公司，接著又在 1609 年創辦了第一個現代商業銀行 —— 阿姆斯特丹銀行，第一個現代證券交易所 —— 阿姆斯特丹證券交易所。為了建立公平公正的市場秩序，荷蘭政府通過立法規定：任何人不能以任何藉口限制銀行和證券的交易自由。即使是在荷蘭與西班牙、英國人在陸上和海上廝殺的難解難分的時候，西班牙、英格蘭的商人、銀行家以及大量的金融投機者，照樣在阿姆斯特丹的銀行和證券交易所裡自由出入；西班牙、英格蘭富翁和貴族手中的黃金白銀仍可以自由地從阿姆斯特丹銀行的金庫中流進流出；荷蘭的銀行也可以合法地貸款給自己國家的敵人。

　　15、16 世紀的大航海時代後，葡萄牙人是最先到達中國和日本的歐洲人。由於中國當時的大明王朝實行「海禁」，葡萄牙人很快就充當起中日貿易的中間商角色。後來荷蘭人也追隨葡萄牙人來到東亞，參與中國和日本之間

的貿易。不同的是，葡萄牙人在進行貿易的同時，還向中國人和日本人傳播「上帝的福音」，而荷蘭人只管做生意。

受葡萄牙傳教士的影響，當時有很多日本人加入了天主教，並逐漸發展成為一個具有很大影響力的宗教組織，從而引起了日本當時的幕府統治者不安，他們擔心會因此危及自己的商外，所有外國商人和傳教士均被驅逐出境。

荷蘭人因此獨占了當時的中日貿易。對於他們來說，海外擴張的主要目的就是開展貿易，而傳播「上帝的福音」從來就不是他們應該考慮的事情。荷蘭人正是得益於這樣務實的商業精神，才成就了 17 世紀世界第一強國的輝煌。馬克思在《資本論》中曾這樣評價：「1648 年的荷蘭，已達到了商業繁榮的頂點。」

與基督教決裂的英國人

15 世紀以前，英國一直是歐洲的二流國家，天主教在英國占有絕對的主導地位。1453 年，英國在「百年戰爭」中大敗於法國後，喪失了在歐洲大陸的絕大部分領土。近代英國的崛起始於 16 世紀，其標示性的事件就是 1588 年英國海軍打敗強大的西班牙無敵艦隊。而這一切與英王亨利八世有著很大關係。

1509 年，亨利八世繼承英國王位。剛剛登基，他便以一場盛大的婚禮迎娶了寡嫂凱瑟琳。這椿婚姻的政治意味是顯而易見的：凱瑟琳的父母分別是西班牙兩個最強大王國的君主 —— 阿拉貢國王費爾南德二世和卡斯蒂利亞女王伊莎貝爾一世，正是由於這兩位君主的結合，西班牙才完成了統一。亨利八世透過與凱瑟琳的聯姻可以維持與歐洲最強大國家西班牙的同盟關係。但

第三篇　文化只是工具福祉才是根本

由於天主教禁止寡嫂與小叔子結婚，所以亨利八世不得不請求羅馬教皇給予自己的婚姻豁免權。對英國與西班牙結盟樂見其成的教皇自然滿口答應，婚禮因此得以順利進行。婚後不久，凱瑟琳就生下了瑪麗公主，也就是後來的瑪麗一世。

隨著年齡的增加，本來就比亨利八世大 6 歲的凱瑟琳逐漸年老色衰，而且更重要的是，凱瑟琳一直未能為亨利八世生下一個王子來繼承英國的王位。亨利八世逐漸將目光從芳華已逝的凱瑟琳身上，轉向了年輕美貌的宮女安妮・博林，並對她展開了熱烈的追求。可是安妮・博林的態度卻出人意料地冷淡。當亨利八世問她為什麼不肯接受自己的愛情時，安妮・博林的回答是，「我不願意做你的情婦。」

就是這麼一句話，使亨利八世痛下決心，要和凱瑟琳離婚。然而，離婚對亨利八世並不是一件很容易的事情。凱瑟琳皇后不僅出身王族、受人愛戴，更重要的是，她是頭戴西班牙王國和神聖羅馬帝國兩頂王冠的卡洛斯一世的姨媽！有求於西班牙王室的羅馬教廷當然不會批准亨利八世的離婚請求。教皇的理由是，當年亨利八世和凱瑟琳結婚已得到了羅馬教廷的特許，依照法律，獲得豁免的婚姻不能被宣布無效。這場離婚官司一直從 1525 年打到了 1531 年。

當然，這場國王與教皇的爭鬥並非完全是「怒髮衝冠為紅顏」。幾百年以來，羅馬教廷憑借其精神領袖的地位，在歐洲建立起了強大的世俗權力，在許多地方凌駕於王權之上。教會的勢力滲透到歐洲各國的政治、經濟、文化等各個領域，侵占了許多社會資源，教皇每年都向基督教國家徵收巨額的彼得稅、教產稅、什一稅、贖罪券金等各種稅費。據史料記載，13-14 世紀時，教皇的收入超過了歐洲所有君主收入的總和。羅馬教廷不僅嚴重損害了

世俗君主的經濟利益，還在很多方面限制了他們的政治權力。雄心勃勃的亨利八世早就有意加強王權，他之所以堅決要與西班牙的凱瑟琳離婚，就是要借此擺脫與其關係密切的羅馬教廷，打擊英國的天主教會勢力。對於亨利八世而言，世上的一切都不能與王權相提並論。為了增強王權，也為了博美人一笑，亨利八世不惜與天主教會撕破臉皮。

1532 年，亨利八世利用國會通過了一系列法令，規定未經國王許可，神職人員不得向羅馬教廷交納首年聖俸，禁止國民向羅馬教廷上訴，終止向教皇交納一切歲貢，宣布英國國教 —— 聖公會是一個獨立的教會，只服從國王的權威等。1534 年，英國國會透過了著名的「至尊法案」，宣告國王是英國聖公會的最高首領，這標示著英格蘭教會與羅馬教廷的正式決裂。

既然已經羅馬教廷決裂，那麼亨利八世與凱瑟琳的離婚自然也就無需教皇的批准。亨利八世如願以償地與安妮·博林舉行了婚禮，很快就生下了伊麗莎白公主，即後來的伊麗莎白一世。亨利八世雖然透過與羅馬教皇決裂，實現了與凱瑟琳的離婚，與安妮·博林結婚的目的，但沒有兒子仍然令他十分苦惱。為此，亨利八世又在 1537 年迎娶第三位皇后簡·西摩，終於為他生下了唯一的兒子愛德華六世。

1547 年，亨利八世去世後，年僅 10 歲的愛德華六世繼承了王位。然而年幼的愛德華六世僅在位 6 年，便因病去世。他同父異母的姐姐瑪麗公主繼任為英國國王，即瑪麗一世。

瑪麗一世是一位虔誠的天主教徒。她的母親凱瑟琳來自於歐洲天主教信仰最虔誠的國家 —— 西班牙，是一位十分堅定的天主教徒。母親的信仰也影響了瑪麗一世。自從亨利八世與凱瑟琳離婚後，瑪麗就淪為了私生女，受盡了冷眼和折磨，可這樣的遭遇非但沒有使瑪麗屈服，反而堅定了瑪麗的信

仰。當她苦盡甘來，君臨天下時，她要做的第一件事就是恢復天主教在英國的正統信仰地位。

　　為了鞏固自己的王位，瑪麗一世決定與嫁給強大的西班牙國王菲利普二世。然而此時的大部分的英國人都是信仰英國自己的國教 —— 聖公會，瑪麗一世與信天主教的菲利普二世的聯姻，引起了當時大多數英國人的反感。為了重新樹立天主教在英國的權威，瑪麗一世對英國的新教徒進行了血腥屠殺，將數以千計的新教徒送上了火刑架，從而使得她得到了「血腥瑪麗」的稱號，並因此受到貴族、官僚和普通百姓的一致譴責。1558 年，瑪麗一世在舉國上下一片指責聲中慢慢走向了生命的盡頭。按照王位繼承順序，瑪麗一世同父異母的妹妹伊麗莎白公主繼任為英國國王，即伊麗莎白一世。

　　伊麗莎白一世是英國歷史上最偉大的女王之一，她與瑪麗一世的信仰不同，她信仰的是英國國教。伊麗莎白一世是個威權主義的君主，但不是一個暴君，也不是一個為所欲為的人，她一直在法律的框架內統治著英國。在伊麗莎白一世 45 年的執政生涯裡，這位善於協調各種關係的女王沒有濫用自己權力和威望，她十分節儉，為了避免政治聯姻傷害到國家利益，女王終生未婚。在王權與議會發生矛盾的時候，她總是會根據情況做出必要的妥協。由於她的審時度勢和巧妙安排，英國迎來了一個相對穩定和寬鬆的社會發展環境。

　　伊麗莎白一世在位期間，英國的政治、經濟、科技和文化都獲得了飛速發展，從而為英國後來的崛起奠定了良好的基礎，她也因此受到了英國人無與倫比的熱愛和尊敬。

　　1607 年，也就是伊麗莎白一世去世四年之後，英國人在北美建立了第一塊殖民地，並將這塊殖民地取名為「維吉尼亞」。在英語中，「維吉尼亞」一

詞與「童貞」意思相近。因伊麗莎白一世終身未嫁，有「童貞女王」之稱，因此英國人將這塊土地取名為「維吉尼亞」，以此表示對伊麗莎白一世的懷念和尊敬。

文化必須發展，才能獲得新生

在人類社會漫長的歷史長河中，無數燦爛的古代文明早已煙消雲散，只有中華文明和希臘文明，得以生生不息，綿延至今。中華文明和希臘文明在兩千多年的衝突與交流中，雖然彼此影響，但一直保持了各自的內涵和特質，並形成現代世界兩種風格迴異的東西方文化。比較起來，中華文明由於受地理的阻隔和保護，一直保持了相對獨立的發展；而希臘文明從一開始就表現出開放和擴張的特點。

古希臘文化是在汲取古巴比倫、古埃及和古印度三大文明古國的文化基礎上發展起來的，而這三大文明古國卻因屢遭戰爭的破壞而沒落。建築在戰爭掠奪基礎上繁榮起來的古希臘文化，隨著馬其頓國王亞力山大的遠征戰爭而遠播到三大文明古國的發祥地，使這些地區的文化希臘化，從而形成了西方文化的堅實基礎。羅馬帝國興起後，基本上繼承了希臘文化，使希臘文化進一步普及到歐洲、小亞細亞、阿拉伯、印度和北非的廣大地區。

兩個偉大的思想家：孔子與蘇格拉底

中國的孔子和希臘的蘇格拉底，是東西方文化中兩個最核心的靈魂人物。他們生活的時代十分接近，孔子生於前 551，死於西元前 479 年；蘇格拉底生於西元前 469，卒於西元前 399 年。作為東西方古代兩位最偉大的先

第三篇　文化只是工具福祉才是根本

賢，他們彼此並不知道對方的存在；在人生經歷上，他們也有著十分有趣的「巧合」，生平都很不「得志」。

孔子周遊列國，到處宣揚自己「禮治」、「德治」的治國思想，然而卻得不到各國的重視，出仕無望後，晚年以教書為生。蘇格拉底則一生窮困潦倒，每天衣衫襤褸地到雅典市中心的廣場上與人閒聊、辯論。蘇格拉底主張專家治國，他認為國家應該讓經過訓練，有知識有才幹的人來管理，而反對以抽籤選舉法實行的民主。他認為治國的關鍵在於人才，而人才需要經過培養才能造就，因此，他一生都在從事教育事業。雖然蘇格拉底沒有像孔子那樣「開館授徒」，但他卻教出了像柏拉圖這樣偉大的學生。然而，令人遺憾的是，蘇格拉底的結局要比孔子悲慘得多，西元前 399 年，他被雅典法庭以「不信神和腐蝕雅典青年思想」的罪名判處了死刑。

孔子和蘇格拉底不僅在人生經歷十分相似，而且對他們著作的編纂工作幾乎完全一樣：反映孔子思想的《論語》是由他的學生在孔子去世後編纂的；記錄蘇格拉底思想的《辯白》，則是由他的學生柏拉圖在他蘇格拉底被處死以後撰寫的。

雖然孔子和蘇格拉底的哲學思想，現在來看，並不完全十分正確，但它們卻對以後的東西方文化的發展，產生了巨大而深遠的影響。

孔子和蘇格拉底去世幾百年之後，東方的大漢帝國誕生了儒教和儒家文化，並把孔子推崇為儒教的創始人；西方的羅馬帝國則誕生了基督教和基督文化。由於它們都對維護專制統治具有積極的意義和作用，因而被封建統治者們用作了統治和奴役人民的工具，並成為社會文化的主流。

我們無法想像，如果漢武帝沒有「廢黜百家，獨尊儒術」，而仍然沿用漢朝初年的「黃老之術」，實行無為而治，或者師從秦代的法家思想，實行嚴刑

酷法，中國的社會發展將會是一個什麼情形，也許會更好一些，也許會更壞一些。正因為如此，我們沒有必要去慶幸漢武帝當初選擇了「獨尊儒術」，使儒家文化成為了中國社會的主流文化。儒家文化可能促進了中國社會的進步，但也可能阻礙了中國的發展。對於歷史來說，重要的不是歷史的原因，而是歷史的結果。

儒教不是一種宗教，孔子也不是宗教創始人，但很多西方學者常常把孔子與耶穌相提並論。在西方人看來，孔子所說的「己所不欲，勿施於人」，與耶穌所說的「你們想讓別人怎麼對待自己，就應該怎麼對待別人」，意思完全相同。這兩句名言在西方都被稱為「黃金律」。現在德國柏林得月園的入口處，矗立著一座兩米多高的大理石孔子塑像，塑像花崗石基座上清晰地刻著孔子「己所不欲，勿施於人」的名言。

我們今天之所以津津樂道於儒家文化曾經的輝煌，很大程度上是因為它比稍晚誕生的基督文化，表現出了某種程度上的優越性和先進性。的確，中國曾在長達 1000 多年的歷史時期內，在經濟、科技和文化等方面，領先於西方。17 世紀啟蒙運動在歐洲剛剛興起時，歐洲許多渴望推翻封建專制統治的啟蒙思想家們，為打破歐洲中世紀意識形態的桎梏，曾十分誇張地描述中國社會的發達和人民的富庶：遍地都是黃金珠寶，人人都是錦衣玉食。而基督文化統治下的歐洲，在長達一千多年的時間裡，一直處於黑暗之中，社會發展停滯不前，直到十四、十五世紀文藝復興以後，才重新獲得了新的生機。

文藝復興使西方人告別了漫長的中世紀

西方的基督文化自古羅馬時代產生以來，就一直宣揚「神權」思想，如

第三篇　文化只是工具福祉才是根本

果追根溯源，則可以上溯至古希臘時代多神教的奴隸制文化。基督文化是以人化的自然神與自然的人化神相結合為特點的。在中世紀歐洲人的觀念中，人可以借自然神的力量或自然神可以借人的力量，以戰勝邪惡或達到某種目的。文藝復興目的在於衝破和推翻中世紀基督教愚昧思想的統治，解放人們的思想，發揮人們的智慧和創造力，來改造落後的社會和自然。

在古希臘和古羅馬時代，西方人在文學藝術方面取得了很高的文化和藝術成就，當時的人們可以自由地發表各種學術思想，這與歐洲黑暗的中世紀形成了鮮明的對比。文藝復興是一場借古開今的新文化運動，它極力頌揚自然界之美和人的偉大力量，崇拜科學，相信人對改造自然和社會的積極作用，與中世紀禁欲主義神權相對抗。這種思想就是後來所說的「人文主義」。

1453 年，鄂圖曼土耳其軍隊滅亡了歷時 1100 多年的拜占廷帝國（即東羅馬帝國），迫使許多拜占廷學者和藝術家逃離家園，他們帶著無數的古典文藝作品逃回義大利，使得古希臘、古羅馬文化在義大利乃至整個歐洲重放光輝，引起了長期蒙受宗教禁欲主義蒙蔽的西方人震驚而奮起。正如恩格斯所說：「拜占廷滅亡時所救出的手抄本，羅馬廢墟中所挖掘出來的古代雕刻，在驚訝的西方人面前，中世紀的幽靈消逝了，義大利出現了前所未見的藝術繁榮，這種藝術繁榮，好像是古典時代的再現，以後就再也不曾達到了。」始從宗教外衣之下慢慢探索生命的價值。每個人都是作為一個獨立的生命體而存在，而不是封建主以及宗教主的人身依附和精神依附。文藝復興運動充分地肯定了人的價值，重視人性，成為歐洲人衝破中世紀的重重黑暗的有力號召。文藝復興運動對當時歐洲的政治、科學、經濟、哲學和神學世界觀都產生了重大影響，它是新興資產階級在意識形態領域裡一場革命風暴。義大利湧現了一大批諸如但丁、佩脫拉克、薄伽丘、達文西、拉斐爾、米開朗基羅

這樣的文藝巨匠，此外還有西班牙的塞萬提斯、英國的莎士比亞、法國的拉伯雷等文學大師，因此文藝復興時期也被稱為「出現巨人的時代」。

文藝復興運動作為一場弘揚新興資產階級文化的思想解放運動，在傳播過程中為早期的資本主義萌芽發展奠定了深厚基礎，也同時為早期的資產階級積累了原始財富。文藝復興運動首先發軔於義大利，後經傳播由地中海沿岸轉移到大西洋沿岸，出現了著名的城市如威尼斯、佛羅倫斯以及尼德蘭等一系列新型工商業城市，資本主義萌芽開始茁壯成長，資本也開始源源湧入新興資產階級的手中，為同時進行的新航路開闢、宗教改革以及後來的啟蒙運動和資產階級革命提供了必要條件。

啟蒙運動使歐洲人率先迎來了現代化的曙光

文藝復興使西方人告別黑暗的中世紀，而啟蒙運動則使西方人迎來了現代化的曙光。曾有人認為，18 世紀歐洲的啟蒙運動是 14、15 世紀文藝復興的再演。因此，可以將其稱為又一次的文藝復興。

啟蒙運動的矛頭直接指向封建制度及其精神支柱天主教會，它是文藝復興時期歐洲人反封建、反禁欲、反教會鬥爭的繼續和發展。啟蒙思想家們將人文主義的精神，進一步從理論上證明神權思想和封建制度的不合理，從而提出一整套科學思想、哲學理論、政治綱領和社會改革方案，要求建立一個以「理性主義」為基礎的社會。他們用政治自由對抗專制暴政，用信仰自由對抗宗教壓迫，用自然論和無神論來摧毀基督教權威和宗教偶像，用「天賦人權」的口號來反對「君權神授」的觀點，用「人人生而平等自由」來反對貴族的等級特權。

啟蒙運動的中心在法國巴黎，法語因此成為啟蒙運動的共享語言。在法

語中,「啟蒙」的本意是指「光明」。以孟德斯鳩、伏爾泰、狄德羅、盧梭等為代表的法國啟蒙思想家認為,「迄今為止,人們一直處於黑暗之中,應該用理性之光驅散黑暗,把人們引向光明。」他們著書立說,極力地批判專制主義和宗教愚昧,宣傳自由、平等和民主。其中,伏爾泰是法國世紀是伏爾泰的世紀。」除了法國的啟蒙思想家外,英國的洛克、牛頓,德國的萊辛、海爾德爾,荷蘭史賓諾沙,德國的康德等等,也都屬啟蒙思想家之列。

啟蒙思想家們充滿著社會批評、宗教懷疑和政治改革的思想。他們認為,社會之所以不進步,人民之所以愚昧,主要是由於宗教勢力對人民精神的統治與束縛。為了改變這種狀況,必須樹立理性和科學的權威。他們認為,人的理性是衡量一切的尺度,不合乎人的理性的東西就沒有存在的權利。他們主張傳播科學知識以啟迪人們的頭腦,破除宗教迷信,從而增強人類的福利。他們反對封建專制制度,宣揚科學、民主、平等和自由。在他們看來,封建專制制度扼殺自由思想,造成社會上的不平等和經濟文化上的落後。因此,他們大力宣揚「天賦人權」,主張人民參與政治,法律面前人人平等。啟蒙運動,特別是它所宣揚的自由、平等和民主思想,對美國的獨立戰爭和法國大革命都產生了直接而深遠的影響。

啟蒙運動使歐洲走出充滿著傳統教義、非理性、盲目信念以及專制統治的歷史時期,率先進入了現代社會,正如特洛爾奇所指出的,啟蒙運動時期是歐洲文化及其歷史的真正現代時期的開端和基礎。

文藝復興和啟蒙運動,使西方人徹底擺脫了中世紀以來基督文化對思想的束縛,從此使西方人在「人文主義」和「理性主義」的基礎上,構建了現代西方文明的大廈。但比較而言,啟蒙運動比文藝復興,對西方文化的影響更為深遠。

　　首先，從反封建方面來說，文藝復興運動的反封建，主要是反對封建領主的割據狀態，要求建立民族統一的君主專制政體，以便在王權保護下發展資本主義經濟。而在啟蒙運動中，資產階級已完成資本原始積累的過程，進一步提出要求獲得政治上的權利，建立資本主義政治制度。文藝復興時代的反封建側重於思想意識、倫理道德的範疇；而啟蒙運動側重於政治制度和政權性質方面。

　　其次，從反教會方面說，文藝復興時期主要是揭露中世紀天主教會的腐化墮落，譴責修道院戕害人性的罪行罪惡，要求進行宗教改革，廢除繁瑣的宗教儀式，提倡簡便的禮儀規範。在啟蒙運動時，由於唯物論和自然科學的發展，因此在反教會方面比文藝復興時期更為徹底，它已把反教會提高到自然論和無神論的高度。

　　再次，從人文主義思想的內涵上說，文藝復興時代強調的是反禁欲主義，要求個性解放，執著塵世，面向現實。到了 18 世紀啟蒙時代，人文主義思想的重點，就轉移到提倡「自由、平等、博愛」等政治制度方面來。

文化必須與時俱進

　　西方人透過文藝復興、啟蒙運動完成了對自身文化的重建，擺脫了中世紀基督文化氛圍下的封建、迷信、愚昧的落後思想，樹立了人文、科學、理性的時代精神。而在此以前，科學只是教會恭順的「婢女」，它從來不能超越宗教信仰所規定的界限。自然科學的飛速發展，直接推動了大航海時代和工業革命的發生，使歐洲一舉超過中國，成為現代世界的主角。隨著西方文化在全球的肆虐、傳播，美洲和澳洲大陸的土著們，漸漸失去了自己的家園，來自歐洲大陸的移民們，成為了新大陸的主人。世界因此進入了一個由西方

第三篇　文化只是工具福祉才是根本

人引領全球政治、經濟、科技和文化發展的新時代。

西方世界宣揚神權思想的基督文化隕落了，而崇尚理性的商業文化誕生了。但是，中國的儒家文化卻還在繼續，「尊尊親親」、「三綱五常」等思想仍頑強地扎根於中國人的「血液」和「基因」裡，一代一代地流傳著。

文化是一個群體（可以是國家、也可以是民族、企業、家庭）在一定時期內形成的思想、理念、行為、風俗、習慣，以及由這個群體整體意識所輻射出來的一切活動。它的產生和發展受到地域和歷史的雙重限制。從世界範圍內來看，四大古文明都是產生於大河流域（因此被稱為大河文明），如尼羅河流域的古埃及，兩河流域的古巴比倫，印度河流域的古印度，以及黃河流域的古代中國，因為在農業社會的起始時期，只有靠近水源地，才具有種植糧食和養活人口的條件；在中國也是如此，北方人喜歡吃麵食，而南方人喜歡吃米飯，這是因為北方雨量較少，適合種植小麥，而南方雨量充沛，適宜種水稻。歷史對文化的侷限更容易被理解，我們可以知道五百年前、一千年前，甚至更久遠的事情，但誰也無法預料五百年後的事情。

對於儒家文化來說，它是在 2000 多年前在農業社會條件下誕生的，它很難再適應現在的市場經濟社會。孔子是人，而不是神，他一樣有「七情六慾」，他一樣有生老病死，他不可能預知今天的世界會是什麼樣子。中國人習慣於把孔子尊稱為中國最偉大的「聖人」，這不過是幾千年封建專制制度使中國人歷來有「造神」、「造聖」的「光榮傳統」。曾有位姓朱的先生，說到自己的姓氏時，沾沾自喜地說：「朱姓很偉大，曾出過兩朝天子（朱元璋、朱溫）一代聖人（朱熹）。」讓人無法作答。

對於中國人來說，儒家文化的輝煌已經成為過去，極需建立一種能適應市場經濟社會和中國特色的現代商業文化，並用這種全新的文化價值觀引領

並實現中國經濟的崛起和中華民族的復興。很多優秀的傳統文化確實令人留戀往返，但作為一個國家、一個民族，絕而不忍現在及將來之民族，不適世界之生存而歸削滅也。」對於整個國家和民族來說，如果拋棄儒家文化的沉重包袱，能讓前進的腳步更輕盈一些，那麼為什麼還要「負重前行」呢？

任何一種先進文化都必須與時俱進、開拓進取，才能不斷獲得新生。文化的發展一旦停滯，那將是一種非常危險的信號，它會直接關係到國家、民族的存亡，如果國家和民族都衰亡了，那麼文化也就失去了存在的載體。1876 年，當最後一個澳洲塔斯馬尼亞女性土著去世後，這個民族所擁有的全部文化也就隨之灰飛煙滅了。

第三篇　文化只是工具福祉才是根本

第四篇
混亂的民族思維脆弱的民族情感

永遠理不清的民族思維

　　無論哪個國家和民族，都有必要記錄自己的歷史。中國自周朝開始，就設立了專門負責記載歷史的「史官」，書寫歷史是歷朝歷代史官們的「分內之事」。但是歷史卻很難寫，即使你有「董狐直筆」，不畏生死，不昧良心，秉筆直書，如實記錄，但作為史官，都必須有個歷史視角和是非標準，可是這個視角和標準常常很難把握。這不是因為缺少史實和知識、缺乏正義感和道德良知，而是因為他們的思維常常很矛盾、很混亂，很難對歷史史記做出客觀、公正的歷史評價。

　　在粉飾太平和維護專制的前提下，中國古代的史書掩蓋了無數的真實史實。雖然按照歷史上的慣例，都是後朝修前朝的史書，但是後朝的統治者，在貌似公正的「外衣」下，總是喜歡對歷史進行「選擇性」的記憶。清朝康乾盛世的時候，曾編纂《康熙字典》和《四庫全書》，在選擇史料時，一切不利清室統治，有礙於世道人心、君臣名分的著述，都被禁止、銷毀或刪改。漢族人一直津津樂道的宋代民族英雄岳飛的「精忠報國」故事就被《四庫全書》的編纂者摒棄，原因很簡單，岳飛當時抗擊的金國女真人就是滿清皇帝的祖先。

　　中國古代曾出過無數雄才大略的皇帝，儘管他們在世時，手握一切生殺予奪大權，可是他們卻無法控制死後後人對自己是非功過的評述。因而，他們十分重視後人對自己歷史的記遷的《史記》後，雖然他對司馬遷所記錄的本朝歷史並不十分讚同，但他仍然對司馬遷說，「雖然你這部史書不能作為國家的正史，但可以作為你這位史官的一家之言」。漢武帝之所以能這樣「寬容」司馬遷，是因為他對自己開創的豐功偉業超級自信。

　　比較起來，唐太宗李世民就沒有漢武帝這樣的自信了。李世民在「玄武

門之變」中弒兄殺弟，接著逼退父皇李淵，自己登基做皇帝。他曾命閻立本在凌煙閣內描繪了二十四位功臣的圖像，以表彰他們的豐功偉績。李世民可以為大臣們這樣做，但他卻一直對自己「篡位」史實心存擔憂。終其一生，他都擔心日後史家如何評論「玄武門之變」。李世民為此曾多次向史官要求閱讀《起居注》和《實錄》，打破歷代皇帝不可閱讀的先例。雖然正史中曾記載李世民要求「削去浮，直書其事」，其實不過是「此地無銀三百兩」罷了。

很多朝代都會對以前的歷史進行重新修訂、改編或匯編，並有「選擇性」地重新記錄，因而對各種史實的記錄常常因朝代和作者的不同而產生很多差異。這使後人了解歷史產生了重大障礙，也使後人的思維發生混亂。

錚錚鐵骨、一身正氣的方孝孺

看過《明朝那些事兒》系列圖書的人，應該對方孝孺這個名字並不陌生。然而，真正讓中國人記得方孝孺的原因，是他被明成祖朱棣「誅滅十族」的悲慘下場。後世之人常常稱讚他剛直不阿、殺身成仁、頂天立地的浩然正氣，不少人因為「重其氣節而重其文章」。

很多人都說，「所謂氣節這樣東西，平日被很多人掛在嘴邊，也經常被當作大棒來打別人，但真正的氣節總是在危急關頭表現出來的。而在這種時候，堅持氣節的下場往往不會是鮮花和掌聲。只有那些真正的英雄，才能在面對屠刀時體現出自己的氣節。」在中國傳統文人看來，「方孝孺是一個敢於反抗強暴的人，他雖然死得很慘，卻很有價值，他的行為應該成為讀書人的楷模。」

然而，真的是這樣嗎？

據史書記載，方孝孺是明初著名的思想家、文學家、儒學大師，「幼警

敏，雙眸炯炯，讀書日盈寸」，曾師從明初大儒宋濂門下，後被宋濂舉薦給太祖朱元璋，封為「漢中教授」。雖然「太祖喜其舉止端整，謂皇太子曰：『此莊士，當老其才』」，但是朱元璋在位時並未重用方孝孺，只給了他一個「漢中教授」的閒職。終洪武一朝，方孝孺都沒有受到重視。朱元璋死後，皇太孫朱允炆繼位為建文帝（皇太子朱標早逝），方孝孺時來運轉，一下子成了建文帝的肱骨之臣。

其實，朱元璋不用方孝孺，固然有其政治思想與朱元璋相悖的原因，但也因為方孝孺生性迂腐，書生氣太濃，因而不被朱元璋這樣的「草根」皇帝所喜歡。此外，方孝孺雖有滿腹經綸之才，但朱元璋認為他並沒有經邦濟世之能，為文尚可，為政則不行，這也是只授他「漢中教授」官職的重要原因。

後來發生的事實證明，朱元璋不用方孝孺是對的，朱允炆重用方孝孺卻害了自己。

書生意氣，誤國誤君

建文帝即位後，立刻召方孝孺為「翰林侍講」，第二年又升為「侍講學士」，後來再升為「文學博士」。每天伴隨建文帝左右，「凡軍國大事，均諮其意見」。方孝孺官職雖不十分高，但卻非常重要。生性柔順文弱又毫無政治經驗的建文帝的執政理念與方孝孺的「以德為主、以法輔之」的德治思想很對「胃口」。方孝孺的出頭之日到了，而悲劇也就隨之開始了。

建文元年，燕王朱棣發動靖難之役，最終奪取帝位，在這場建文帝本不應該失敗的戰爭當中，方孝孺不能說負全部的責任，卻負有不可推卸的主要責任。

建文帝削藩之時，朝廷首先要考慮的應是如何應對削藩後面臨的問題。戰爭爆發後，應該考慮的是如何滅燕的問題，斷不是方孝孺當時考慮的如何

復古改制（改承天門為皋門、前門為輅門、端門為應門、午門為端門、謹身殿為正心殿），如何更定官制和田制等（方孝孺對儒教的推崇比朱元璋還要厲害）。國策制訂了一大堆，唯獨不見其滅燕大計。

朱棣起兵後，建文帝被迫倉促應戰。在「以全國敵一隅」的情況下，南京的政府軍卻被燕王的「叛軍」打得節節敗退。為扭轉戰局，黃子澄力薦李景隆取代耿炳文，齊泰則對此竭力反對。建文帝拿不定主意，諮詢方孝孺意見後，決定任用李景隆。然而，李景隆「益無能為力，連敗於鄭村壩、白溝河，喪失軍輜士馬數十萬」。建文帝的處境急轉直下。

到最後朱棣兵臨南京城下時，已被事實證明難堪大任的李景隆，竟然被建文帝委以守城的重任。而此前曾有人告發李景隆有「通敵之嫌」，建文帝原本也是有顧慮的，只是他「雅信孝孺，遂不復疑」。最終造成李景隆與谷王朱穗大開金川門，而致南京城失守的嚴重後果。

方孝孺的書生意氣，致使建文帝一敗塗地，這是方孝孺最大的罪過。朱棣兵臨城下之時，「帝憂懼，或勸帝他幸，圖興復。孝孺力請守京城以待援兵，即事不濟，當死社稷。乙丑，金川門啟，燕兵入，帝自焚。」至於建文帝是否真的自焚，民間有很多種猜測，但從此沒有東山再起卻是鐵一般的事實。倘若建文帝不聽方孝孺的迂腐之言「當死社稷」，而是逃離南京，「圖興復」，集合全國其他地方的兵力，以王者之師再戰「燕王逆賊」，完全可能收復「失地」，東山再起。

朱棣在南京即位後，首先想到的人就是方孝孺，他知道方孝孺名滿天下。朱棣極為倚重的謀士姚廣孝曾在攻下南京城之前對他說過：「殿下攻下京城後，方孝孺一定不會投降，但你一定不能殺他！如果殺了他，天下的讀書種子就會絕了！」雖然朱棣預料到方孝孺一定不會輕易投降，但他也不會想

到事情居然會演變成一次打破歷史紀錄的慘劇。

慷慨陳詞，致「十族之禍」

朱棣與方孝孺的第一次會面的緣由是，他要求方孝孺起草一道安撫天下的詔書。其實朱棣完全可以找其他人來起草這道詔書，但是他認為，如果能說動方孝孺親自來寫這道詔書，無疑對安撫天下人心會起到更好的作用，所以這份詔書非要方孝孺起草不可。

朱棣在南京皇宮的大殿裡召見了方孝孺。他萬萬沒有想到，方孝孺之所以應召而來，並不是給他寫詔書的，而是準備拿出「言官」的看家本領，要和朱棣來一場皇位繼承權的法律論戰。

方孝孺之所以沒有自殺殉主，以報建文帝的「知遇之恩」，他就是在等待與朱棣會面的這一刻。當他披麻戴孝、哭聲震天地走上大殿時，朱棣強壓怒火，忍氣吞聲地勸解他：「先生毋自苦，予欲法周公輔成王耳。」方孝孺反問：「成王安在？」朱棣回答：「彼自焚死。」方孝孺接著問：「何不立成王之子？」朱棣回答：「國賴長君。」方孝孺又問：「何不立成王之弟？」朱棣回答：「此朕家事。」

這一番對話，可說是方孝孺進一步，朱棣就退一步，方孝孺步步進逼，朱棣步步後退。迂腐文人的尖酸刻薄之氣得到了淋漓盡致的發揮，一而再、再而三地挑戰朱棣的心理極限。其實，即使以儒家傳統的觀念來看，朱棣的「此朕家事」的說法是有道理的。雖然朱棣以武力奪取了政權，但這天下原本是他朱家的天下，他本人又是太祖朱元璋的兒子，當建文帝下落不明時，他作為朱家的人當皇帝又有什麼錯呢？古往今來，忠臣烈子們在忠心耿耿的同時，往往又自相矛盾。別家的皇帝不說，只說明朝兩百多年後，崇禎上吊、明朝覆滅時，有人尊隆武帝、有人尊永曆帝，都是尊朱家的人當皇帝，那到

底誰對誰錯、誰才是正宗呢？

可惜方孝孺不這麼想，終於把他的尖酸刻薄發展到了高潮。朱棣命人將紙筆交給方孝孺，並說：「詔天下，非先生草不可」方孝孺把筆扔到地上，一邊哭一邊罵道：「死即死耳，詔不可草。」朱棣終於按捺不住心中怒火，「汝不怕夷九族耶？」方孝孺回答：「即夷十族何妨！」惱怒至極的朱棣隨即下旨，命「滅其十族」。

一番對答，方孝孺把朱棣罵得酣暢淋漓，痛快無比，也因此成就了自己「忠臣錚骨」的「忠義氣節」和「千古名聲」。然而，我們不禁要問，方孝孺你自己願意「死即死耳」，那是你的自由，但你為什麼要拉上這許多無辜的性命來給你做伴！當朱棣威脅要滅九族時，你不但不為父母妻兒著想，也不為其他許多的九族之人著想，竟然還說出「即夷十族何妨！」這樣的「豪言壯語」！

這次會面對話的結果，釀成了中國歷史上史無前例的十族之禍！

方孝孺是痛快了，十族也好，百族也罷，我方孝孺命只有一條，其他人的死活與我無關。一面大談仁義道德，一面卻又如此輕賤別人的生命。如此的虛偽，如此的不負責任，頂天立地、一身正氣、錚錚鐵骨從何談起？！倘若方孝孺能有一絲的悲天憫人之心，斷然不會有此令人髮指的「十族之禍」。如果方孝孺只是想殺身成仁，捨身取義，大可在談笑之間，了卻生死之事。這樣的結果不過是禍及自己，而不會殃及他人，卻一樣可以「留名青史」。然而，他卻為了「逞口舌之快」，不惜招致「誅滅十族」的彌天大禍。

客觀地說，我們不能把誅滅十族的罪過，歸到方孝孺身上，最大的罪魁禍首當是「雄才大略」的明成祖朱棣和封建專制制度。但不可否認的是，方孝孺的愚忠是導致十族之禍的直接導火線。

　　後世之人常常對方孝孺的「錚錚鐵骨」和「英勇就義」感到盪氣迴腸，氣壯山河，蒼天失色，大地無語。然而，他的「浩然正氣」，是建立在屈死的八百七十三個鮮活的生命之上，正是這八百七十三條冤魂，才鑄就了方孝孺「一身正氣」的「千古名聲」。

　　方孝孺的「忠義氣節」常常令無數中國人為之血脈洶湧、心潮澎湃。我們不禁要問，都是朱姓皇帝，為什麼忠於建文帝是「忠」，忠於永樂帝就成「奸」了呢？究其原因，除了「忠臣不事二主，烈女不嫁二夫」的封建思想作怪外，「屁股決定腦袋」是另外一個重要原因，「忠」和「奸」永遠是相對的，關鍵看你處在什麼立場。既然如此，我們根本就沒有必要為方孝孺的愚忠思想而歌功頌德！而且，當他看到八百七十三個生命為他「英勇就義」時，竟然無動於衷、毫無愧色！如此地視他人性命如草芥，他與殘暴的朱棣相比，又有什麼高明之處呢？

從《十月圍城》看中國人思維的混亂

　　2009 年 12 月 17 日，由香港導演陳德森執導的《十月圍城》電影上映。該影片講述 1906 年 10 月 15 日來自四面八方的革命義士，商人、乞丐、車夫、學生、賭徒、戲班女在香港中環浴血拚搏，粉碎了一場暗殺行動，保護孫中山的故事。

　　20 世紀之初，遭受「三千年未有之大變局」的中國正處在近代歷史上最黑暗的時期。面對「日益猖獗」的革命黨，滿清政府不僅在大清國統治的範圍內對他們進行殘酷鎮壓，而且在當時英國管轄下的香港也對革命黨展開了瘋狂的暗殺行動。革命領袖孫中山冒險從海外赴港，名為探望母親，實則與十三省革命代表見面。這無疑是清廷「刺殺孫賊」的大好時機，清廷將軍閣

孝國買通香港警察，在全港織起了一張刺殺孫中山的天羅地網。《中國日報》社長陳少白作為革命黨人，則承擔起保護孫中山的重任。

大商人李玉堂是陳少白的老朋友，多年來一直在暗中出資支持陳少白的革命工作。為了完成這次任務，陳少白再次請求李玉堂出資援助孫中山來港和為保護行動提供支持。但當李玉堂隨後發現自己的兒子李重光竟然也受革命思想影響時，不僅不願再度出資，還與陳少白決裂。

然而就在此時，清廷將軍閻孝國帶領手下突襲了《中國日報》社，並將陳少白祕密抓捕。面對陳少白的失蹤，以及《中國日報》社等革命據點的遭襲，令李玉堂無法袖手旁觀，他決定完成陳少白失蹤前的囑託，擔負起保護孫中山的指揮工作，並在民間尋訪各種能人義士，保護即將來港的孫中山。

香港歷來就是臥虎藏龍之地：曾是貴公子後淪為乞丐的劉鬱白，對李玉堂忠心耿耿的車夫阿四，因父親被殺而欲替父報仇的戲班女方紅，被少林寺逐出山門靠賣臭豆腐為生的小販王復明，個個都身懷絕技，雖然他們並不知道「革命」真正的意義和慘烈，卻因自身的各種原因，先後加入到保衛孫中山的團隊中。賭徒出身的沈重陽被委以最重要的貼身護衛工作，李玉堂的兒子李重光也在這次反刺殺行動中，被選為孫中山的替身，甚至連老奸巨猾的華人警察司長史密夫也因深受感染而對保衛工作暗中施以援手。

孫中山抵達香港後。閻孝國組織的殺手隊伍一波又一波地逼近了保鏢隊伍。雙方展開了一場又一場驚心動魄的「全城追殺」。最終，孫中山安全離境，身後的香港已染滿保鏢和殺手們的鮮血。

20 世紀之初的中國，救亡壓倒啟蒙，飽受蹂躪的中國人總免不了有救世主情結 —— 普羅大眾渴望有救星帶領他們，而孫中山作為當時中國的社會菁英，勇敢地承擔起拯救中華民族的重任。

第四篇　混亂的民族思維脆弱的民族情感

面對「三千年未有之大變局」，覆巢之下，誰能獨善其身？正如李重光與陳少白爭論時所說：「整個中國都捲進來了，我能不被捲進來嗎？」有時候，犧牲是迫不得已的，烈士們其實並沒有教科書上面說得那麼光鮮偉大。賭徒捨身保護孫中山，只是因為突然有了做父親的責任；戲班女捨身保護孫中山，那是因為殺父之仇不共戴天；乞丐公子捨身保護孫中山，不過是想將早已苟延多時的生命來個燦爛的了斷；人力車夫捨身保護孫中山，不過是覺得老闆是個好人，不能讓自己的老闆遭難。即使到了最後一刻，車夫也並不知道他保護的人到底是誰。中國人本性善良，甚至有點懦弱，但到了生死存亡的關頭，不是不想偷生，而是想偷生已經不可能了。

在善惡分明的敘事模式下，《十月圍城》盡可能地將人物立體化了，正面英雄的卑微出身與出身豪門的反派人物形成鮮明對比。更耐人尋味的是，清廷刺客閻孝國，早年曾師從陳少白領受西學教育，雖然他後來做了朝廷「鷹犬」，但絕不是常人想像那樣食古不化的封建冥頑。閻孝國在與陳少白對峙時直斥對方是書生意氣，一心想依靠洋人幫助來振興中華，實在是「書生誤國」；而且，閻孝國在臨死前還不忘對老師說一句「學生已報國恩」，委實令人感嘆——保護孫中山的人是為了國家民族，刺殺孫中山的人居然也是為了國家民族。

這種混亂的思維一直在中國人的思維裡糾纏不清。19 世紀時，無論是鴉片戰爭、中法戰爭、中日戰爭和抗擊八國聯軍，中國人都在拼死抵抗外國的入侵，他們在保護大清國同時，也在捍衛中華民族的尊嚴。怎麼沒過多長時間，保護大清國和顛覆大清國，竟然都是為了拯救中華民族，到底誰對誰錯，令當時的中國人感到十分的困惑。

「殺身成仁」與「苟且偷生」的糾結

　　無論是在古代，還是在近代、現代，很多時候我們的思想和行為都充滿著困惑和矛盾。我們在為別人的「殺身成仁、英勇就義」大唱讚歌的同時，自己卻往往選擇「苟且偷生、好死不如賴活著」。宋末的時候，當陸文夫背著宋末帝趙昺投海而亡的時候，絕大多數的中國人選擇了屈從蒙古人的鐵蹄；明末的時候，在清兵入關之後，在「留髮不留頭，留頭不留髮」的屠刀面前，當時的中國人再一次選擇了屈從。我們的內心深處往往認為，只有文天祥、陸文夫、史可法、袁承煥這樣的為國捐軀的民族英雄才值得景仰和膜拜，而那些選擇屈從的人們，多少都有點「漢奸」的色彩。然而，歷史的事實是，在異族鐵蹄面前，絕大多數的中國人都選擇了「苟且偷生」，而沒有像伯夷、叔齊那樣「不食周粟，餓死在首陽山中」。

　　我們之所以會有這樣的價值觀念和審美取向，是源於幾千年來封建專制統治者對中國人進行奴化教育的結果。在古代中國人看來，「天下是皇家的天下」，而根本不知道「天下應該是天下人的天下」（法國的路易十四曾言「朕即天下」，在這一點上，東西方皇帝的思維方式完全一樣）。我們的思維習慣是，忠於皇帝就是忠於國家，而全然不顧這個「皇帝」是否合法。當兩個或兩個以上的「皇帝」打架時（如朱棣和朱允炆），我們就會無所適從。雖然在中國古代，有人指出了「竊鉤者誅，竊國者侯」這個顯而易見的歷史真相，但很少有人說出「天下為公」這個簡單樸素的真理。我們才開始懂得：國家領袖應由人民來推選，並代表人民的利益，政府只是為老百姓辦事的機構；忠於國家其實就是忠於人民，而不是忠於政府。只有明白這一點，我們才能走出歷史的錯誤，滌清我們的思維。

既「羨」又「憎」的民族心理

現在很多中國人對美國、對西方充滿著既「羨」又「憎」的矛盾心理，既「羨慕」他們的經濟發達和物質富足，又「憎恨」他們在近代歷史上對中國造成的巨大傷害。落後挨打的慘痛記憶一直都銘刻在我們的記憶深處，對西方國家既「羨」又「憎」的複雜情感一直糾結在當代中國人的心中。

北大學生要讓美國總統「難堪」

1998 年 6 月 25 日，美國總統柯林頓到中國進行正式友好訪問。

按照預先商定的日程安排，柯林頓將在訪華期間到北京大學發表演講。美方與北大之間曾為演講的講臺發生了一個小插曲：美方提出，柯林頓在北大發表演講時，要使用白宮的講臺，理由是安全的需要。北大方面則堅持，在北大演講，就要用北大的講臺，而且還出示了不久前義大利總統在北大演講時的照片，顯示這是北大的一貫做法。

雙方為此僵持不下。後來妥協的結果是，用白宮的講臺，但講臺正面懸掛北大的標示。這個小小的插曲其實暗含了中美雙方的文化的差異：美國人比較務實，安全永遠是第一位的；而中國人則比較重禮儀，帶著講臺到別人那裡去演講，那也太不合規矩了。其實美方大可不必擔心柯林頓在北大的安全問題，雖然在美國曾發生了很多次暗殺總統的事件，但在中國絕不會發生。

6 月 29 日上午，柯林頓一行來到剛剛結束百年校慶的北京大學發表演講。演講結束後，柯林頓與北大學生進行了一場別開生面的「互動」遊戲，回答北大學生的提問。雖然北大校方事先曾暗示學生：要注意友好氣氛，畢

竟柯林頓是十年來第一位訪問中國和訪問北大的美國總統。但是，北大學生仍然向柯林頓提出了很多尖銳的問題，有的甚至有挑釁的味道。作家余傑先生後來曾寫過一篇文章，對北大學生提出了批判。

「提問的北大學生為了表示他們的勇敢和愛國，他們的『勇敢』使整個提問過程充滿了好不容易找到了一個出氣筒。這些學生也許因此而滿意了 —— 他們在提問中表現出了自己以及自己所代表的國家的『勇氣』和『信念』」。

「在前蘇聯史達林時代，有一個笑話說一個美國人和一個蘇聯人見面了，兩人談論誰的國家更民主，美國人說：『當然是我們美國了，我們能夠到白宮門口去舉著標語罵羅斯福。』而蘇聯人說：『那算什麼，你們充其量只能到白宮外面，而我們卻能夠到克里姆林宮裡面去，當著史達林的面大罵羅斯福。』相同的道理，在北大的禮堂裡，無論怎樣尖刻地質問柯林頓都是不需要付出任何代價的，相反還會有許多意想不到的收穫。這樣有利可圖的遊戲，誰不願意玩呢？」

在咄咄逼人的北大學生面前，柯林頓總統表現出了一個大國領袖的良好政治素養。

一位北大地質系的學生問柯林頓：「據我們所知，你來中國之前，在中國表示，之所以去中國，是因為它太重要了，接觸是最好的壓制方式，你這句話是否是為了使這次訪華成行而向反對派做出的承諾？此時你站在講臺上，帶著和善的微笑，這微笑背後是否還藏著真正的、壓制的初衷呢？請總統先生正面回答我的問題。」

世界第一強國 —— 美國認為「中國太重要了」，這無疑讓現場的很多北大學生感到自豪，而且我們可以這樣當面質問美國總統，實在太刺激了，太過癮了。「柯林頓為難了、柯林頓尷尬了、我們難倒了柯林頓！我們多麼偉

大啊！」這位地質系學生的問題贏得了熱烈的掌聲。

對於這個問題，柯林頓回答說：「要是我有遏制中國的意思的話，我不會把它藏在笑臉後面。但我沒有，那就是說，我講的是肺腑之言。我們必須做決定，我們大家都得做決定，特別是生活在一個擁有重大影響力的大國的人，更得決定如何界定他們何以是大國。」

柯林頓的回答可能是出於真心，也可能是用「外交辭令」表現「外交智慧」，我們無從揣測。但是，對於北大學生來說，這樣質問一位訪問北大的客人，是否禮貌呢？這與「在克里姆林宮大罵羅斯福總統」，又有什麼區別呢？

在對話現場，類似的尖銳問題還有很多。由於中美兩國一直在人權問題上存在分歧，中國政府認為「主權高於人權」，而美國政府則認為「人權高於主權」。在回答北大學生對中美兩國在人權問題上存在的分歧以及美國自身人權問題的質疑時，柯林頓認真檢討了美國存在的種族歧視問題：

「當我們由於種族、宗教、價值觀等問題而剝奪人民的自由，或限制新移民的自由，美國最黑暗的歷史時期便出現了。但當我們致力落實美國《獨立宣言》的精神，對持不同政見人士的自由提供保護，並把自由交還給以往曾遭受剝奪之人的時候，美國的歷史便進入最輝煌的時期。」

「我從未在其他國家 —— 當然不只是中國 —— 訪問的時候，自欺欺人地不承認美國也有類似嚴重的問題。我相信，任何人都不能自稱住在凡事十全十美的國家。為了創造並享受更好的生活，我們不斷向理想邁進。」

在柯林頓看來，個人自由高於一切，國家主權不能凌駕於個人權利之上。北大中文系一位名叫馬楠的女學生反駁柯林頓說：

「本校前任校長蔡元培曾經說：『道相融而不相背，萬物並育而不相害。當偉大的道德精神實際運用時，它們不會相互抵觸』。而且，我也不認為個人

138

的自由會與集體自由抵觸。以中國為例，它的蓬勃發展實際上確是中國人民自由選擇與集體努力下的成果。因此，我認為，所謂真正的自由，應該是人民有權自行選擇他們想要的生活和發展方式。只有那些真正尊重他人自由的人，才能了解自由的真諦。」

馬楠的話聽上去非常振振有詞，然而可惜的是，她的這段話完全出自課本上的教條。毫無疑問，馬楠是一個認真讀書而且口齒伶俐的好學生，能將蔡元培的原話背得一字不漏。

自始至終，對話現場氣氛一直十分熱烈，高潮迭起。不管是提問的學生，還是沒有提問的學生，從現場熱烈的掌聲中，我們可以感覺到，北大學生具有極高的愛國熱情和民族主義情緒。

然而令人遺憾的是，這樣的提問和對話，只有在中國、在北大的語境裡才會發生，才會贏得熱烈的掌聲。如果換一個環境，比如在哈佛大學、在劍橋大學或者在東京大學，它們還會發生嗎？如果回答是否定的，那麼憑什麼認為自己是世界大國了呢？「狠話」只敢在「家裡」說，而不敢到「外面」去說，如其說是自大，不如說是自卑。

「反美」學生對美國趨之若鶩

當年向柯林頓提出強烈批評和質疑的七名北大學生，是否真的很愛中國，很鄙視美國呢？據《華聲》雜誌後來透露，那七名北大學生私下裡談到對美國的看法時，都一致「叫好」。他們喜歡美國的理由五花八門，經濟系的大學生說，「尖端的科技研究環境，有利於個人成就的誕生。」藝術系的大學生則認為，「美國人自由奔放的民族個性非常吸引人。」

其實，對於中國當代大學生（尤其是那些國際化程度比較高的大學）來

說，他們對美國早有了共識：美國是一個文化包容性極強的國家，不同膚色、不同語言、不同民族、不同文化背景的人，都可以找到適合自己生存的土壤。身處美國，也就身處了世界。

選美國。赴美留學成功的人數占了全北大學生總數的近 20%。北大因此被稱為「留美預備學校」，北大人則戲稱自己是「寄託（GRE 和 TOFEL）的一代」。

在向柯林頓提問的七名學生中，有五個人明確表示，他們只要有機會，一定會去美國。他們還透露當時所提的問題並不是他們內心真正想問的問題，馬楠後來曾說，她與柯林頓一家一樣，是素食主義者，她其實很想與美國總統交流一下對「健康、綠色的食品」的看法。

既然不是自己內心真正想問的問題，校長在對話開始前也曾暗示不要讓柯林頓總統太難堪，那麼，為什麼還要提那些尖銳的問題呢？那就只有一種可能，為了配合現場觀眾的情緒而進行的表演，透過譁眾取寵為自己贏得某種利益。事實上，從現場熱烈的掌聲中，我們不難看出，現場的很多北大學生其實很願意看柯林頓的窘態的，問題越尖銳，掌聲就越熱烈。這種表演完全不是北大校方的安排，而純粹是表演者的即興發揮和聽眾的情感訴求。因為這是在中國，在北大，聽眾需要這樣的氣氛，需要高舉民族主義、愛國主義的旗幟。如果換一個國外的場所，斷然不會去提這樣的問題，在中國在北大這樣特定的環境裡，中國人才表現得如此的熱烈，如此的愛國。

對於參加「互動」遊戲的 400 多名現場聽眾來說，熱鬧看到了，柯林頓的「窘態」也看到了，而表演者撈取個人資本的目的也實現了，實在是皆大歡喜。然而，這樣的表演卻給國際社會，尤其是給美國人傳遞了一個很不好的訊息。美國國務院主管東亞及太平洋事務的助理國務卿陸士達，在柯林頓

結束北大之行後表示：「在中國這一代青年人身上，有一種正在成長的民族主義情緒，這反映出一種真實的趨勢，未來我們必須對此加以應對。」

如果這種民族情緒是僅僅表現在對改革開放持否定態度的保守人士身上，那還不值得大驚小怪。但是，當這種情緒發生在北大校園內，而「北大正領導著中國邁向未來」（柯林頓演講詞中的原話），那就不能不引起我們的警惕了。

說什麼並不影響做什麼

對於很多中國人來說，說什麼並不影響他們做什麼。中國大貪官成克傑在臺上的時候，最喜歡說的一句話是，「想起廣西還有八百萬人民沒有脫困，我睡不著覺啊。」真是中國式的「黑色幽默」。當年那位「義正詞嚴」地批評柯林頓的北大女學生馬楠，後來去了美國，而且嫁給了一個名叫「寇白龍」的土生土長的正宗美國人。

一篇《北大反美姑娘馬楠的近況》的文章，將馬楠「口是心非、言行不一」的行為公諸於眾。

「北大中文系的女生馬楠在柯林頓訪問北大時，曾當面痛斥美國人權狀況惡劣，有意思的是，兩年後大學畢業，她卻選擇到『人權狀況惡劣』的美國去留學，後來還嫁給了一個美國人。馬楠明明知道美國的人權狀況惡劣，明知山有虎，為什麼還偏向虎山行呢？」

這篇文章給出的「理由」是：

「馬楠絕不是投機分子，而是一個崇高的愛國主義者，同時也是一個國際主義者。馬楠之所以選擇嫁給美國人，是出於對毫無人權保障的美國人民的深刻同情。馬楠以自己的弱小身軀，面對美國的強大的資產階級專政的國家

機器，勇敢地站出來為美國人民伸張人權正義。」

從這篇文章，我們可以看出中國人其實並不缺少幽默細胞，而且幽默水準堪稱世界一流。

《南方人物》周刊後來刊登了一篇對馬楠的專訪，已赴美定居的馬楠說，網上流傳的那個文章，她和她老公看到時「都快笑翻了」。在說到當時提問的動機時，馬楠承認當時是有私心的，「我知道全球都在盯著柯林頓的北大之行。我之所以站起來提問，是希望在美國的前男友能（從電視上）看到我。」馬楠之所以喜歡美國，是因為「美國吸引走了她的一個親密朋友。」連她自己後來都覺得「可笑」的行為，卻讓無數的中國人為之「自豪」。無疑，馬楠把當時的很多中國人都「唬弄」了一把！

現在很多中國人對美國、對西方充滿著既「羨」又「憎」的矛盾心理，既「羨慕」他們經濟發達、物質富足，又「憎恨」他們曾經對中國的欺侮，這種矛盾心理隨處可見。

在中國很多的大學校園裡，老師們在舉行漢學或中國文化的國際研討會時，時興用英語發言，會後卻用漢語聲討「帝國主義」的文化入侵；學生們上午在課堂內大罵美國為「帝國主義」，下午則去美國的使館門前排隊辦簽證。

很多人一邊看日本 AV，一邊大罵日本人；一邊看著美國大片，一邊痛罵美國文化。他們在網咖裡沉迷於外國網路遊戲，轉個網站就加入到抵制洋貨、大罵漢奸的行列。一邊喝著「可口可樂」罵「匯源果汁」，一邊號召別人去抵制「洋貨」支持「國貨」。一邊指責美國侵占伊拉克，指責別國使用殺傷性武器，可是一談及臺灣問題，卻比任何國家的人都歹毒，甚至建議在臺海進行核實驗，「用汞將臺灣男人全搞絕育」……

自己標榜自己是「禮儀之邦」的文明人，但罵起人來比潑婦還有過之而無不及，而且還自鳴得意，說什麼「論年紀，你們都是我的父親輩爺爺輩的，但論罵人，我們就得倒過來」。

如果中國人一直停留在這樣既「羨」又「憎」的心理層面，那麼中國將永遠不可能成為真正的世界大國，中華民族的偉大復興也將永遠停留在夢幻之中。

揮之不去的受害者心態

從鴉片戰爭開始，近代中國經歷了 100 多年半殖民地半封建的社會，西方列強和日本欺凌中國人的屈辱記憶一直根深蒂固地深扎在中國人的心中。現代的西方人或西方國家對中國的任何一次不友好的言行或舉動，都會激起中國人的極大憤慨。美國《外交》雜誌曾刊登一篇題為《中國的自信外交》的文章，強調正在崛起的中國應「樹立大國意識」，中國人需要克服由於歷史原因形成的「受害者心理」，因為「沉浸在受害意識中的大國的出現會讓世界毛骨悚然」。

天津商人被美國警察暴打

2004 年 7 月中旬，中國天津女商人趙燕在美國華盛頓談完生意後，於 21 日參加了從紐約市出發的「尼亞加拉瀑布兩天一夜遊」旅行團。趙燕在美加邊境的彩虹橋頭遊覽時，看到橋附近一間小白屋裡透著燈光感到有些好奇，於是探頭查看究竟。透過房子的玻璃門，她看到一名警察正將一名黑人男子制伏在地。就在趙燕朝裡張望的時候，屋子內裡突然衝出幾名美國警

察，命令她起雙手接受檢查。趙燕一下子被嚇矇了，急忙伸手掏護照，美國警察立刻衝上去將她一陣暴揍。儘管趙燕用英語大聲解釋說：「我來自中國，是在美國做生意，我的護照在包裡！」可是，美國警察還是把她打得鼻青臉腫、遍體鱗傷。

趙燕無端被打事件發生後，中國政府迅速透過外交途徑向美國政府表示了抗議，並要求嚴懲打人的警察。8 月 29 日，美國聯邦檢察院以「違反他人公民權利」的罪名，起訴了涉嫌帶頭野蠻毆打趙燕的美國國土安全部官員羅伯特·羅德斯。

後來的庭審記錄揭示了這一事件發生的原委。原來「趙燕被打」事件發生當時，打人的警察剛剛抓捕一名販毒嫌犯，而這時趙燕與同伴剛好路過，警察認為趙燕等人可能與嫌犯有關聯，遂要求他們接受檢查。但趙燕的同伴們紛紛逃開，警察衝上去抓捕他們，而這時趙燕有個掏口袋的動作。於是，如驚弓之鳥般的警察上前對她就是一陣暴打。打人的警察事後在法庭上聲稱，趙燕掏口袋的動作讓他以為她有「拔槍」行為，因此他上前扭打趙燕，是「出於職業本能反應」。

趙燕被美國警察毆打事件發生後，中國各大媒體迅速以「中國女子在美國無故受欺」、「中國人海外受到欺凌」等標題進行了報導。對於中國公民在美國遭到警察暴打，中國媒體時大多數是抱著一種「中國人被美國佬欺負」的看法，認為「美國損害了中國人的尊嚴，美國政府應該向中國人民道歉」，「現在不是八國聯軍時期了，美國不能這麼欺負中國人」。有些網上發文甚至宣稱——「最好再來一個 9·11，把美國佬全滅了！」媒體不負責任的措辭，讓很多中國人的民族情緒一點即燃。

其實，趙燕被打事件的性質不過是幾個美國壞警察濫施暴力的案件。警

察在毆打趙燕時其實並不了解她是哪國人,「美國警察欺負中國人」之說根本無從談起。而許多中國網民卻將這起案件上升為一個有關民族尊嚴的政治事件。在日益成長的民族主義情緒影響下,中國人在對外交往時所經歷的風波、衝突、挫折,總是喜歡將它們歸結為「民族尊嚴」問題,無限「上綱」,引來「殺聲」一片。

這種極端民族主義情緒的核心乃是源自一種受害者心態,而這種心態的產生源自中國近代史上所遭到的喪權辱國的嚴重挫折感。對於中國人而言,整個近代史就是一部恥辱的歷史:1840 年,第一次鴉片戰爭爆發,英國人的堅船利炮敲開了中國緊閉多年的大門,腐朽的大清王朝被迫簽訂喪權辱國的不平等條約;第二次鴉片戰爭,英法聯軍入侵北京,火燒圓明園;1894 年,甲午戰爭爆發,中國被日本打敗,進一步加速了半殖民地化進程;1900 年,八國聯軍侵入北京,慈禧太后攜光緒皇帝被迫遠走西安;1931 年,9‧18 事變爆發,日本入侵中國;1937 年,日軍進攻上海、南京,製造了慘絕人寰的大屠殺⋯⋯

整整一個世紀的落後挨打,在中國人的心口留下了一道難以癒合的傷口。中華人民共和國成立後,半個多世紀以來的一個重要任務,就是要洗刷我們的祖先們曾經受到過的屈辱。改革開放以來,中國的綜合國力迅速增強,人民生活也由溫飽步入小康,中國人終於可以揚眉吐氣了。今天的中國人,當然有理由為國家和人民命運的巨大改變感到自豪。

在擺脫貧窮落後挨打的屈辱之後,我們似乎反而更願意回憶過去的傷痛。與 1980 年代相比,90 年代以來中國民眾的心理似乎更加敏感,對歷史屈辱的回憶更為執著,並在這種記憶基礎上觀察自己和曾經的對手。因而,中國人似乎格外關注日本的一舉一動,並且本能地做出憤怒的反應。面對日

第四篇　混亂的民族思維脆弱的民族情感

本，我們完全忘記了，中國本來是戰勝國，中國本來應當在構建兩國關係新格局中發揮主動作用。

鴉片戰爭以前，天朝上國的皇帝和臣民對於自己的文化、生活方式、國家實力具有一種絕對的自信，甚至是傲慢。當時人們以為，「中國」就是天下的中心、核心和重心。但隨著清軍在西方國家的「堅船利炮」面前慘敗，尤其是 1895 年甲午海戰北洋水師大敗於日本艦根本懷疑。

新文化運動時期，以陳獨秀、胡適、魯迅等為代表的中國社會菁英們，雖然他們的人格氣質及思想傾向完全不同，但反傳統的心態卻驚人的一致：僅僅模仿西方的技術和政治制度是不夠的，現代中國的政治、社會、經濟變革的前提是思想觀念文化革命，而這種革命首先需要全盤摒棄中國的過去。這些反傳統者都是真誠的愛國主義者。他們所關心的是生活在當下中國這塊土地上的人民，而不是傳統。陳獨秀曾說過，「吾寧忍過去國粹之消亡，而不忍現在及將來之民族，不適世界之生存而歸消滅也。」而且，這些反傳統者相信，傳統具有強大的力量，即使我們全盤反傳統，也不能夠真正地撼動傳統。

帶著過多對歷史的悲情，無助於現實問題的解決。在心理學上，如果一個人擺脫不了受害者心態，就無法站在客觀理性的立場上看待問題，更無法有效地解決與別人的衝突。作為一個國家也是這樣。我們確實曾經是受害者，可是如果當我們強大以後，仍然要為過去所受的屈辱復仇，永遠在以怨報怨、以血還血、以暴制暴的歷史中循環，那我們與德國法西斯和日本軍國主義又有何差異呢？

二〇〇五年的「反日」遊行

2005 年日本發布篡改歷史的教科書後，北京、上海、深圳等一些大城市的學生發動了一系列的反對日本和抵制日貨的遊行示威活動。北京的大學生在日本駐中國使館門前的遊行示威，還能保持一定的理性和克制，但在上海發生的事情就很讓人不齒。很多人衝進上海的日本商店和餐廳，將裡面的櫃檯和櫥窗被砸得稀里嘩啦，這完全是一種暴徒行徑。

後來上海一位網友在網路上發了這樣一篇文章：

「那是 2005 年的 4 月 16 日，當時我剛到上海工作。由於所在的是一個醫療集團，所以像醫院一樣，我們公司週六也要上班。然而，在 4 月 16 日這個週六，我剛到辦公室沒多久，老闆就說，今天放假，大家去參加遊行 —— 反日。但我們部門經理比較低調，他告訴我們：你們想去就去，不想去可以在辦公室上網玩遊戲。我向來不贊同反日，所以我就留在辦公室打遊戲了。想不到我們部門十二個同事竟然除了我和經理，還有一位因為踢足球腿受傷的沒去，其餘的全都去了。不但去了，還帶上 DV、單眼相機，長槍短炮興致勃勃地去了。」

「直到下午三點，這幫傢伙才回來，一回來就拉著我們三個沒去遊行的人，一起去機房大電視裡播放遊行時拍的 DV。我本不想去看這種無聊的東西，但大家都去了，迫不得已，我也去湊湊熱鬧。觀看的過中，我沒忘記問：『肖斌，你拍遊行的 DV 哪個牌子？』肖斌答：『SONY。』我鄙視他一次。然後我再問：『金銘，你用來拍照的照相機是什麼牌子？』金銘說：『Nikon。』我說：『靠，你們這叫啥反日遊行？砸了那麼多的日本店鋪和日本汽車，怎麼沒人把你們的機器砸了？』」

為什麼只砸別人的「日貨」，而不砸自己的「日貨」？看來他們在演繹自

己的暴力傾向的同時，還沒有完全失去理智。不用擔心後果、不用付出代價、不顧一切地狂砸別人的東西，打著找日本人算歷史舊帳，為過去的中國人「復仇」的旗號，使自己受到壓抑的暴力情緒一下子得到了盡情釋放，實在是太痛快、太爽了！

還有一位私企老闆帶著公司的員工上街遊行，並帶去了公司裡的一臺日立傳真機，然後將這個日本人製造出來的機器當街狠狠地砸了，以表示對日貨的「憎恨」和自己的愛國熱情。而實際上，他的公司有兩臺傳真機，一臺日立，一臺松下，日立的傳真機已經壞了，而松下的傳真機是全新的，既然要「轟轟烈烈」地表示自己對日貨的「憎恨」和自己的愛國熱情，那幹嘛不把兩臺都砸了，而僅僅砸一臺報廢的傳真機，還口口聲聲的說愛國無價，愛國無罪。原來愛國可以如此廉價！

2007 年俄羅斯發生排華事件。很多俄羅斯境內的中國店鋪遭到了俄國暴徒的「打、砸、搶」，無數的中國人為此拍案而起、義憤填膺，高聲譴責俄國人的殘忍和暴力。面對中國商人在俄國被打、被搶、被侮辱，很多中國網友不是建議用對話協商談判的方式解決，而是建議以「以牙還牙」的方式，「對俄羅斯進行全面制裁，讓他們嘗嘗沒有中國貨的滋味。」與俄羅斯的暴徒相比，發生在上海的抵制日貨和反日遊行，又高明到哪裡去呢？

在 2005 年的「反日」遊行中，「愛國無罪」「反日就是愛國」成為了一些示威者的標語。在「愛國主義」的名義下，任何非理性甚至是暴力的行為，似乎都可以得到原由。事實上，這只不過是掛著羊頭賣狗肉，用「愛國主義」的外殼，對極端民族主義情緒做了一番華麗的包裝。

我們必須看到，中國是世界的一部分，中國人是地球村的一員，我們所面臨的問題、衝突與挫折，只是世界發展進程中的一部分。因為歷史情結而

感情用事，不能解決任何問題。我們要牢記歷史，但不應深陷於歷史的泥沼中不能自拔。一個成熟的、負責任的大國，應該對歷史問題保有溫和與理性，對現實積極而勇於進取。

不拿金杯就拒絕領獎

在 2008 年 2 月 4 日結束的第 28 屆法國明日世界雜技節上，參賽的一個中國雜技團因不滿只獲得銀獎而在頒獎儀式結束後，集體將獎牌和證書放在臺上後揚長而去。此事在法國引起軒然大波，觀眾席上噓聲一片，來頒獎的法國總統文化顧問說：「中國人變了，拿銀獎都不高興了。」雜技節的組委會則表示，2009 年不打算再邀請中國參賽。

對於藝術比賽來說，很難有絕對的公正，評委有不同的偏好完全正常。就像企業招聘的時候，面試官因為個人喜好給應聘者打的「印象分」有高有低，誰也不能指責他有多大錯，要怨也只能怨自己的長相不討面試官喜歡。但該雜技團的團長卻認為，「俄羅斯得金獎的那個節目根本不行，我們的水準才是最高的」，並聲稱「我們泱泱大國不受欺負」。

其實，根本不存在「誰欺負誰」的問題。這位雜技團團長可能忘了，當年他們第一次出國比賽的時候，隊員們個個都戰戰兢兢，如臨深淵，如履薄冰。出國的次數多了以後，自然就「見多識廣」了，漸漸從自卑過度到自信，又從自信發展到狂妄，動不動就說：巴黎有什麼了不起，還沒有我們北京、上海的高樓多；這什麼條件呀，跟我們團裡沒法比。還有人公開聲稱「我們在中國拿錢就能買獎」，並試圖把這種作風帶到國際比賽中去。

這些輕狂的心態十分令人擔憂。很多中國人現在都有這種狹隘的民族主義的輕狂心態，對別國不屑一顧，認為別人的都不行，就我們自己的好。從

第四篇　混亂的民族思維脆弱的民族情感

過度自卑，「唯西方馬首是瞻」，到盲目自大，「老子天下第一」。反映出中國人的心理特徵從一個極端走向另一個極端。

最近幾十年來，中國經濟獲得了飛速成長，但國民素養和民族精神沒有同步發展。中國人的「國際自信」已達到前所未有的頂峰。其間的毀與譽、榮與辱，歷歷在目。中國正處在一個敏感的成長期，世界正以複雜的心態和目光注視著我們。不管各種擔心和疑慮是真誠友善的，還是別有用心的，都需要中國人以健康理性的心態加以舒緩和化解。然而，令人遺憾地是，中國人似乎還未做好大國成功崛起所應具備的「心理準備」，存在著很多影響中國進一步發展的不成熟心態。

現代中國的國民心態，是構築在「屈辱的近代史」的歷史背景之下。中國傳統文化裡有著唯我獨「中」、唯我獨「大」的情結。當年義大利傳教士利瑪竇告訴徐光啟中國並不在世界中心時，徐光啟感到萬分驚訝。應對西方人稱中國為「遠東」，中國人回敬西方為「泰西」。但近代以來中國命途多舛，列強入侵使中國遭受百年屈辱，國人對此刻骨銘心，深信近代中國積貧積弱，多災多難，在現代化道路上一再受挫，全是拜西方列強侵略和外國陰謀處在封閉和與國際社會相隔離的狀態，這種「悲情意識」和「受害者」心態並沒有被消除。

面對屈辱，強者奮勇前行，而弱者則暴跳如雷。強者不怕別人指指點點，弱者因為自卑而特別在乎別人對自己的看法。心態脆弱的人，一旦別人的意見和看法跟自己不合，就會認為別人跟自己過不去。一個心態脆弱的民族也是如此，一旦西方國家跟自己有點糾葛，就會認為「帝國主義亡我之心不死」。今天高喊抵制日貨，明天疾呼教訓韓國，甚者揚言跟美國開戰。許多人已習慣從狼兇殘嗜血的本性中尋求暴戾的「勇氣」，來安撫自己脆弱

的心靈。

經過多年的改革開放，中國在經濟力量壯大的同時，文化也開始面向世界。從「孔子學院」的全球開辦，到影視書刊的出口，再加上中國少數官員和企業家「不理智的膨脹」和「暴發戶嘴臉」，文化影視界對昔日帝國威力的無限擴大和張揚，都給外國人以「陷入帝國回憶」、「夢想新興帝國」的口實。韓國的《朝鮮日報》曾撰文批評中國媒體隨處能聽到「長安熱情」或「大唐氣象」，「讓鄰國人感到有些不安」。新加坡前總理李光耀過世前也以中國民族主義高漲，並以對日本的示威演變成暴力事件等為例，說明中國可能培育出錯估國力的年輕人，這些年輕人可能過早斷定中國已躋身強國之列。

我們不能不懷疑中國的民族主義者是否真的很愛國，是否懂得什麼才是真正的愛國。真正的民族主義應該具有價值層面的信仰與絕對的忠誠，而這種意義上的民族主義在中國其實十分稀缺。從古到今，為了某種價值而忠誠信守者向來很少；在於己無害的情況下，人人都可以表達或宣洩一下民族情緒，一旦出現某種風險的時候，許多人會立即噤若寒蟬或逃之夭夭；而當有某種好處如出國留學、國外定居、外企任職時，則趨之若鶩、去無反顧。因此，這種所謂的民族主義很不可靠，而且多變，並沒有多少真實的力量。儘管民族主義者從來都聲稱「自己是真正的中國人」，從來都是把國家和民族利益放在第一位，但是，極端民族主義情緒對中國國家形象的損害卻是實實在在的。

我們建構「大國心態」的基礎、起點和前提，在於正確認識歷史角色的轉換 —— 這是一種從弱者到強者、從國際舞臺上的「造反派」到世界秩序的建設者的歷史性跨越。從中國政府堅持的「韜光養晦、睦鄰友好」的對外政策中，我們可以清晰地看見這種外交策略的調整，但國民心態卻始終漂浮無

根。無論是高漲的民族主義情緒，還是「盛世大唐氣象」，其實都來得快去得快，無法成為中國人安身立命的根本。

中國人的「世界第一」情結

對於中國這樣一個有著數千年文化傳統，又在近代遭列強欺侮，變成列強們爭奪瓜分對象的古老國度，「落後就要挨打」成為人們理解國際關係的思維模式。隨著改革開放的逐漸深入，經濟崛起和國力大增後，「世界排名」成了中國人的一個無法擺脫的心理情結。

「世界第一」背後的「弱國心態」

現在的中國人，常常為自己的「世界最大」、「世界最高」、「世界最長」的「世界第一」感到無比自豪。中國地大物博、人口眾多，在很多方面處於「世界第一」本來是很正常的事情，根本不值得沾沾自喜。中國的鋼鐵產量世界第一（占世界總產量 36%），煤炭產量世界第一（占世界總產量 50%），水泥產量世界第一（占世界總產量 50%）。中國生產的微波爐、電視機、電冰箱、空調、摩托車、造船、服裝、玩具等產品產量也都穩居世界第一。此外，中國還是世界最大的外匯儲備國、世界第一出口大國，等等。

也許這些經濟數據還不足以刺激人們的神經、吸引人們的眼球，那我們再舉些視覺效果比較強烈的「世界第一」：被稱為「橋都」的重慶新長江大橋是同類型橋梁的「世界第一」跨；杭州灣大橋是世界最長的跨海大橋；廣州擁有世界最高的電視塔、世界最大的摩天輪；復旦大學的一棟建築，因酷似人眼，也被稱為「世界上最大的「眼睛建築」……「世界第一」似乎越來越

成為成了中國人的一種情結。

　　不過，還有更刺激的。中國各大網站流傳一組圖片 —— 被稱之為「世界第一區政府」河南省鄭州市惠濟區辦公新址的照片。從圖片來看，開闊的「大河廣場」，分居兩側的「古樹苑」，六幢嶄新的辦公大樓、一個巨大的半球形會議中心氣勢恢弘；區委、人大、政府和政協四大班子的四幢樓分列會議中心四周；辦公區左右，各有一處人工湖和大片的花園，10 公尺高的人工瀑布正在噴水；燈光球場等休閒設施，上百畝的綠地園林，將區政府辦公樓緊緊圍住……。惠濟區政府之所以要修這樣豪華的辦公大樓，除了政府官員不擇手段追求所謂的「政績」外，「世界第一」情結也是重要原因之一。

　　事實上，我們還有很多個世界第一：世界第一人口大國、世界最大的發展中國家、中國球迷數量世界第一，中國手機簡訊發送量世界第一，……然而，這樣的「世界第一」又有什麼意義呢？

　　有人寫了本書，書中列出中國的「世界第一」多達 700 多個。中國也有網友宣稱，「如果學過國中歷史，你說不上來 10 個中國古代的世界第一，那就說明你的歷史不及格。」中國的世界第一，無論是在古代還是在現代，都實在太多了。

　　其實，「世界第一」本身是個中性詞，在中國的無數個「世界第一」中，有令人欣喜的，也有令人沮喪的（如礦災死亡人數）。只要社會和諧穩定、人民安居樂業，又何必去追求那麼多沒有實際意義的「世界第一」呢？

　　我們必須清醒的是，無論中國有多少個「世界第一」，中國仍然是發展中國家。在國際舞臺上，中國仍然要遵守西方人制訂的各種遊戲規則，中國人現在還無法拒絕這些規則。否則，我們就只能把自己再次封閉起來，走「閉關鎖國」的老路。

第四篇　混亂的民族思維脆弱的民族情感

　　雖然中國政府歷來強調「我們是發展中國家」，但很多中國人卻不大看得起拉美、非洲等一些發展中國家，至於東南亞一些小國更是不在話下，「他們歷史上就是中國的藩國」。同這些發展中國家相比，中國常常有一種莫名的優越感 —— 被戲稱為「2.5 世界綜合症」。在談到一些南美國家時，可以見到在中國許多經濟學論壇和經濟類媒體上，學者們將巴西、智利、阿根廷這些國家列進「拉美化的深淵」，認為那裡「出現了以經濟危機、政權更迭和社會失範為特徵的整體性危機」，已成為貧窮和混亂的代名詞。

　　現在的中國似乎到處瀰漫著一種浮誇之症，以功利為導向，以成敗論英雄。特別令人不堪的是，由此引起的一種對於所謂「排名」的莫名興奮，以至於對中國的所有批評都被視為敵意和不友好。反之，極度渴望對中國的褒獎，這不僅給予外界一種同古老文明和大國底蘊絕不相稱的「暴發戶」式的氣質，而且單就此而言，這種扭曲的心態，使得我們社會的整體表現如同一個鐘擺，不是在自大那一端上停留太長，就是在自卑那一端上停留太久。

　　世界知識出版社前總編輯沈國放邀請外交學院院長吳建民和博鰲亞洲論壇祕書長龍永圖，共同主講「對中國國際地位提高的見證和感受」的講座。在分析什麼是「弱國心態」時，吳建民說，「弱國心態」主要體現在三個方面，第一是喜歡誇大自己的成就和反思。吳建民指出，「弱國心態」本質是缺乏信心，擺脫這種心態是需要時間的。

　　吳建民還指出，中國在發展道路上「將走一條荊棘叢生的道路」，「中國人要邁向『大國強民』的健康心理，尚有很長的路要走。」在這個過程中，國民要以冷靜、正確、良好的心態對待複雜局面，要特別警惕一些「捧殺」中國的行為。

　　英國廣播公司曾針對中國一些地方對「世界第一」的過份強調發表評論，

認為這是一種「弱國心態」的表現，並指出中國崛起需要「大國公民」的健康心理。

　　然而，對於向來喜歡「報喜不報憂」的中國人來說，又有多少人能聽得進這樣「刺耳」的聲音呢？

中國是世界第二軍事強國？

　　在評估各國綜合國力時，採取了包括領土與自然資源、人口、經濟、軍事、科技五個直接構成要素，以及社會發展、可持續性、安全與中國政治、國際貢獻四個影響要素。綜合考慮各項要素後，綜合國力排名前 11 位的國家分別是：美國、日本、德國、加拿大、法國、俄羅斯、中國、英國、印度、義大利和巴西。美國作為唯一的超級大國具有多方面優勢，與其他國家「不在一個等級上」。美國的經濟、軍事、科技和國際貢獻四項指標都居首位，資源居第二位，在其他項目上美國基本也位居前列。而俄羅斯與中國在多項指標上的得分均比較靠後，俄羅斯的優勢是領土和資源，中國的長項則是人口。

　　在軍事指標上，美國、中國和俄羅斯位列前三名。美國是真正的軍事超級大國，美國的軍費開支比其他十國軍費總和還要多 32%。中國之所以在軍事總實力上僅次於美國，位列世界第二，主要是因中國的軍隊官兵人數和武器裝備數量得分較高。

　　雖然認為中國的綜合國力排名世界第三，但卻認為中國的軍事力量世界第二，僅次於美國。這無疑讓很多中國人又興奮了一把。

　　然而，中國軍力真的是世界第二嗎？中國著名軍事評論員戴旭上校對此表示了不同看法。

第四篇　混亂的民族思維脆弱的民族情感

　　戴旭認為，中國社科院根據軍費支出、軍隊人數和武器裝備三個方面的指標，判定美國軍力世界第一中國第二俄羅斯第三，這種數學方程代入的評價方式，完全沒有體現軍力即國權的科技產業，因此軍隊比較先進的作戰平臺只能靠進口，很多中國國產武器平臺發動機和一些核心技術都要依賴進口。而美國和歐盟一直禁止對中國出口高科技武器，這使得中國陷入不得不陷入過分依賴俄羅斯的窘境。

　　中國和美國的經濟和技術形態根本不是一個時代，美國是工業和資訊時代，中國是半農業半工業時代，這個決定雙方總體實力的根本性指標不能並列，軍力怎麼可能並列呢？

　　美國的經濟是靠技術創新拉動的，而中國是靠政府投資拉動的；美國憑借高技術的波音飛機和軍火產品賺全世界的錢，中國則是靠出賣廉價勞動力和大量消耗自然資源賺取微薄的加工費。在 2008 年，雖然全球都遭遇了嚴重的金融危機，但美國在全世界的武器銷售仍然接近 400 億美元，連續幾十年保持世界第一，俄羅斯的武器銷售是 80 億美元，而中國的武器出口則只有 20 多億美元。戴旭認為，這組數據才是美國、俄國、中國三方軍力的真實寫照。

　　中國社科院之所以認為中國軍力排名世界第二，其主要原因是「中國軍隊人數第一，而且還擁有 7000 多輛坦克」。稍有軍事常識的人都知道，戰爭的勝敗不是取決於人員和武器的數量，而是取決於人員和武器的品質。當年的鴉片戰爭，中國軍隊幾十倍於英軍，可是結果如何呢？無數大清官兵的血肉之軀最後都成了英軍大炮的炮灰。

　　蘭德公司發布的一份全球軍力報告認為：如果算上核武器和核潛艇，中國的軍力勉強可算得上世界第二；如果剔除這兩種無法用於高技術常規戰

爭的武器，中國的軍力只能排世界第三位。雖然蘭德公司這份報告也未必精確，但它起碼說明，我們還不具備世界第二的軍事實力。

俄羅斯軍事專家亞歷山大・薩庫爾曾說，戰爭不僅僅依靠金錢。雖然中國創造了經濟奇蹟，但並不是依靠科技發展，而是依靠廉價的勞動力取得的。中國軍隊並不像外界所說的那樣強大，「俄羅斯軍隊仍是世界上最強大的軍隊之一」。俄羅斯媒體普遍認為，中國在軍事理論、裝備方面與俄羅斯的差距，是全方位的，而不是僅僅侷限於某一方面。

戴旭認為，沒有採用現代國家和軍隊實力對照標準，是社科院《黃皮書》最大缺陷；而沒有引入軟實力的概念，則讓社科院的這份報告基本上不具備參考價值，充其量只是一次「學術閱兵式」。真正決定國家軍事實力的，是軍事工業的硬實力、軟實力部分，真正體現軍隊戰鬥力的核心東西，是先進的戰爭理念，是豐富的現代戰爭經歷，是高昂的戰鬥意志，是全民的尚武精神。而這恰恰是我們最欠缺的。不過，我們千萬不要以為，坐在家裡拍拍桌子、摩拳擦掌，說幾句「狠話」，就是具有「尚武」精神，那樣充其量不過是「家裡橫」罷了。

中國國防大學張召忠教授也表示了與戴旭上校類似的看法，張召忠認為，中國軍隊現在正處上實現機械化。到 2049 年，也就是中華人民共和國建國 100 周年的時候，中國的軍事力量才有可能真正上升到名符其實的世界第二位，而這其中有一個關鍵性的因素 —— 中國軍隊是否能順利實現資訊化建設，並達到世界先進水準。

每一個中國人都希望國家早日強大，但這要靠對社會發展規律的正確把握，和持之以恆的勤勞努力，而不是憑藉投機取巧，更不能靠自欺欺人、自吹自播，打腫臉充胖子。

北京故宮與星巴克的衝突

2007 年 7 月 13 日，北京故宮星巴克咖啡店在開業 6 年之後，關門停業，撤出了北京故宮。實際上，從星巴克 2000 年 9 月進入北京故宮的第一天起，要求其撤出北京故宮的呼聲就一直不絕於耳。2007 年 1 月 12 日，一個關鍵人物的出現，加快了星巴克撤出北京故宮的進程。這一天，芮成鋼在他的部落格中發表文章指出，北京故宮是大陸中國文化傳承的象徵，而作為美國文化象徵的星巴克開到了北京故宮裡，這是對中國文化的不尊重，星巴克必須撤出北京故宮。這篇文章發表之後，芮成鋼部落格的追蹤數一下子激增到 50 多萬，很多網友都對他的倡議表示支持，並發帖響應。這個倡議像導火線一樣，使驅逐北京故宮星巴克的呼聲迅速高漲。最終，星巴克由於承受不了輿論壓力，黯然離開了北京故宮，從而使這場從星巴克一開張就引發起的爭議有了最後的結果。

北京故宮代表了什麼？

芮成鋼先生之所以要求關閉北京故宮星巴克，其原因我們可以從他的部落格裡找到答案。芮先生在其部落格中曾寫下這樣的文字：幾年前他陪同幾位美國朋友到北京故宮參觀，當看到北京故宮內的星巴克時，外國友人啞然失笑，「我當時也覺得挺尷尬的，星巴克怎麼開到了這樣神聖的地方」。芮成鋼稱，因為工作的緣故，他採訪了全球 300 多個跨國公司總裁，包括比爾蓋茲等人，他了解到，「北京故宮裡的星巴克」已經在西方上流社會傳為笑柄，「許多西方知名人士也認為這是對中國文化的不尊重」。

芮成鋼要求「驅逐」北京故宮星巴克的原因其實很簡單，是因為一些西

方人的恥笑刺痛了他的自尊心。在芮先生看來，讓星巴克進入北京故宮就是對中國傳統文化的不尊重，甚至是踐踏；「紫禁城裡的星巴克有礙觀瞻」，因而成了「國際笑話」。可是，北京故宮真的能代表中國文化嗎？

我們都知道北京故宮的由來：北京故宮始建於明永樂六年（1406 年），也就是鄭和下西洋的同一年，永樂皇帝朱棣為了江山和皇位的「永固」，在強大國力的支撐下，在北京興建了這座舉世無雙的皇城。作為明清兩代的皇宮，北京故宮先後曾入主 24 位帝王。輪番更替的 24 位帝王在北京故宮的建築上花費了大量心血，並逐漸形成現在這種獨一無二的整體布局。

北京故宮這座被我們稱之為「故宮博物院」的皇家宮殿建築群，在世界上大多數英文版的旅遊手冊中都能找到。在這些手冊上面，故宮被稱為「The Forbidden City」（即「紫禁城」）。絕大多數到北京遊覽故宮的海外遊客，他們並不是來觀賞「故宮博物院」裡的文物，而是想親臨紫禁城，體驗東方王朝時代的奢華與威權。

一位美國遊客在參觀完北京故宮後曾這樣描述他的觀感：在太和殿廣場，他感受到了一種歷史的壓迫感。這種形態的建築，在西方世界是不可能誕生的。它的威嚴，它的冷峻，它的傲慢，它背後隱現的帝制文明，令他這個祖國僅有 200 多年歷史的美國人，感到深不可測，甚至感到害怕。

毫無疑問，北京故宮的恢弘氣派以及它所散發出來的人文魅力都是十分巨大的。但我們不能因此把它看成是中華文明的濃縮與象徵，因為它是封建專制的產物，它見證了五百多年來，明清兩朝對中國人進行的殘酷壓迫和高壓統治。

今天，當我們再次穿梭在這片紅牆碧瓦之間，看到往昔人煙已逝，此地空餘故樓，心中不免感慨萬千。雖然很多人都慨嘆北京故宮之建築巧奪天

工、舉世無雙，但真正了解其精髓的人卻少之又少。實際上，北京故宮是世界上將封建皇權思想體現得最為淋漓盡致的宏偉建築群。然而，在很多中國人看來，北京故宮代表了中國的傳統文化，是中國文化的濃縮和象徵，將星巴克逐出北京故宮的行為是在捍衛中華文化。

的確，北京故宮集中國古代建築文化之大成，但如果把北京故宮定位於中國或中國文化的象徵，未免有點太武斷了。北京故宮本是皇帝的私家宮殿園囿，富麗堂皇，神聖威嚴，平民止步，一切政令由此出，是帝國時代的象徵，怎麼就能成了中國的象徵呢？

對遊客來說，北京故宮就是一個新鮮好玩的地方，他們來到這裡，就是想看看古時候的皇帝是如何奢華無度，如何用民脂民膏興建這些金碧輝煌的大殿高臺，並以此向老百姓展示威嚴，如此而已。倘若有人一到這地方就想到天朝皇威，見了龍椅就雙膝發軟，要匍匐在地才能表達對這莊嚴之地的敬畏，那不過是奴才心理在作怪。說白了，這是一種惟我獨尊的封建專制意識，而這種封建意識與建設現代憲政國家是格格不入的。西方哲人曾言，一個民主社會的成型離不開大多數國民具有現代意識。從這個角度來說，中國的公民意識還十分缺乏。智慧的結晶。但從政治的角度來說，北京故宮更體現了皇權的威嚴與封建等級制度的森嚴。如果我們今天還對北京故宮代表的巍巍皇權戀戀不捨，那只能說明我們被封建專制奴役幾千年所形成的習慣性思維還一直在延續。

星巴克代表著什麼？

一些要求星巴克撤出北京故宮的人士認為：北京故宮是中國文化的象徵，而星巴克只是四美元一杯的便宜貨，是西方俗文化的代表，居然登大雅之堂

六年之久，這是對中國文化的踐踏。然而，這種觀點實在讓人無法苟同。

文化固然有雅俗之分，但不應該有高低之別。眾所周知，西方人的生活離不開咖啡，無論是英國女王，還是美國總統，他們都喜歡喝咖啡，而且天天如此，就像中國人喜歡喝茶一樣。如果咖啡代表的是俗文化，那麼，咖啡就不應該進入白金漢宮、白宮這樣的「高雅殿堂」，而只能是民間俗人的飲品，但事實卻並非如此。

實際上，俗文化更具有生命力，它更能代表一個民族、一個國家的發展方向。道理很簡單，比如，封建社會只有皇親國戚才能住在故宮這樣的「深宅大院」裡，別人不能住，無論你多有錢都不行。這是用權力壓制民眾的居住自由。只要閱讀一下西方通史，就會明白俗文化的大行其道，正是推翻了特權社會之後才顯示出其蓬勃的生命力，並逐步取代了雅文化而興起。

有位記者曾寫過一篇文章，相當程度表達了「星巴克」留給他的觀感和印象：

我到美國加州小城柏克萊市參加一個國際會議。有一天，會議散場很晚，但主辦方沒有提供晚餐，我只得饑腸轆轆地趕回酒店。這時候，外面下起了小雨，陣陣寒意透過衣領鑽進我的身體，我打起了哆嗦。你可以想像得出這樣的場景：一個外國人，裹著衣服，冒著風雨走在異國的街頭，饑寒交加。忽然，我的眼前一亮，街角出現了一盞我所熟悉的黃燈，暖黃暖黃的，在那個雨夜裡顯得格外親切。那是一家星巴克，我興奮地告訴自己。因為我知道，只要再上前幾步，我就可以進入一個自己非常熟悉的環境 —— 笑容可掬的服務生，一大杯香氣四溢的摩卡咖啡，一塊塗滿了奶油的巧克力蛋糕。我絲毫感覺不到自己在異國他鄉，就如同是在北京家附近的那家星巴克裡一樣。

　　這就是星巴克的意義，無論你是中國人、美國人、英國人，甚至伊拉克人、利比亞人，你的目的地可以是紐約、巴黎、香港，甚至耶路撒冷、大馬士革，但只要你走進全世界 9000 多家星巴克中的任何一家，你就一定能聞到熟悉的味道，浸入熟悉的氛圍。星巴克是「全球化」的一個文化標記，那些到北京故宮參觀的西方遊客見到星巴克，就如同我們在異國他鄉見到自己的親人一樣親切。

　　在中國改革開放的時代環境下，「驅逐」星巴克的行為非常不合時宜。星巴克只是一家咖啡店而已，它並沒有傾銷「反華文化」，它只是一個人們去喝咖啡的場所而已，我們沒有必要對它如此敏感。

過度的「光榮傳統」

　　對於那些抵制北京故宮星巴克的人們來說，他們只看到北京故宮是世界上最大的皇家建築群、世界文化遺產，在北京故宮內出現洋品牌就是不倫不類、就是破壞了其整體風貌。他們忽略了北京故宮的另一個重要身份是旅遊景點，這是無法迴避的事實。

　　既然是旅遊景點，就該為中國外的遊客提供周到細緻的旅遊服務。和中國人喜歡喝茶一樣，外國人喜歡喝咖啡，這是一種習慣；景點提供咖啡，作為一種人性化的服務，只要有人買，只要是衛生的，這本身無可厚非。既然如此，為何要抵制星巴克呢？

　　上海大學的一位教授認為，星巴克開進北京故宮「侵犯了中國文化的主體性」，因此必須令其撤離北京故宮；有不少人認為「星巴克與北京故宮的衝突」是中美兩國文化在北京發生的一場面對面的對抗。在北京故宮裡開星巴克「侵犯了中國文化的主體性」，這個帽子未免太大了些 —— 中國文化就

這麼脆弱嗎？北京故宮和星巴克真的能代表中美兩國文化的「主體」嗎？不知道從什麼時候開始，我們總是喜歡將那些本不需要大驚小怪的事情，無限上綱，將其上升到國家、民族的高度。星巴克不過是一種與眾不同的咖啡而已，我們很難想像這樣一個小小的咖啡店竟能擔當「文化對抗」的重任。

我們之所以習慣於將一些小事無限擴大，這其實反應了中國人思想的幼稚和狹隘。似乎某些洋品牌一旦進入了中國的著名標示性地段，總能讓一些中國人的頭腦中產生一堵「保護牆」，總覺得它占了我們的便宜，甚至總覺得它們是在欺負我們。

我們為什麼不能換位思考一下呢？1980年代的時候，日本人曾買下代表美國文化的哥倫比亞影片公司和代表美國形象的洛克菲勒中心，日本人「為所欲為」地上演了一幕幕「蛇吞象」的好戲。然而，日本人的所作所為並沒有損害到美國精神和文化，美國照樣穩居世界第一強國的寶座，反倒是日本人後來不得不咽下「消化不良」的苦果。

實際上，星巴克並不具備實施「文化侵略」、威脅中國飲料產業安全的能力，更沒有破壞北京故宮建築。北京故宮裡的「星巴克」和其他小店一樣，都只是在做吃喝的生意而已，給它們貼上文化的標籤，不過是經營者的行銷手段罷了。即便「星巴克」真是一種什麼讓我們不愉快的文化符號，中國有老子、孔子、莊子和五千年的文明底蘊，綜合國力正處於上升期，又有什麼可害怕的呢？

如果非要將星巴克撤出北京故宮歸結為兩種文化的對抗的話，那麼誰是勝利者呢？表面上看，我們把星巴克逐出了北京故宮，這是一次中國文化對抗美國文化的勝利；然而實際上，是「星巴克」打敗了我們，因為它折射出我們內心的虛弱。

　　對於擁有五千年歷史的中國來說，應該具有海納百川的氣概和胸懷。星巴克開到北京故宮裡，根本上升不到「文化侵略」的高度 —— 它既沒有這樣的欲望，也沒有這樣的能力。需要反思的是，為什麼現在連這樣一個小小的咖啡店都無法包容了呢？如同近年來一些「有識之士」倡導抵制「洋節日」一樣，在一定程度上，它其實反映了我們內心的焦慮和恐慌。

理性面對全球化浪潮

　　星巴克撤出北京故宮的這場風波，再一次暴露出中國人面對日漸洶湧的東西方經濟和文化溝通交流，在理解和判斷方面尚不成熟 —— 對很多事情，往往都提升到不必要的高度進行詮釋，並且往往以先驗的情緒主導理解，以情緒的宣洩代替判斷，沉緬於為自己的固有經驗尋找「佐證」，從而導致片面理解或「過度詮釋」現象的時有發生。

　　這種思維方式並不只是存在於普通人的思維方式中，有很多專家學者，甚至媒體也是如此。這種思維和話語方式，導致了不少誤解的產生，誘發出一些不必要的民族情緒，對我們更加清晰地「看世界」和世界客觀準確地「看我們」，都形成了很大的障礙。

　　以基因改造食品為例：1980 年代，以美國為代表的西方國家發明了基因改造技術，使世界種植業和養殖業獲得了快速發展，農產品產量增加在相當程度上緩解了世界糧食短缺的問題。由於基因改造技術尚不完善，因而很多中國人將「廣西大學生精子品質下降，老鼠消失、母豬生死胎」等關係到人類生存的重大問題，歸罪於基因改造食品，並認為這是西方先進國家的辦法」，是「為美國的未來戰爭服務，提供新的戰爭武器」。而實際上，不論是已開發國家還是開發中國家，都在大力發展基因改造食品。美國 80% 以上的

玉米是基因改造玉米，而且美國是食用基因改造的大戶。目前全世界種植的豆類食品中，有四分之三是基因改造作物，棉花中有一半是基因改造，玉米中也有四分之一為基因改造。

很多中國媒體在報導新聞事件的時候，往往喜歡按照自己習慣性的思維方式，先入為主，肆意地宣洩和誇大。之所以形成這樣的思維習慣，在相當程度上是由於區分不清歷史和現實而認知滯後，由於區分不清「文學」和現實而表達空洞，由於區分不清理想和現實而捨本趨末。在這種思維的影響之下，我們面對一些突發事件非常容易感情衝動，但卻不能將這種衝動化為客觀理性的對策分析，只沉緬於為傷感而傷感，為興奮而興奮，於是往往既容易「很受傷」，又很容易被樂觀衝昏頭腦。當發生突發性事件時，我們往往先考慮對方的「態度」而非實際後果；在文化交流和推介中，則是以單純讚頌或批判代替了內容的表達本身。在這種思維習慣的影響下，我們對外來的資訊和觀念往往選擇性地接收，同時又將自己的資訊選擇性地推廣和解釋，這不僅導致了我們對世界的誤讀，在一定程度上也導致了世界對我們的誤讀。

如何以一個更為客觀準確的角度理解世界、以及向世界推介自己，是迄今仍然沒能解決好的問題。在全球化時代，這將成為參與全球競爭與合作的重大障礙。要想成為真正的世界大國，首先就要有大國的心態，有包容的氣度和胸懷。如果我們連一個小小的星巴克都容不下，那我們還能容得下什麼？！

被十三億人期望壓垮的劉翔

2004 年的雅典奧運之後，劉翔便被貼上了無數的標籤，成為 13 億中國人的希望，承載 13 億人的重壓。成名之後的劉翔，與其說是個運動員，不如

說是個民族英雄。歷來國際田徑短跑項目都是歐美人的天下，中國乃至全亞洲運動員從來就沒有占過一席之地。突然橫空出世一個劉翔，屢創佳績，屢屢給人帶來驚喜，叫人怎能不興奮？雅典奧運之後，中國人對劉翔從不熟悉到喜愛，而且喜愛得越來越狂熱，甚至到了不可理喻的程度。然而，在 2008 年的北京奧運上，劉翔黯然退出比賽，讓無數中國人痛哭流涕的同時，也讓很多人開始思考：到底是什麼讓劉翔兵敗北京？

在日本大阪舉行的國際田聯大獎

2004 年 5 月 8 日，在日本大阪舉行的國際田聯大獎賽上，年僅 20 歲的劉翔以 13 秒 06 的成績擊敗世錦賽四冠王、美國名將阿蘭・詹森，登上了冠軍領獎臺，一下子成了國際田徑界矚目的焦點。儘管如此，當時的劉翔還不是真正的「王者」。不過，獨具慧眼的韓國起亞汽車公司卻重金邀請劉翔做廣告，廣告詞別有韻味：「今天的第二，明天的第一！」

2004 年 8 月 28 日，劉翔在第 28 屆雅典奧運 110 公尺欄決賽中奪冠，並以 12 秒 91 的成績平了當時世界紀錄。一個劃時代的田徑巨星由此誕生，劉翔也真正迎來了「王者」時代。

2006 年 7 月 12 日，劉翔在瑞士洛桑田徑黃金聯賽上再次奪冠，並以 12 秒 88 打破了沉睡 13 年之久、由英國名將科林・傑克遜創造的 12 秒 91 的世界紀錄！劉翔開始走向巔峰。

2007 年 8 月 31 日，劉翔在日本大阪舉行的第 11 屆世界田徑錦標賽上，又一次以 12 秒 95 的成績獲得冠軍，從而成為集奧運冠軍、世錦賽冠軍、國際黃金聯賽、世界記錄保持者四者於一身的「大滿貫」運動員。

在很多中國人看來，劉翔所取得的每一個冠軍，不僅僅是他個人的勝

利，也不僅僅是中國田徑隊的勝利，而是整個中國的勝利，是整個民族的驕傲。一時之間，舉國上下到處充滿著對劉翔的溢美之詞，「劉翔是中國體育史上、也是亞洲體育史上唯 —— 位集世錦賽冠軍、兩年的世界紀錄、奧運冠軍、國際大獎賽四項榮譽一身的運動員。劉翔的榮譽，不僅是他個人的，也是我們中華民族的，他是中國人民家喻戶曉的民族英雄。」

在劉翔之前，雖然中國也曾有過徐永久（83 年挪威世界杯女子競走冠軍）、朱建華（84 年洛杉磯奧運男子跳高季軍）、閻紅（87 年羅馬世錦賽女子競走季軍）黃志紅（91 年東京世錦賽女子鉛球冠軍）、陳躍玲（92 年巴塞羅那奧運女子競走項目冠軍）曲雲霞（93 年斯圖加特世錦賽女子 3000 公尺冠軍）、王軍霞（96 年亞特蘭大奧運女子 5000 公尺冠軍）、邢慧娜（04 年雅典奧運女子 10000 公尺冠軍）等一批優秀運動員，在世界杯、世錦賽和奧運的田徑賽場上取得佳績，但他們所取得的輝煌都無法與劉翔相提並論。

雅典奧運之後，劉翔成了全體中國人的寵兒，鮮花、掌聲、榮譽鋪天蓋地，以劉翔跨欄照片為背景的大小廣告充斥著電視、網路、報紙、雜誌等各種媒體。劉翔的廣告代言費也幾倍幾十倍地猛漲。在中國的田徑賽場上，只要是劉翔參加的比賽，幾乎場場爆滿。

2007 年 11 月，中國品牌研究院推出的《中國奧運金牌價值報告》，以雅典奧運獲得金牌的 50 名中國運動員為對象，選擇 10 個奧運冠軍的金牌價值進行評估，劉翔所獲得的男子 110 公尺欄金牌的商業價值達到了 4.61 億元。

商家正是利用了中國人這種狂熱的民族感情，將劉翔當成了唬弄中國人「慷慨解囊」的工具。

兵敗北京奧運

2008 年 8 月 18 日上午，北京奧運比賽主場館 ── 「鳥巢」內座無虛席。本來只是一場普普通通的田徑預賽，卻吸引了無數的中國觀眾到場觀看，他們都是衝著劉翔的「第一槍」去的。在正式比賽開始前，劉翔試跑了幾步，跨了一次欄，隨即臉上露出痛苦的表情，現場觀眾馬上有了一種不祥之感。因為在劉翔之前，美國名將特拉梅爾在比賽的時候，也是跨了一次欄就栽倒在地上。現場的所有中國人都在祈禱：劉翔不要成為第二個特拉梅爾。

然而遺憾的是，劉翔還是成了特拉梅爾第二，因為右腳跟腱傷勢嚴重不得不退出比賽。

當時全場的觀眾都驚呆了，他們很長時間都不能接受這個事實。當劉翔撕掉號碼布條，朝場外走去的時候，很多觀眾甚至不知道發生了什麼事情。當確認劉翔已退出後，全場一片寂靜。

「劉翔因傷退出比賽了！」這一消息猶如一個重磅炸彈，讓很多中國人感到措手不及，更讓那些衝著劉翔「第一槍」去的、為目睹劉翔在北京奧運「飛人大戰」中再創輝煌而不惜花巨資購買到奧運門票的觀眾驚愕萬分。劉翔因傷退出男子 110 公尺欄預賽的消息傳開後，現場當即有不少觀眾遺憾離場，而場外一些狂炒 110 公尺欄決賽、半決賽門票的「黃牛黨」更是損失慘重（2008 年 8 月 21 日的北京奧運男子 110 公尺欄決賽的門票，竟然從原價 800 元人民幣被炒高至 9000 元人民幣）。

劉翔退賽，和他四年前在雅典奪冠一樣，瞬間成為了中國人和世界輿論「熱議」的焦點。劉翔退賽的消息傳出後，路透社、法新社和美聯社就第一時間向全世界發出了消息。

我們不禁要問，到底是因為什麼使劉翔退出了比賽呢？除了腳傷外，還

有沒有別的原因呢？其實從雅典奧運和北京奧運劉翔兩次出場時截然不同的表情中，我們就可以找到答案。四年前，根本沒有多少人知道劉翔時，他身上幾乎沒有什麼壓力，所謂「初生牛犢不畏虎」。雅典奧運時，劉翔是「一槍一槍聽著槍聲跑的，心裡很放鬆」，良好的心裡狀態加上良好的競技狀態成就他的奧運冠軍夢。不過，四年之後的北京奧運就大不一樣了。

「我真的覺得從來沒有任何一名奧運選手承受過像劉翔所承受著的這樣巨大的壓力，」體育資深人士李犁這樣說道，「當你意識到這個國家如此遼闊，而他的身上竟然擔負著 13 億中國人的所有希望，一切看上去就顯得那麼令人難以置信了。」相當程度上是因為他們相信劉翔會拿冠軍。我很清楚這個國家的人民有多希望劉翔拿下這枚金牌。這個國家曾經很自豪很驕傲，之後卻在其他田徑強國面前感覺很受挫，而 110 公尺欄這個項目就恰好完成了對整個民族尊嚴的救贖，而承受這一切的卻只有劉翔一個人。」

無論如何，這對劉翔都是極不公平的。在這個世界上，所有其他的跨欄高手都能在賽場上自由翱翔，飛不出去的唯有劉翔。

被鮮花和掌聲「綁架」的劉翔

北京奧運前夕，劉翔教練孫海平曾透露：「國家體育總局有位長官說，如果劉翔在奧運上奪金失敗，那麼他之前所做的一切都是沒有意義的。」在雅典奧運贏得金牌後，劉翔就被看作是中國田徑 08 年奧運最大的希望。這位體育總局長官之所以這麼說，無非是害怕「劉翔拿不到冠軍，無法向全國人民交代。」

有些眼光敏銳的細心觀眾發現，劉翔在北京奧運上的運動員編號是「1356」。他們出奇地聯想到：劉翔此番出征，肩負著中國 56 個民族 13 億人

169

民寄予其在北京奧運上成功衛冕、為國爭光的希望。

當劉翔這個名字已經成為了中國的國家代表，劉翔這個名字也就成為了整個民族的驕傲。每個中國人都對劉翔充滿著期望，都希望劉翔能在北京奧運上奪冠，都希望他能將傳奇進行到底。為了表示對劉翔的熱愛、鼓勵和尊敬，所有的聚光燈都對準了他，形象大使、政協委員、廣告代言人等各種絢麗的頭銜被加在劉翔的身上，在鮮花和掌聲的「綁架」下，劉翔根本無法拒絕這一切。

在中國人狂熱而缺少理性的民族感情面前，劉翔肩上的壓力可想而知。正如劉翔自己的所說的，「這塊金牌並不是我最想拿的，但卻是全國人民最想要的。」一塊金牌對中國來說，真的那麼重要嗎？有了這一塊金牌，就能說明中國的田徑水準達到了世界領先水準嗎？而沒有了這一塊金牌，就說明中國體育一無是處了嗎？如果全中國人民因為拿到了這塊金牌而舉國歡慶，因為拿不到這塊金牌而舉國悲哀，那只能說明中國人太幼稚太天真也太廉價。從這個意義上來說，劉翔的退賽，對於中國人來說，未嘗不是一件好事。

其實，劉翔不過是無數中國人中的一個，110 公尺欄的比賽也只是眾多體育比賽中的一個，無論劉翔退不退賽，無論劉翔拿不拿冠軍，都不值得如此的大驚小怪。正如前奧運冠軍王軍霞在參加一家網站的訪談節目時所說：「劉翔也是人，大家要有一顆平常心，這不過是一場此他承受了巨大的壓力。可他是人不是神，只要是人，就都會有起伏的時候。」

雖然中國在 08 年奧運上取得了 51 塊金牌，位居金牌榜首位，但在中國人的心中，劉翔的那一枚金牌依然是分量最重的一塊。彷彿沒有這一塊，這屆奧運就沒有達到高潮，這一屆奧運就不算是完美「收官」。

誰該對劉翔退賽負責

　　劉翔的退賽在中國引起了巨大轟動，也引起了各式各樣的議論。毫無疑問，劉翔事件值得進行反思，到底誰應對此事負責任。大家都知道，如果一個人體溫過熱就是發燒，一個國家經濟過熱會導致通貨膨脹，一個指揮官頭腦發熱就會做出拚命主義的自殺舉動。體育也是一樣，奧運的初衷正像其字面上的意思一樣，只不過是一場奧林匹克遊戲而已。

　　印度擁有 11 億國民，但是在其參加奧運的百年歷史上，只有在北京奧運上獲得的一塊金牌。印度政府官員在解釋此事時說，印度為什麼對金牌無動於衷呢，那是因為印度不像中國那樣把運動員當作「為國爭光」的機器。中國的體育被賦予過多的民族情感因素，運動員獲得冠軍就被頌揚為「為國爭光」，失敗就被斥之為「丟人現眼」。

　　可是，運動員的堅持並不意味著最終一定可以拿到金牌、獲得冠軍，因為冠軍永遠只有一個。現代奧運精神是「更高、更快、更強」，而不是要世界各國運動員像一群烏眼雞似的，為了 300 多塊金牌爭的你死我活，這也違背了 100 多年前現代奧運之父、法國人顧拜旦重組奧運的初衷。

　　在狂熱的民族主義情緒渲染下，過份突出宣傳個人，過度使運動員商業化，導致「嶢嶢者易折，皎皎者易污」。中國人民將中國田徑落後的悲情都凝聚到劉翔身上，將中國田徑奪金的希望都讓劉翔來背負，劉翔最終沒能跨過這 13 億根高欄。對優秀運動員這樣的「捧殺」行為，再也不能這樣繼續下去了。劉翔的退賽在中國引起了軒然大波，雖然大多數人表示理解，但是與那些表示憤慨的人一樣，他們潛意識中仍然強壓著失落的情感和「丟掉」110米欄金牌的怨氣。

　　劉翔退賽後，很多中國人都表示：讓一個只有 25 歲的小伙子背負整個

第四篇　混亂的民族思維脆弱的民族情感

民族 13 億的期望，這個重擔無論如何，都太沉重了。可是，我們更進一步的想想，到底是誰把這副重擔壓在了劉翔的身上呢？由於中國體育在田徑項目上一直比較落後，2004 年雅典奧運劉翔奪得 110 注的焦點，成為了整個民族的希望。

奧林匹克的終極目標，是人類追求健康、陽光的生活方式。「適度」，是奧林匹克之父顧拜旦早就提出的諍言。法國舉重運動員旺斯拉·達巴亞在北京奧運上，面對 62-69 公斤級的最後一舉時，他搖搖頭放棄了，因為那超出了他的極限。他的教練和隊友們，仍然給他英雄般的歡呼。如果劉翔非要強忍傷病，咬緊牙關去衝第一輪比賽，然後倒在了下一輪比賽的賽道上，是否人們才會原諒他，才會用「頑強拚搏」來讚美他的堅忍不拔、為國獻身，哪怕他會付出從此失去運動生命甚至是健康正常生活的代價？

放棄這種殘忍而畸形的思維方式吧！我們曾經為了運動員拼死一搏爭奪奧運銀牌卻造成了終身殘疾而感動，而奉上英雄的稱號。但是，這不應該是我們想要的結局。劉翔的放棄，讓我們看到了一個運動員對自己健康的尊重，對觀眾的尊重，和對奧運精神的真正理解。這是運動員應有的尊嚴，也是奧林匹克精神所包含的應有之義 ── 「適度」。

劉翔雖然退出了比賽，但北京奧運依然取得了圓滿成功。劉翔的因傷退賽是只是北京奧運上的一個小小缺憾。也許正是這樣的缺憾，才使北京奧運顯得更加豐富，也給我們留下更多的思考：一個 13 億人的民族，該不該把所有的期望都壓在一個年輕人的肩上？

第五篇

多些商業理性少些民族情緒

可口可樂併購匯源因何擱淺

2008 年 9 月 3 日，匯源果汁發布公告稱，可口可樂將以每股 12.2 港元的價格（總價 179.2 億港元），現金收購匯源果汁全部已發行股本。如果交易完成，匯源果汁將終止上市，這是中國有史以來涉及金額最大的併購案。此消息披露當日，香港股市一開盤，匯源股價即上漲了 165%，權證更是暴漲 200 倍，可謂震驚海內外。

半年之後，2009 年 3 月 18 日，中國商務部以對競爭產生不利影響為由，否決了可口可樂與匯源的併購案。一個是家喻戶曉的中國果汁行業的龍頭老大，一個是風靡全球的國際飲料生產巨頭，最終在經過 196 天的「戀愛期」後無奈地分手。

捍衛民族品牌？

可口可樂併購匯源果汁，雖然最終擱淺，但這次併購所引起社會各界的廣泛關注，以及這種關注背後的眾說紛紜，十分值得我們深思。各路神仙在競相投入關注目光的同時，也表達了各自截然不同的看法，一些反對意見甚至占了上風。據新浪網的調查結果顯示，有超過八成的網友反對可口可樂併購匯源。

一個被廣泛爭論的一個問題就是，被民眾認為是民族品牌的「匯源」是否可以被賣給「洋人」？批評人士認為，匯源是民族品牌，賣給洋人，不僅有害於中國的國民經濟安全，而且會加劇跨國公司的在中國市場上的壟斷。有媒體評論說：「匯源併購案引發了國人對匯源這一民族品牌生死存亡的巨大擔憂，商務部禁止可口可樂與匯源『結婚登記』，充分體現了民眾的意志，並

為外資併購一直以來逆民眾呼聲而前行的現象堅決果斷的畫上了句號。」儘管可口可樂方面多次公開表示，完成收購後，匯源果汁品牌仍將保留，並且將把其先進技術引進匯源；匯源果汁掌門人朱新禮也同樣高呼「品牌沒有國界」。然而，併購還是以失敗而告終。

實際上，中國商務部否決可口可樂與匯源「結婚登記」，其依據是《反壟斷法》的相關規定，而非民眾的情感。在國際政治經濟舞臺上，歷來都是奉行法律和規則，而中國總是喜歡拿情感和道德說事。打個比方，某村霸橫行鄉里，無惡不作，其父母大義滅親，將其誅殺。警察將這對父母抓捕歸案，村民集體請願，要求免於刑罰。然而，法官不可能按照村民的情感去判決，最終還是要依法做出判決。在民主與法制社會，任何人都無權剝奪他人（即使是罪無可赦的殺人犯）的生命，只有法律才具有這樣的權利。

同樣道理，中國商務部否決可口可樂與匯源的「聯姻」，也是基於法律依據，而非民眾的情感。中國商務部發言人姚申洪表示：「關於可口可樂申請收購匯源果汁一案，中國商務部將堅持市場經濟的原則依法行事 —— 反對市場壟斷，但支持正常的市場行為。」對於雙方的「婚約申請」，中國商務部是嚴格按照法定程序和《反壟斷法》等中國法律規定的內容進行了反覆認真的審查而做出的決定。商務部嚴格審查的過程表明，「匯源併購案」屬於正常商業行為，符合資本運作規則。市場經濟條件下，一切市場行為都應回歸法律軌道和理性考量的審查原則。

中國人如此關注「匯源」，是因為「匯源」這個品牌在中國、在行業內已形成強大的號召力和影響力。的確，品牌的作用是非常重要的，有知名度且有美譽度的品牌不僅有助於提高產品的市場占有率，還能為產品帶來高附加值。中國沿海的很多代工企業生產的產品，貼上國外品牌，價格就能

翻上幾番，這就是品牌價值的巨大體現。《商業周刊》每年都對全球著名品牌進行排名，而排名的依據便是對它們自身價值進行估價。既然品牌作為企業的無形資產，其本身具有巨大的市場價值，那麼品牌的交易買賣也就是順理成章的事情。事實的確如此，全世界每年都有很多知名品牌從老東家換到新東家。

在市場經濟條件下，只要法律不禁止，所有有價值的東西都可以拿來交易。中國有人認為，民族品牌不可以買賣，理由是因為其有價值。然而，為什麼有價值的東西就不能交易呢？這在道理上完全說不通。事實上，一件東西正是因為有價值，才有可能去交易，才適合去交易，才能給交易雙方帶來價值。用經濟學上的術語來說，交易的最大作用就是在交易中創造買賣雙方的「剩餘」──即雙方如果都覺得買賣合算的話，則雙方都會覺得得到了一定的經濟「剩餘」，這有利於雙方福利的提高。並非只有生產才創造價值，交易也可以創造價值。

匯源果汁賣得值嗎？

任何有價值的東西都可以拿到市場上來進行交易，那麼，匯源到底賣得值不值呢？從商品買賣的角度來看，只要買賣雙方能夠成交，那麼交易價格和交易行為就是合理的（商業詐騙和合約欺詐除外）。經濟學上有一個簡單明了的說法：只要買賣雙方「一致同意」的價格就是合理的價格。這是因為，交易行為和交易價格取決於許多現實條件，只有買賣雙方自己才具有完整充分的交易資訊，因此如果雙方一致同意某個交易價格，那麼這個價格就是合理的。而外人因為缺乏交易的相關資訊，也就無從判斷其交易價格是否合理。

　　舉一個比較極端的例子：有位女士在紐約的報紙上刊登了一則「一美元賣寶馬車」的廣告，很多人都不相信。只有一個年輕小伙子看到這則廣告後，馬上拿著一美元按廣告上的地址去找這位女士買這輛寶馬車。很快，這個小伙子就和這位女士辦好了寶馬車的過戶手續。小伙子問：「為什麼這輛寶馬車只賣一美元呢？」女士說：「因為我的丈夫去世了，他的遺產全都是我的，只有這一輛寶馬車屬於他的情人。根據他的遺囑，要把這輛車拍賣，拍賣所得的款項全部歸他的情婦所有。所以，只需一美元即可。」

　　看上去這是一起完全不可理喻的交易行為，然而它卻發生了。女士是按照她丈夫的遺囑辦的，具有合法授權，因此並不違法。只要她願意，她可以以任何可能的價格賣掉那輛寶馬車。一方願買，一方願賣，這起交易行為既合理又合法。

　　匯源果汁的交易也是同樣的道理。局外人沒有資格去談論匯源果汁交易的價格是否合理，只要買賣雙方願意接受即可。作為旁觀者，你可以評論，但無權反對。實際上，匯源果汁作為朱新禮先生一手創辦的民營企業，沒有人能比他更清楚匯源的價值，因此只要朱老闆願意賣，那就說明這個交易價格是合理的。

　　然而，很多中國人都缺乏這樣的理性，每次遇到外資收購中國品牌，就民族情緒高漲，不管賣得是否物有所值，總是極力阻止和反對；而遇到內資企業收購國外品牌（如四川騰中收購悍馬、浙江吉利收購 Volvo 等），不管買得是否物有所值，都是搖旗吶喊，拍手稱快，總有一種「翻身農奴當主人」的感覺。

　　我們再來看看 20 世紀 80 年代發生在日本和美國的真實故事。

　　1985 年，美國與日本（還有德、英、法等國）簽訂了著名的「廣場協

議」，規定日元對美元升值。在隨後的幾年時間裡，日元幣值差不多上升了三倍。日元升值以後，日本的產品出口能力受到了相當大的影響，但日本人也因此變得空前富裕了，他們手裡的日元可以換來更多的美元了。這種局勢的結果就是，美國的資產在日本人看來一下子便宜多了，以前那些在日本人看來根本買不起的東西，一下子變得唾手可得。

於是，手裡拿著大把美元的日本人開始在美國大肆購買房產和企業。在這個瘋狂購買的過程中，曾有這樣一個趣聞：一棟美國大樓打算賣給日本人，美國人報價 4 億多，雙方談妥價格後，就等日本人付錢交割。日本人忽然拿來了新的合約書，上面寫的成交價格是 6.1 億，美國人感到莫名其妙。日本人解釋說，他們的老闆前兩天在金氏世界紀錄裡看到，歷史上單棟大樓出售的最高價是 6 億美元，他們想要打破這個紀錄。實際上，這個故事只是個笑話，它很可能是我們的某位大陸同胞杜撰出來的，因為它很符合中國人的思維習慣。

到 1980 年代末，全美國有 10% 的不動產成為了日本人的囊中之物。此外，日本人還在美國大量購買石油、鋼鐵、紡織等巨型企業。尤其令人不能容忍的是，就連象徵美國經濟的洛克菲勒大廈、象徵美國文化的哥倫比亞電影公司也被日本人收購了，這引起了美國社會的強烈回響。眼看著本國眾多有影響的大公司、大產業轉而由日本人充當老闆，美國輿論驚呼，這簡直是日本第二次入侵美國（上一次是 1941 年日本偷襲珍珠港）。美國人甚至自嘲說：說不定什麼時候就會傳來消息，日本人買走了自由女神像。

然而，美國人最終還是沉住了氣，任由日本人收購。有趣的是，到了 90年代，日本由於泡沫經濟破滅，不得不將當初高價買來的許多美國資產和品牌以原價的三分之一甚至更低的價格賣還給美國。這其中的是非曲直，很是

值得今天的我們仔細回味。

實際上，可口可樂併購匯源果汁正值 2008 年的全球金融危機，當時財經界最流行的一句話是──「現金為王」。當經濟寒冬來襲時，不僅是投資者和企業家，就連一向沉默的朱先生對此當然也看得十分清楚，而且將「現金為王」這句話運用得十分嫻熟。

當外部經濟正進入「寒冬」，匯源的銷售鋒芒也在「褪色」。2008 年 8 月，匯源果汁公布的半年報顯示：2008 年上半年，匯源的核心果汁產品的銷售額同比減少了 7.3%，而同期的銷售成本卻上升了 4.8%。在這樣的市場情況下，朱老闆能夠以近三倍的溢價將匯源賣出，無論如何都不失為一個大手筆。打個通俗的比方，朱老闆是在「豬兒」最大、最肥，「豬肉」價格最貴的時候，將「豬兒」賣了出去。

民族情感 PK 民族利益

超過八成的中國網友反對可口可樂併購匯源，主要是因為可口可樂是「洋人」，而匯源果汁是「民族品牌」，如果換成哇哈哈或者其他的中國企業來收購，就不會這麼刺痛人們的神經了。那麼，怎樣才算是民族品牌呢？是否可以簡單地認為，本土民眾在本土創建的成功品牌就是民族品牌？其實不然。如果嚴格地從品牌學的角度來講，「民族品牌」指的是能在國際市場上代表國家、代表民族在這一領域的優勢產品。如果沒有走出國門，還只是寓居中國，則無民族與國家之分。從這個角度，匯源是個中國的好名牌，但因為沒有走向國際，因此離真正的民族品牌尚有差距。

另外，還有一個問題：是不是所有賣給「洋人」的東西就一定會離開中國呢？也未必。可口可樂公司收購「匯源」後，並不是把它「拿」走，而是繼

續將在中國市場生產、銷售果汁產品，為中國 GDP、稅收和就業做貢獻。事實上，可口可樂在看中匯源的生產、行銷和管理等各種能力的同時，他們更看重的是匯源果汁在中國巨大的消費市場和成長潛力。如果離開了中國的消費者，匯源果汁還有存在的價值嗎？難道可口可樂會傻到把匯源果汁搬到美國去生產和銷售？可口可樂的本意是想透過收購匯源果汁，並將其納入可口可樂全在球的採購與銷售系統，降低成本，提高「匯源」品牌的國際影響力。果真如此，則無論「匯源」歸誰所有，它都會永遠貼著「Made in China」的標籤，中國將因此更加唱響世界。換句話說，「匯源」如果想成為真正的民族品牌，它就不應該是中國的，更不該是北京的，而應該是世界的！

過於濃郁的民族情感在很大程度上將會阻礙民族品牌國際化進程，中國綜合國力的增強依賴於經濟實力的增強，而經濟實力在很大程度上依賴於我們有多少叫得響的大型企業和強勢品牌。國家之所以實施名牌戰略，各地方政府不遺餘力支持企業創名牌、走出去，就是因國界的今天，我們根本就不應該反對企業間的正常併購和資本的合法融合。

接下來，我們不禁要問，到底什麼才最符合中華民族的利益？

是固守嗎？當然不是！閉關鎖國是極其狹隘的民族主義，這在晚清時期已經留下了深刻的血淋淋的教訓，而如今中國改革開放所取得的偉大成就則給全世界上了正面生動的一課。民族主義只有矗立於世界之林才能夠被體現得最為充分，民族利益也只有在世界大市場之中才能夠被各方面爭奪。朱新禮先生在全球經濟急劇動盪的時候，把匯源果汁以溢價三倍賣給「洋人」，並積極布局下一步的發展計劃，可以說是爭取到了最大的民族利益。如果我們無法接受「匯源」易主給「洋人」這個事實，那只能說明我們的心智還不夠成熟理性。

我們應該更多地將目光投向「真正的利益」上，而不是「所謂的利益」上。也即是說，要把問題看得更深更遠更全面。在對待每一起中外企業併購案例時，我們都應該清醒地意識到民族情感與民族理性的差別，在擁有民族情感的同時，不能喪失民族理性，只有這樣才能爭取到最大的民族利益，不失大國風範。然而，現實的情況是，有忠心於祖國的人太多，而有慧心於祖國的人太少，中國改革開放的道路、中國大國崛起的道路，依然十分漫長。

達能與娃哈哈的分手之爭

達能與娃哈哈的「婚姻」，在經過沸沸揚揚長達幾年的「爭吵」之後，終於在 2009 年 9 月 30 日，達成了「離婚」協議。在北京希爾頓酒店的簽約現場，除了達能與娃哈哈雙方的高層之外，前商務部歐洲司司長孫永福、前法國駐華大使和經濟參贊也出席了簽約儀式。政府官員的出現，使這場凝重的和解大會，多了幾分官方的意味。

我們先來簡單看一下這場「達娃之爭」的全過程：

1996 年，達能與娃哈哈開始合作：達能集團下屬的金加投資有限公司與杭州娃哈哈集團有限公司、浙江娃哈哈實業股份有限公司三方共同出資，共同組建合資公司，持股比例分別為 51%、39% 和 10%。

1997 年 -1999 年，商標轉讓未果：娃哈哈與達能簽署《商標轉讓協議》，欲將「娃哈哈」商標轉讓給合資公司，因國家商標局對此未予核準，商標轉讓未果；合資公司只能透過簽訂《商標使用許可合約》的方式，取得「娃哈哈」的商標使用權。股權，遭到娃哈哈的強烈反對，由此掀開了雙方在全球範圍內進行股權大戰的序幕。

2007 年 5 月，達能正式啟動對娃哈哈的法律訴訟。此後，雙方在中國外

進行了數十起訴訟大戰，其中以在美國和英屬維爾京群島的案件最為典型。

2007 年 12 月 -2008 年 4 月，雙方進行和談：在中法兩國政府協調下，達娃雙方中止了法律訴訟程序，進行協商談判。達能欲將其在合資公司 14 億元人民幣的投資以 100 億人民幣的價格轉讓給娃哈哈（價格按上市公司平均市盈率計算），被娃哈哈拒絕。雙方經過激烈地討價還價，最終於 2008 年 4 月初步達成和解意向。

2009 年 9 月 30 日，達能和娃哈哈正式簽訂和解協議，達能將其在合資公司的 51% 股權全部轉讓娃哈哈。據消息靈通人士透露，此次股權轉讓的價格在 3 歐元左右，約合 30 億元人民幣，雖然這與此前達能所希望的 100 億元人民幣的期望相差較大，但與其最初的投資額相比，仍然要高出一倍以上。

達娃之爭，誰是誰非？

達能與娃哈哈在合資企業問題上的爭鬥爆發後，宗慶後隨即辭去了合資公司董事長職務（由達能亞太區總裁范易謀接任），並發表言辭激烈的公開信，譴責達能十大「罪狀」。究竟是達能公司仗勢欺人、試圖強行收購宗氏股份，還是宗慶後違反合資條款，非法生產、銷售合資企業的產品，局外人很難辨別其中的是非曲直。

不過，雙方在此問題上的處理方式卻迥然不同。達能作為法國著名的跨國企業，具有全球範圍內的法律資源優勢，因而達能從一開始就希望透過法律武器贏得這場訴訟，他們首先向瑞典斯德哥爾摩仲裁院申請仲裁，接著又在美國和英屬維爾京群島提起訴訟；而娃哈哈採取的對策則是，在公眾媒體上發表公開信，痛斥達能集團各種罪狀，呼籲中國消費者一起保護民族品

牌，抵禦外資入侵。

實際上，達能與娃哈哈雙方的做法都值得商確。

達能方面擁有法律資源優勢，這無可厚非。但他們選擇在瑞典、美國和維爾京群島進行仲裁和訴訟，明顯是對中國法律主權的藐視，無視中國法律的管轄權。也許有人會說，達能是出於對中國法律和法官的不信任。但是，中國法律是由中國政府制訂的，法官也是中國政府任命的。雖然中國法律還不夠健全，法官素養也需進一步提高，但總體來說，還是可靠和可信的，否則也不會有超過 90% 的世界 500 強企業來中國投資興業。如果達能對中國政府和信任。他們這種做法與其作為國際著名跨國企業的身份很不相稱。再者，即使上述的外國法庭能以客觀公正地對案件進行判決，它的判決結果如果要想在中國執行，也必須符合中國的法律，必須由中國的法官來執行。否則，外國法律豈不是凌駕於中國法律之上？一國的判決結果可以在他國具有執行效力的前提是，這兩個國家必須都加入某項國際公約或簽訂雙邊條約，而且雙方的權利義務是對等的。也就是說，如果美國和維爾京群島的判決結果可以對中國生效，那麼，中國法院的判決結果，對美國和維爾京群島也具有法律效率。果真如此，那為什麼有那麼多的外逃貪官，可以自由自在地在夏威夷和加勒比的海灘上晒太陽？為什麼不能將他們繩之以法、押解回國？

表面上看，達能沒有選擇在自己的母國法國進行訴訟，那麼同樣也不能在娃哈哈的母國中國進行訴訟。此舉看上去，貌似公正和合理，可是別忘了，達娃的合資企業是在中國註冊，並在中國經營，離開了中國這片土地，合資企業根本就沒有存在的可能和必要。

娃哈哈方面由於不具備與達能相抗衡的法律資源優勢，因而從一開始就選擇了道德煽情和輿論攻擊的方式。他們首先是驚呼上當受騙和大談法律陷

阱，以民族情緒化語言調動中國人同情弱者的道德情感；其次是竭力強調契約制訂中的種種無奈，解釋自己誤入對方陷阱的種種無辜，爭取全社會對娃哈哈一方的情理認同；最後上升為激烈的民族品牌保護，高喊「中國人現在已經站起來了，已不是八國聯軍的時代了」。

在中國，一個比較常見的現象是：很多企業老闆都喜歡以政治化的操作手法來運作商業，而對專業的法律操作手法，則不太感興趣。中國企業之間發生衝突，企業主們也習慣於托人情找關係進行疏通，一旦無法奏效，就利用一切手段對對方進行道德甚至是人身攻擊。這種現象與中國長期以來社會各領域嚴重行政化有很大關係，成長於這種環境中的企業老闆，更願意借助各種社會背景和人際關係，而不願依靠法律和規則。在全球化時代，商業的政治化操作手法顯然不利於企業的長遠發展。不要說與國外企業合作，即便是中國企業之間的合作，這種操作手法也平添了諸多不確定性。

由於娃哈哈對國外法庭的判決置之不理，達能在娃哈哈強大的道德和輿論攻勢面前，左右支絀黔驢技窮，因而也祭起道德批判的大旗，在各種媒體上公開宗慶後家族的商業欺詐和醜聞。他們顯然是想借助煽動中國民眾的仇富情緒抵消娃哈哈的輿論攻勢。事實上，達能的這種策略確實收到了一定的效果，以至於有網友說，「達能不是什麼好東西，宗慶後也好不到哪裡去」。互相揭短、道德攻擊後，雙方的顏面都不好看。而且，隨著爭鬥的不斷升級，達娃合作最初的很多不為人知的商業祕密也漸漸浮出水面，陰陽合約便是一例 —— 同樣時間同樣地點，簽訂的兩份互相衝突的合約，一份是公開申報的合作合約，一份是雙方實際執行的合約。就像很多人在購買中古屋的時候簽兩份合約，一份用於逃稅偷稅，一份用於實際執行。一旦鬧起糾紛，就各執一詞。從法律的角度，根本無法判定哪份合約有效，哪份合約無效。法

院可能的判決結果是，兩份合約都無效。那麼這樣以來，達能和娃哈哈就會同時面臨長期非法合資經營的問題。

娃哈哈缺乏契約精神？

隨著達能娃哈哈之爭不斷升溫，中國網友的反響也越來越強烈。從某種程度上，達娃雙方的這些舉動本身屬於收購與反收購的範疇，也就是通常所說的敵意收購。眾所周知，敵意收購從來是成本奇高的下策，而達能為置人於死地開展的惡性訴訟，無疑是把一場本來就帶有「敵意收購」色彩的收購兼並，演變成你死我活的存亡之戰，由此堵死了契約雙方的談判和解之路（直到中法兩國政府出面協調，才得以停息），從而激起了中國社會各界道德情感的混亂和衝突。

但是，面對如此重大的社會衝突，多數社會菁英去選擇了沉默（無從下手，無從下口），只有全國工商聯併購會會長王巍與北京和君創業諮詢集團總裁李肅這對既是朋友又是合作者的兩位菁英人士，公開在媒體上進行辯論。王巍率先發表文章，旗幟鮮明地站到達能一邊。他認為，在這場法律與道德大戰中，達能是遵守契約的一方，而娃哈哈則是不守契約的一方。所以他毫不猶豫地喊出了「中國需要契約精神」的震耳口號。

王巍批評說，「自從娃哈哈和達能爭執以來，宗慶後以『民族主義』為大旗，欲號令天下共禦達能。在全球化的時代，中國企業要真正崛起，應當遵守契約精神，避免民族主義的煽情。媒體不斷炒作這是全球文化的衝突，其實根本提不到這個層面。我看娃哈哈事件不過是江湖作坊與現代企業的衝突，連江湖的規矩都沒有履行。」

「我看到了兩個娃哈哈的老闆，一個是希望挑起社會情緒給自己毀約創造

條件的小商人形象。一個是憂心忡忡關注經濟安全的大企業家形象。前者不惜將達能代表的跨國公司群體在中國的經營統統打上掠奪財富的印記，過河拆橋，根本抹殺全球化對中國經濟能力和民利。」

契約精神是市場經濟社會最基本的文化基因，而中國向來缺乏這種文化基因。由於中國幾年農業社會和封建傳統導致的「重農輕商」，從「士農工商」的排位順序，很容易看出商人和商業一直都處於正統社會的底層。這種歷史原因導致我們總是習慣於用使命來代替契約。但是，商業社會僅僅靠使命感是遠遠不夠的，相比較而言，契約精神更為重要。市場經濟條件下，個人不履約，企業不履約，所帶來的結果是災難性的：個人和企業的利益實現了「最大化」，而社會將為此付出高昂的成本，並因此導致社會發展的退步。

中國人現在在世界上給人的印象就是不遵守契約，企業不履約的行為非常普遍。改革開放以來，中國吸收了很多的國際資本（吸引外資連續 20 年排在發展中國家之首），我們不能只看到外國人欺騙中國人，中國人欺騙外國人的也有很多。但我們對這兩種情況的反應截然不同：如果某個中國人「成功」欺騙了某個外國人，很多人就本能地覺得好、覺得爽，認為這是「光宗耀祖」的事情，各家媒體對此很少予以關注（因為這樣的報導無法吸引讀者的眼球）；而一旦外國人騙了中國人，民族主義情緒、本土情緒立刻就顯現出來了，各種媒體輿論立刻鋪天蓋地而來。為什麼總是「馬列主義對別人，個人主義對自己」呢？

達能表演跨國公司強權？

北京和君創業總裁李肅發表文章認為：中國人需要反省的是，我們在接受跨國公司投資的同時，應該怎樣破除「跨國公司盲從」，遏止「跨國公司

強權」。

　　李肅認為，達能之所以能在中國超越法律、違背常理地「為所欲為」，究其根源，是因為「跨國公司盲從論」滋生了「跨國公司強權論」。1980 年代，中國打開國門，開始與世界接軌。這時候的社會風尚以跨國公司崇拜為主流。短缺經濟時代的國外名牌產品，成為國民消費的最高追求。到了 90 年代後期，中國經濟因急速轉型而大起大落。這時候的地方政府，以引資跨國公司為榮，在招商引資中全面優惠外資，成為發展經濟的最大砝碼。進入世紀之交以來，中國的政府界和企業界圍繞加入 WTO 展開了激烈爭論。這時候的中國企業，以跨國公司恐懼為通病，迴避跨國公司的正面衝擊，成為中國企業的最佳選擇。由此這些，構成了中國「跨國公司盲從論」的基因，從而導致走向社會心態洋奴化，中國企業附庸化，並滋生出「跨國公司強權論」的不良土壤。把吸引跨國公司作為經濟發展的成功標示之一，由此普遍流行『跨國公司盲從論』，助長了『跨國公司強權論』。但是，全球一體化，將以中國和平崛起為動力，以中國企業在國際經濟中的地位為基本座標，以推動中國企業國際接軌與跨國發展為首要任務，以扶植一批具有國際競爭力的跨國公司為中國經濟健康發展的當務之急。為此，破除『跨國公司盲從論』，建立『中國企業崛起觀』，成為中國經濟全球化的重中之重。」

　　有關中國當前經濟形勢的判斷，王巍與李肅的觀點也截然不同。王巍認為：「我們現在經常談到中國經濟發展很快，都感覺很厲害，但是，要知道有家喻戶曉的金磚四國，我們只是其中一國而已，而世界範圍內又豈止金磚四國在發展，大家都在發展，各個國家的狀態都很好。其實是中國自己在夜郎自大，覺得我們中國經濟發展很快了。」「全球經濟在中國這個地方崛起不等於中國的崛起」。

　　李肅先生是一個中國經濟與政治的樂觀派。他認為，「21世紀是中國和平崛起的世紀，也是中國企業國際接軌與跨國發展的世紀。為此，中國社會需要相應的社會心態與民族意識。」2006年，李肅在批評郎咸平時就曾提出：「歷史證明，社會經濟健康快速的發展需要正確的國民意識、社會心態和民族情緒。中國經濟超常規發展的現狀，需要和諧融洽的國民意識與政治民主化進程相適應；需要積極向上的社會心態與經濟的高速成長相對接。而郎咸平的『改革失敗論』和『千年黑暗論』是對這一歷史潮流的逆動。」

　　李肅認為，「跨國公司盲從論」是與「社會悲觀論」相輔相成的，這種觀點應用於當今時代，很容易搞錯「全球化」問題的座標，繼續助長「跨國公司強權論」。因此，李肅希望透過與王巍的辯論，推動中國人走出跨國公司崇拜、跨國公司迷信和對跨國公司恐懼的陰影。

關乎國家經濟安全？

　　王巍和李肅都非常關注國家經濟安全的問題。王巍是最早提出國家經濟安全問題的專家之一。王巍認為：「用國家經濟安全這樣一個偉大的口號，煽動民意是非常危險的」；當前的中國極需樹立適應商業社會的契約精神。而李肅則認為：「中國的『契約精神』透過改革開放基本確立，而且在法制軌道上不可逆轉地不斷進步」；相較於契約精神，國家經濟安全更為重要。李肅反對王巍把契約精神放在國家經濟安全之上，並為此列舉各種事例來證明自己的觀點：美國「固特異」反收購是美國固特異輪胎和橡膠有限公司（簡稱「固特異公司」)1986年底進行的反收購戰。1986年9月底，因前幾年多樣化經營不善，利潤下降致使股價不斷滑落的固特異公司股票開始緩慢上升，表明有人在暗中買入。果然，買人者是在股市興風作浪的大鯊魚——英國的金融

大享詹姆士爵士。由於固特異公司位於是美國俄亥俄州的亞克朗市的象徵，人們已三代依賴其謀生，所以，消息一出，此案就陷入了亞克朗市人民的民族戰爭之中，該州司法委員會隨即公布保護固特異的特別法律。最後，在美國國會山的聽證會上，參議員們爭先恐後地斥責詹姆士『貪得無厭』，包藏『險惡用心』。此後，全國輿論一邊倒地偏向固特異，最終擊退了這場影響國家經濟安全的併購遊戲。

　　「2004 年，法國風傳百事可樂要收購達能公司，引來全法國民眾的憤怒聲討。為此，法國許多政要出面講話，堅定不移地支持達能公司。總理德維勒班表示：『政府將盡一切可能保護達能公司的利益，達能這樣的大集團是我們的行業財富，我們當然要捍衛法國的利益。』由此迫使百事可樂發表聲明闢謠，終止了這場國家經濟安全問題的政治大戰。

　　「在美國與法國的這些案例中，各國政要們表現出強烈的維護國家與民族情感的使命感，他們毫不猶豫地把『商業契約』的併購置於『國家利益』與『民族情感』之下，全力維護國家經濟安全。最該讓達能自己反思是，美國人對達能不能做的事，達能卻對中國娃哈哈非做不可？這真是『已所不欲而施於人』。」

　　從李肅先生的措辭中，不難看出他所具有的傳統思維傾向。實際上，「英國爵士詹姆士敵意收購固特異輪胎」被美國政府否決，其依據的是美國法律，而非「亞克朗市人民的民族戰爭」；至於「風傳百事可樂收購達能公司」則根本不必當真，即使真有這樣的事情發生，也將會由法國法律來裁決，而與「法國政要的出面講話」無關。毫無疑問，契約不能凌駕於國家法律之上，一切契約併購行為都要以符合法律規定為前提。

　　但是，我們不能把所有的企業併購，都上升到國家經濟安全的高度。無

論是可口可樂併購匯源，還是達能併購娃哈哈，這樣的企業併購行為是否真的危及國家經濟安全，實際上很難去判斷，李肅先生也沒有給出直接的證據。如果僅僅從民族情感的層面進行這樣的推論，顯然缺乏說服力。當然，如果外資併購的是寶山鋼鐵、上海汽車、中國移動、中國銀行、中國電力等這樣的企業集團，那就另當別論了。當前，由於中國正處於由農業社會向工業社會的轉型過程中，中國人的商業價值觀尚未完全確立，心智也遠未成熟，李肅認為「中國的『契約精神』透過改革開放基本確立」的觀點，很難讓人認同。

　　毋庸置疑，在改革開放的過程中，在推進全球化的進程中，我們必須時刻關注國家經濟安全，明確產業發展戰略，但這並不代表我們對於外資進入或者全球化進程的排斥。以國家經濟安全為名排斥外資進入和全球化，是將中國經濟推向倒退和不安全境地的危險舉動。正如王巍先生所說，「妖魔化外資是維護落後利益格局的表現，值得特別警惕。主張國家經濟安全，應該是在繼續深化改革開放和加速推進全球化進程的前提下維護基本的國家經濟利益，中國經濟必須加入全球化才能安全。我們強調的國家經濟安全，是要把國家安全放在市場、放在全球化基礎上、放在共同博弈的基礎上，而不是以國家經濟安全為口實，行鞏固壟斷、保護落後之實。」

達娃之爭反映中國人心態極不成熟

　　王巍批評中國人缺乏契約精神，李肅批評中國人對跨國企業盲從，說的基本都是事實。其實，這是達娃之爭折射出來的中國人心態問題的不同方面，其本質上是一致的。中國人由於幾千年的農業社會和封建傳統的影響，歷來重仁義道德，講智慧謀略，但缺乏契約精神。雖然我們也講誠實守信，

然而這種誠信是靠道德的力量在維繫，靠道德說教而非以法律作基礎。由於中國「閉關鎖國」的時間太過長久，對世界缺乏足夠的了解，因而對跨國企業過份迷信和盲從。

誠如李肅所說，「契約精神的本質是平等主體之間的自由合約。然而，一旦跨國公司利用自己的特殊地位，顯失公平地制訂強權契約，社會就必須要有各種其他法律法規加以制衡。」可問題是，既然是「顯失公平」的契約，為什麼還要去簽訂？如果是受到某種威脅或者出於某種無奈才簽訂的契約，那麼這不是當事人的「真實意思表示」，事後完全可以向法院申請撤銷。娃哈哈和達能之間的合作顯然不在此列。如果真像宗慶後先生後來所說的，「由於當時對商標、品牌的意義認識不清，使得娃哈哈的發展陷入了達能精心設下的圈套。由於本人的無知與失職，給娃哈哈的品牌發展帶來了麻煩與障礙。」那麼，我們不能只去指責「騙子」可惡，更應該反思自己為什麼「無知」，從而加強學習，以提高自己的認知能力。

在改革開放的現代社會，我們只有遵守遊戲規則，才能融入國際社會。我們在參與全球遊戲的過程中，不僅需要資源、資金和經濟實力，也需要契約精神。然而，由於歷史的原因，中國人歷來講究智慧謀略，而不講契約規則。比如令人津津樂道了2000多年的「田忌賽馬」的故事，就是中國人這種秉性的最好詮釋。田忌與齊王賽馬的規則是，上馬對上馬、中馬對中馬、下馬對下馬，但田忌在聽取孫臏的計策之後，用下馬對上馬、上馬對中馬、中馬對下馬。這種賽馬方式放到商業社會裡就是不講規則。雖然中國人非常聰明、智慧，但是這種聰明和智慧導致的結果，往往就是不遵守規則和契約。在市場經濟社會裡，一個人如果缺乏契約精神，整天都在研究怎麼耍小手段占小便宜，最終的結果很可能是，「大家都不帶你玩，你只能自己一個

人玩。」

競拍圓明園獸首，愛國還是攪局

　　2009 年 2 月 25 日，世界著名拍賣行法國佳士得拍賣行不顧中國強烈反對，執意在法國巴黎舉行圓明園流失文物鼠首和兔首銅像拍賣活動，最終兩座獸首以 2800 萬歐元的高價成交，約合人民幣 2 億元多元。3 月 2 日，圓明園獸首神祕買家終於浮出水面 —— 中華搶救流失海外文物基金會收藏顧問、廈門心和藝術公司總經理蔡銘超，以電話委託的方式參與拍賣，並成為最後的競拍成功者。

　　圓明園獸首銅像又稱十二生肖銅獸首，清朝乾隆年間修建，由歐洲傳教士義大利人郎世寧設計，清一色的紅銅鑄像，原為圓明園海晏堂外噴泉的一部分。1860 年第二次鴉片戰爭期間，英法聯軍侵入北京，在將圓明園洗劫一空後縱火焚燒，獸首銅像開始流失海外。截止到 2020 年，共有七件已經回歸中國，另外五件龍首、蛇首、羊首、雞首、狗首銅像一直不知所蹤。一直以來，獸首銅像都是圓明園海外流失文物的象徵。

拒絕付款，理由很充分？

　　蔡銘超在成功競得兩尊獸首之後，曾在不同場合高調表示，他將拒絕付款。蔡銘超拒絕付款的理由有三：一是這次競拍純屬愛國之舉。蔡銘超在新聞發布會上表示，「每一位中國人在那個時刻都會站出來的，只不過是給了我這個機會，我也只是盡了自己的責任。但我要強調的是，這個款不能付。」二是因為國家文物局針對佳士得而下發的通知將導致兩件拍品無法入境。「作

為一個中國人，必須遵守中國政府的規定，如果這兩件拍品無法入境，自然不能付款。」三是佳士得拍賣行無法提供獸首的合法來源。蔡銘超在接受電視臺的採訪時表示，「這件東西本來就是一個有爭議的拍品，對於來歷不清不楚的東西，怎麼付款呢？」

蔡銘超的理由可謂「言之鑿鑿」。可是，真的是那麼回事嗎？

蔡先生的第一條理由是愛國。他的言論讓自己以愛國英雄的面目出現在國人的面前，如果付款就等於成全了佳士得，做了他們的幫兇。可是，如果只有透過耍無賴才能證明自己的愛國，那所有的愛國者，豈不是要先成為無賴，而後才能成為愛國者？

法國大作家雨果曾寫下這樣的文字：「有兩個強盜走進了中國的圓明園，一個叫『英吉利』，一個叫『法蘭西』。我希望有一天法國人能解放並滌清自己，把搶來的東西送還給中國。」以無賴對強盜，就好比「五十步笑百步」。不過，比較起來，無賴還是要比強盜的名聲好—19 世紀的法國人進行對比，即使比他們高明，又有什麼可驕傲的呢？

蔡先生的第二條理由是國家文物局禁止獸首入境的規定。2009 年 2 月 26 日中國國家文物局發出的《關於審核佳士得拍賣行申報進出境的文物相關事宜的通知》明確指出：「佳士得拍賣行在法國巴黎拍賣的鼠首和兔首銅像是從圓明園非法流失的。佳士得在中國申報進出境的文物，均應提供合法來源證明，如果不能提供這個證明或證明文件不全，將無法辦理文物進出境審核手續。」可是，蔡先生競拍獸首在前（2 月 25 日），文物局下發通知在後（2 月 26 日），難道蔡先生是在接到通知以後，才改變主意的嗎？也就是說，蔡先生本來是準備付款的，後來因為文物局的通知，才不得不放棄付款。

然而，據國家文物局專家組組長羅哲文介紹，十二生肖獸首本身價值並

不大，其工本、工藝等並不特別，「誰買誰上當，誰就是『冤大頭』，因為圓明園獸首根本算不上國寶，它只是一般的建築配件，真正價值也就是幾十萬元而已」。難道蔡先生會傻到不知道獸首的實際價值，而用幾億元的價格去購買價值幾十萬元的東西？

蔡先生的第三條理由是，佳士得不能提供獸首的合法來源。難道蔡先生在參加競拍之前不知道獸首拍賣是怎麼回事？不知道佳士得無法提供獸首的合法來源？中國政府歷來要求個人不要參與競購被劫掠的文物，而採用外交或法律的途徑索回。蔡先生明明知道這是贓物而去參拍贓物，而把這些本來價值並不算高的文物炒到 2800 萬歐元的既成事實，既沒有與中國政府保持一致，又以參與競拍的方式哄抬價格，豈不是給獸首將來的回歸，人為地製造了障礙？

蔡銘超其實在參與競拍前就已經做好的拒絕付款的打算。著名收藏家、臺北寒舍藝術空間董事長王定乾透露，在蔡銘超做出決定的前幾個小時，他曾打電話提醒蔡銘超要「三思而後行」。對於蔡銘超的決定，王定乾認為，動機可以理解，但做法值得商確。這事發生後，從表面上看，蔡銘超失去的是個人誠信問題，但實際上卻是以整體華人的誠信為代價的。日後，中國人前往海外參與競拍的難度將更大，難免會遭到嚴格的信用體系審核過程。

實際上，蔡銘超是打著愛國的旗號，讓佳士得的拍賣變相流拍。「佳士得被戲耍」讓許多中國人歡呼，十分稱讚蔡銘超的這種「愛國義舉」。據中國一項網路調查顯示，超過 75% 的網友表示「支持蔡銘超拒付拍賣款」。不少網友認為：「破壞不道德的拍賣是正義行為」，「法國能不仁，中國便可以不義。」然而，中國政府對此事卻不是這樣認為的，外交部前發言人秦剛在當年 3 月 3 日的新聞發布會上，表示對該事件事先毫不知情，而國家文物局發

表的聲明則指出，「蔡銘超拍下獸首是個人行為。」鴉片戰爭這個國恥的痛苦回憶，以及對追索海外文物高昂代價的憤怒。雖然佳士得悍然拍賣圓明園獸首，是對中國人民族情感的巨大傷害，但蔡銘超用這樣的方式阻止獸首被拍賣，完全不講誠信，其實是丟了中國人的臉，尤其是此事背後還有「中華搶救海外文物基金會」大張旗鼓地介入，損害的則是整個中國的商業信譽。

也有人認為，並沒有哪個國家的法律不允許拍賣參與者因為特定原因放棄付款。蔡銘超競拍成功後拒絕付款，他因此承擔了一切後果，因而他的行為是合法的，是合理利用了拍賣規則，與商業誠信無關。但如果按照這個邏輯，一個人犯罪後為了表示對自己的行為負責，自覺接受了法律的處罰，那麼，我們能說他仍然是一個遵紀守法的人嗎？

攪局雖痛快，中國形象卻受損

蔡銘超的「違約」行為，除了讓外國人知道中國人有多聰明外，更多還是驚恐於中國人游刃於常規之外不按牌理出牌的「精明」、「狡詐」。雖說佳士得拍賣行拍賣圓明園獸首是不義之舉，但拍賣行的行為，畢竟符合法國的法律規定。作為中國人，不入其彀中，是最佳的選擇。選擇參加競拍，以不付款的行為導致拍品流拍，只能給別人留下無賴的印象。作為泱泱大國之民，我們不能因為他們無恥在先，就有理由以無賴的行為對付他們，尤其是在我們譴責佳士得違反相關國際公約的時候，「自己人」卻採取這樣的行為，更是不可取。

誠然，圓明園獸首銅像是一百多年前被英法聯軍搶掠去的中國文物，希望國寶回歸故國的動機完全正義，合理合法。不過，追討國寶必須遵循程序正義和規則，即應遵守法律及聯合國有關文物方面的法規和國際慣例。中國

政府已經對佳士得的拍賣提出了譴責，蔡銘超不但不抵制拍賣，反而參與拍賣並出到 2800 萬歐元的天價炒高獸首銅像，然後再宣布不付錢，將「假拍」合理化，正義化。這一拙劣做法，令中國的形象在國際上遭到沉重打擊。「中國人不講契約精神」的指摘，其破壞力遠遠超過獸首的得失。

　　蔡銘超在新聞發布會上聲稱「在當時那樣的情況下」，實際是指倘若他不參與進去，獸首就會被不知名的其他買家買走，他參與競拍是出於「千鈞一發之際」的「無奈之舉」。事實上，即使此次獸首被其他的競拍者買走，我們以後也還有機會索回，而且價格絕不會炒到 2800 萬歐元的天價。蔡銘超的行為無疑使獸首以及其他流失海外文物的回歸，平添了許多難度。

　　事實上，中國政府一直都在強調，要求圓明園流失文物將還給中國，反對強行拍賣這些文物的行為。圓明園學會也發布嚴厲聲明，譴責佳士得不顧中法外交關係和傷害中國人民感情，希望法國政府和佳士得能在該問題上，做出明智處理。而蔡銘超暗度陳倉參與拍賣，無疑置中國有關方面嚴正立場於不顧，這種行為無疑等於間接承認佳士得拍賣掠奪文物的合法性，使佳士得一定程度上搖身一變，成功洗身，從加害者變成被害者。

　　從國際法的角度，本來我們占盡道理，到頭來卻是「自己人」跑出來攪局，而且，如果考慮中華搶救流失海外文物基金會的官方背景，這種行為置中國政府顏面於何地？為了給自己的行為找個說法，蔡銘超打出了愛國主義的旗幟，彷彿這面旗幟一打出來，就能無往而不勝了。豈不知這麼做，等於把個人的行為和國家形象綁架在一起。

以牙還牙，於事無補

　　面對法國佳士得拍賣獸首的強盜和流氓行為，我們完全可以訴諸於國際

法，影響國際輿論譴責佳士得，然後透過協商的方式促使國寶回歸。但是，如果採取「你流氓，我比你更流氓」的方式，以暴易暴、以牙還牙，根本無助於事情的最終解決。如果我們跟西方去比誰更流氓，或者比誰的手段「更有伎倆」、「更有手段」，那我們永遠也擺脫不了小家子氣的國際形象，也無法具備成為大國所需要的開放包容、榮辱不驚、處變不亂的胸襟和心態。

據有關方面統計，中國歷史上被外國強盜劫掠到海外的珍貴文物達 1700 萬件之多。從鴉片戰爭到中華人民共和國成立前的百餘年間，是中國文物流失的高峰期。薈萃了中國文物精華的北京先後遭到英法聯軍和八國聯軍的野蠻掠奪，在這兩場浩劫中，北京「自元明以來之積蓄，上至典章文物，下至國寶奇珍，掃地遂盡」。

很多文物的藝術和歷史價值都超過這次拍賣的獸首，如果中國按照西方這些文物收藏家設定的軌道，將這些國寶級文物「買回去」，只怕傾盡全國之財力，這一願望也是難以實現的。而且，中國以高價購買的方式使文物回歸，客觀上等於承認這些被非法掠走的文物的合法性，這同樣也是一種恥辱。海外中國文物的回歸，必須是透過公平正義的形式回歸，而且是有尊嚴地回歸。

為了讓這些流失海外的文物早日回家，中國政府陸續加入了聯合國教科文組織等國際組織的相關公約。目前，國際上關於追索文物的國際公約主要有三個：分別是《武裝衝突情況下保護文化財產公約》、《聯合國關於禁止和防止非法進出口文化財產和非法轉讓其所有權的方法的公約》、《國際統一私法協會關於被盜或者非法出口文物的公約》。但由於這些公約沒有「強制法」的地位，只有當事國加入該公約才受到其約束。很多西方國家作為文物流入國，逃避公約的約束。因此，僅靠政府之力，利用司法途徑追索流失海外的

文物，並不能根本性地解決問題，必須動用民間力量，輔之以非常規手段，打壓西方文物販子。當務之急，就是要想方設法杜絕、阻止拍賣行對海外流失文物的拍賣，一旦這些文物失去了經濟價值，文物販子們就無法進行套現，文物追索自然也就變得相對比較簡單。

抵制家樂福到底傷害到誰

法國當地時間 2008 年 4 月 7 日中午 12 點 30 分（北京時間 4 月 7 日下午 18 時 30 分），北京奧運火炬傳遞在法國巴黎開始環球傳遞第五站的傳遞活動。當中國殘疾姑娘金晶手持火炬在塞納河邊進行傳遞時，由於藏獨人士的嚴重干擾，這段僅僅一公里的路程變得異常艱難。在圍觀的人群中幾乎每隔幾秒鐘就有一名藏獨人士企圖從金晶手中搶奪火炬。雖然藏獨人士最終未能得逞，但此次火炬傳遞受阻，讓無數的中國人為之憤慨，紛紛指責法國政府保護不力。

與此同時，有人竟然在巴黎艾菲爾鐵塔上懸掛變態的五環旗，在巴黎市政廳懸掛「藏獨」旗幟；巴黎市長甚至揚言要授予達賴喇嘛「榮譽市民」的稱號；法國一些媒體也極盡幸災樂禍之能事，對火炬傳遞的報導標題竟然是「火炬在巴黎慘敗」、「給中國一記耳光」……發生在法國的這一系列行為，令無數的中國人為之憤慨。

這個以自由、浪漫著稱，並把「吻面」作為相見禮節的國度，第一次嚴重傷害了中國人民的感情。在我們的印象當中，法國是所有西方國家中對中國最友好的一個。早在冷戰時期，法國在西方國家中的表現就比較「另類」：從戴高樂總統率先訪問蘇聯，退出北大西洋公約組織，到公開指責美國的美元霸權 ——「美國享受著美元所創造的超級特權和不流眼淚的赤字，他們用

一錢不值的廢紙去掠奪其他國家的資源和工廠」。歷任法國總統都在一定程度上與美國保持著距離。但是，這一次法國讓我們感覺被欺騙了！

　　一群出生於 1980 年前後的中國年輕人率先發起了抵制法國的運動。2008 年 4 月 9 日至 10 日，「抵制 LV」、「抵制法國香水」、「抵制家樂福」等各種提議在網路上風起雲涌。隨著參加者越來越多，很多人逐漸將苗頭集中指向「抵制家樂福」，畢竟類似於 LV、法國香水之類的奢侈品太「小眾」了。而家樂福作為法國在中國最具體、最真實、最大眾化的存在 —— 遍及 30 多個城市、擁有 100 多家分店、當年銷售額超過 300 億人民幣，真正原因是：家樂福的大股東是 LV，而 LV 的大股東曾經支持達賴喇嘛。

　　如同全球化時代的絕大多數「戰爭」一樣，這場席卷全國的攻擊是從網路開始的。天涯社區、貓撲網、水木清華等網站率先發出號召 —— 「抵制家樂福」，各種「抗議家樂福檄文」相繼出爐。抵制的呼籲並非僅限於網路，另一場號召令也在透過手機簡訊傳播著，而且號召抵制的時間更久。很多手機用戶都收到了抵制家樂福的簡訊，期限也由 1 天變為兩週，甚至更長。北京某大學的一位副院長甚至在學校動員全體教師和學生：「5 月 1 日至 24 日，讓家樂福門可羅雀 24 天！」

　　一場聲勢浩大的抵制家樂福「運動」，就此拉開帷幕。

抵制家樂福的意義何在？

　　在不斷擴大的抵制家樂福的人群中，很多人其實並不真正理解抵制家樂福的目的和意義所在，他們之所以參與這次活動，完全是一種從眾的行為。心理學上有個概念叫做「從眾」，其意思就是：一個人做一件事，他將信將疑；一百個人做一件事，他會覺得可能是對的；如果一萬個人做一件事，他就認

為肯定是對的。很多抵制家樂福的人都只是在「從眾」，他們並不太知道自己在幹什麼，卻鬥志昂揚地大聲疾呼，「要將抵制家樂福進行到底」，「要讓家樂福關門大吉，滾出中國！」

經過網路和現場的情感渲染，不僅很多成年人加入了抵制家樂福的隊伍，就連一些天真的孩子也加入其中，搖旗吶喊。在昆明，20多個國中生組成的團體在家樂福門口群情激昂地高唱國歌；在合肥，抵制人群中甚至出現了小學生，類似的情況也在武漢出現——長長的隊伍中，有些七八歲的孩子打著旗幟大喊愛國⋯⋯

的確，面對法國人的所作所為，作為中國人，我們有理由表示憤怒，正如中國外交部發言人姜瑜所說，「一些中國民眾表達了他們自己的意見和情緒，這些都是事出有因，法方應更好地深思和反思。我相信這些中國公民會依法來表達他們的合理訴求。」

同時，我們應該清醒地認識到：抵制家樂福只是表達我們意見的一種方式，我們不能企圖透過抵制家樂福來打垮法國經濟，教訓法國人，「給法國人一個下馬威」，「讓法國人知道中國人的厲害」⋯⋯。實際上，法國人並不會因抵制家樂福而受到多大損失。正如「中國民族主義的領軍人物」王小東接受媒體採訪時所說：「中國的網友和民眾抵制家樂福和法國，並不是要以此來打垮法國的經濟。每一個人都知道，即使我們真的把在中國的家樂福整垮了，東先生同時也認為，「在我看來，5月1日抵制一天就足夠了，足以表達我們的憤慨了」。

面對聲勢浩大的「抵制家樂福」運動，一些反對人士則發出了截然不同的反對聲音。

中國人自古有著「振臂一呼，應者雲集」的傳統。在愛國主義的旗幟下，

一切都變得嘈雜起來——比如，包括白巖松、張朝陽、王小東這樣的名人也加入了討論，還有巴黎火炬傳遞的親歷者金晶。網路時代遵循著「有理在聲高」的規則，激進的言辭往往成為有力的保護傘，而呼籲理性的聲音總是難以立足——包括金晶在內的一些反對抵制家樂福的人統統被罵成「中華民族的敗類」；北京一位率先發起抵制家樂福的女孩 Kitty 試圖勸和，希望大家理性對待抵制，也被扣上了「漢奸」的帽子，而就在前幾天，她還是「中國的脊梁」。

實際上，我們表達愛國熱情的方式有很多，理性地對待會給中國的發展贏得更大的空間。此次抵制家樂福是因奧運火炬而起，奧運之所以對中國重要，就在於它對中國來說，是非常重要非常難得的一次對外開放的機會。如果因為巴黎的事情，在奧運即將到來之際，關閉了中國的國門，進一步抵制外部世界，那麼結果必然是損害了中國的利益。

別用別人的錯誤來懲罰自己

眾所周知，家樂福雇傭的員工絕大部分都是中國人；家樂福的供應商也絕大多數是中國企業。據統計，2006 年家樂福在中國採購共 590 億元人民幣，從中國採購出口的金額達 52 億美元，2007 年達到 63 億美元。家樂福在中國的店鋪，在中國採購商品的比例超過 95%。中國企業尤其是中小企業，是保證家樂福超市貨架上始終有充足的物美價廉商品的基礎。

如果抵制家樂福真的像簡訊呼籲的那樣，17 天或者更長（幸好這種事情沒有發生），結果會怎樣呢？其造成的損失我們無法預計和統計。家樂福的投資方肯定會遭受損失，但除了家樂福的股東會遭受損失外，家樂福的員工和供應商也會受到損失。而且，我們要知道，家樂福股東受到的損失，並不會

使他們的生活受到多大的影響，而家樂福的員工和供應商的日子則會因此受到嚴重影響！

　　受雇於家樂福的中國員工，都是靠著微薄的薪資養家糊口。如果家樂福沒有了營業收入，員工的薪資也就無從著落，那麼勢必影響到他們家人的正常生活。也許有人會說，即使家樂福不存在了，也會有其他的企業來雇傭他們，從理論上說，的確如此。但是，有誰願意承受失業的痛苦和重新找工作的折磨呢？如果抵制家樂福可以打擊法國經濟，讓中國經濟受益，削弱法國，讓中國因此變得強大，那麼這種犧牲還有價值和意義。可遺憾的是，抵制家樂福並不能實現這一點！

　　家樂福賣的商品大都是中國企業生產的，幾乎沒有多少是來自法國的。這樣一來，究竟是我們在抵制家樂福，還是在抵制中國貨？對於那些向家樂福供貨的中國供應商來說，儘管家樂福並不是他們唯一的銷售通路，但是家樂福仍然是他們重要的銷售通路，抵制家樂福不可避免地會傷及這些中國供應商。

　　在競爭越來越激烈的市場經濟條件下，中國的製造商正面臨很大的壓力：人民幣升值，使中國產品的出口壓力與日俱增；採購商對於價格的強勢談判能力，嚴重擠壓生產企業的利潤空間；而原材料成本和用工成本的持續上升，則使不少企業面臨很大的生存壓力……，對於那些實力比較弱的供應商來說，他們已經無力承擔更多的壓力，很小的市場風雨就可能讓他們脆弱的身軀無力支撐，抵制家樂福很可能成為壓垮這些中小供應商的最後一根稻草！

　　因此，中國人抵制家樂福其實是在用別人的錯誤來懲罰自己。我們做人或做事通常有這麼幾種方式：第一種，毫不利己專門利人；第二種，利人利己互利雙贏；第三種，損人利己損公肥私；第四種，損己損人兩敗俱傷。我

們來分析一下：第一種情況絕大多數的人都做不到，從社會福利的角度來看，它既不增加社會福利也不減少社會福利；第二種情況最理想，符合經濟學上的「理性經濟人」規律，也是當今世界的通行規則，這種情況能大大促進社會福利的增加；第三種情況雖然違規違法，但符合「理性經濟人」規律，這種情況既不增加社會福利，也不減少社會福利；第四種情況最愚蠢，既違規違法，又違反「理性經濟人」規律，而且會減少社會福利，這種情況與自殺性恐怖襲擊基本相同。在某種程度上，抵制家樂福與第四種情況很相似。

中國青年報圖片總監、著名攝影記者賀延光，中央電視臺主持人白巖松，都在網上發表了反對抵制家樂福的意見。4月14日，賀延光網路發表的文章《我不贊成抵制家樂福》，被推薦到網站頭條，並迅速被各大論壇轉載。4月15日，白巖松發表的評論《不要拿別人的錯誤來懲罰自己》。這兩篇理性發表觀點的文章都遭到了一些網友的激烈批評乃至謾罵。

白巖松在文章裡說，「去不去家樂福是個人的事，即使許多人因為抵制而沒去家樂福，相信那一天，家樂福也會人不少。因為對於個人來說，過日子不應受政治的干擾；更何況，拿別人的錯誤來懲罰自己，這等於太給別人面子。」白巖松認為，家樂福裡的職工大多是中國人，抵制家樂福更像是一種「內訌」。「奧運火炬並不是北京的，它屬於世界也屬於全人類，有人搗亂，他搗的也是全世界的亂，我們完全可以更平靜更從容一些。當看到身邊有些不生氣，並繼續執著地做好自己該幹的事，繼續在奧運火炬傳遞中點燃熱情傳遞夢想，那麼搗亂者就會被人們以小丑的方式留在記憶深處。」

《我不贊成抵制家樂福》是賀延光網路上回覆最多的一篇文章，其中有理性探討，有尖銳批評，有「法國人也有姓賀的」這樣的情緒言論。他文中這樣寫道，「我很理解這樣的激憤情緒，我這個年齡的人，大都做過憤青……我

們曾經熱血沸騰，曾經忠貞不二，結果是亂了國家，也險些葬送了自己。」賀延光在接受記者採訪時表示，在寫這篇文章之前就已預料到會被很多人罵，他說：「罵人的人只會讓我為他們悲哀。如果這樣就是愛國，愛國也太簡單了。現在的輿論有點『文革』的味道。其實只要講道理，就是反對我的人我也會尊敬他，罵人的人我只會小看他。罵人還會讓一些其實與他們觀點相同但願意講道理的人感到尷尬。」

抵制與不抵制，都需要理性

只要沒有違反相關法律，去家樂福門口表達你的看法是你的權利和自由；同樣，不抵制家樂福，繼續去家樂福購物也是別人的權利和自由。誰也無權阻止別人到家樂福購物，除非法律做出這樣的規定。如果你堵在家樂福的門口，阻止別人進入家樂福，如果別人不聽從你的「勸告」，你就大罵別人是「漢奸」，那你不僅是在侵犯人權，而且有誹謗的嫌疑。我們不能打著愛國的旗號，去侵犯別人的合法權利，更不能去誹謗別人。正如一位網友所說，「你有 5 月 1 日不去購物的自由，我有 5 月 1 日去購物的自由。即便不去，那也只是因為我懶，千萬不要誤會我認同你的觀點。」

退一萬步說，即使家樂福或家樂福的股東真的很「可惡」，我們要「搞垮」家樂福，也不能借助於阻止別人去家樂福購物的方式來實現，而必須採取法律的途徑。如果家樂福涉嫌違法經營，那我們可以向工商、稅務等部門舉報，由他們來查處；如果家樂福涉嫌犯罪，那我們應該向公安局、檢察院檢舉，由司法部門立案偵查，由法院依法宣判。除此之外，任何人無權搞垮家樂福。

有一個比較有趣的現象是，我們在表現「排外」情緒時，總是會選擇像

日本、法國這樣的國家作為對象，而對於中國的頭號「對手」—— 美國，卻很少被當成抵制的對象。實際上，美國比法國更「可惡」，從 1999 年 5 月 8 日轟炸中國駐南斯拉夫大使館，到頻頻在中國沿海與日本、韓國、越南舉行以中國為假想敵的軍事演習（儘管美國並不承認），讓無數的中國人對美國恨之入骨。雖然我們也會到美國駐中國大使館前面去遊行、示威、抗議，但是卻沒有美國貨：我們可以拒絕微軟的操作系統、英特爾的處理器嗎？我們可以不用蘋果手機、不乘坐美國的波音飛機出國嗎？……實際上，美國的很多高科技產品，我們想買都買不到，更不要說抵制了。說到底，還是「柿子撿軟的捏」的習慣在起作用。相比美國企業和產品，抵制法國的公司和產品更為容易，畢竟法國企業和法國產品在中國的數量並不多，而且並非不可或缺。

「中國民族主義的領軍人物」王小東先生是抵制家樂福的支持者之一，他在接受南方都市報採訪時認為，不少中國人把西方國家想得過於美好，「我們應該認識到西方國家的公眾中普遍存在著對於我們不友好乃至憎恨的情緒，我們對此必須保持適當的警覺，決不能把西方人當成善良的天使，他們絕對不是。」

我們總是習慣於用「善」或者「惡」來界定一個人，用「好人」或者「壞人」對人進行定性。其實，每個人都具有雙重或多重性格特徵，「好人」身上有「惡」，「壞人」身上也有「善」，絕大多數的人都是屬於「不好不壞」的中間人群。同樣，我們不能簡單地用「友善」或者「不友善」來界定一個國家。在國際政治舞臺上，我們應該牢記一句話：「在這個世界上，沒有永遠的朋友，也沒有永遠的敵人，只有永遠的利益。」西方國家總喜歡用西藏和臺灣問題來指責中國，然而，西方人真的在乎西藏人和臺灣人的福祉嗎？其實他

們不過是利用西藏和臺灣問題作為要挾中國或索要好處的工具罷了。每當中國領導人帶著大訂單到法國訪問時，法國政府就會發表聲明：「臺灣和西藏都是中國領土神聖不可分割的一部分，臺灣問題和西藏問題都屬於中國內政」。而當中法關係比較冷淡的時候，法國政府又會邀請達賴喇嘛去做客。

對於現代中國人來說，唯有理性務實才是我們應有的態度，盲目的非理性的愛國熱情並不會給我們的國家和民族帶來任何好處。

世界離不開中國，中國也離不開世界

在全球化的今天，任何一個國家任何一個企業都不是孤立存在的。在合作共贏的時代大背景之下，抵制是把雙刃劍，傷害對方的同時，也會傷及自身 —— 合則兩利，鬥則兩傷。在中國民眾中出現抵制家樂福的聲音之後，在法國民眾中，也出現了一種抵制中國商品的聲音。

隨著經濟全球化的愈演愈烈，隨著中國改革開放的不斷深入，作為全球化中的一分子，中國已經深深鑲嵌在世界中，世界也融匯進中國。世界離不開中國，中國也離不開世界 —— 外國企業需要中國的市場和中國消費者，中國企業也需要外國的資本和先進技術。這種合作都是極不明智的行為，在冤冤相報、以暴制暴的非理性抵制中，最終只能傷及自身利益，抵制自己分享全球化的合作盛宴。

在國家利益受到侵犯、民族尊嚴受到挑釁之時，任何一個中國人都不會無動於衷，都想充分表達自己的愛國熱情。這種熱情，是愛國主義最為具體的表現，也是一個國家和民族彌足珍貴的精神財富。但同時我們也要思考，愛國主義如何才更有力量？愛國不需要理由，但理智地表達愛國情感才是對國家對民族負責任的態度。

「弱國無外交」，這是世界政治舞臺的遊戲規則。沒有強大的國力做基礎，國家和民族的尊嚴就無從談起。作為一個中國公民，我們有責任冷靜理智地表達愛國熱情，合法有序地表達愛國情感，以做好本職工作的實際行動，維護社會穩定的大好局面，維護有利於中國和平發展的國際環境。2008年4月在巴黎發生的一系列事件，再一次告訴我們，中華民族的復興之路並不平坦。表達對中國的熱愛，回擊世界上的反華勢力，最根本的在於增強國家的實力。愛國主義，我們要倍加珍惜，同時也應理性表達。只有這樣，才能維護社會的穩定局面，才能贏得發展的契機，才能使我們的祖國變得更加美好、更加強大。

改革開放後，中國進入了改革發展的關鍵時期。中國正在走向強國之路，也在涵養大國心態。一個強大的國家不僅是經濟上的強大，也包括精神上的強大。而這種精神上的強大，就要求我們在處理和應對國際事務中，榮辱不驚、處變不亂，保持一份冷靜、務實和理性的心態，只有這樣，我們才能真正維護國家和民族的根本利益、核心利益，也只有這樣才是真正的愛國。

「國際鐵公雞排行榜」羞辱了誰

2008年5月12日，一場芮氏8級的大地震突襲四川的汶川、北川。頃刻間，數萬人被奪去了生命，數百萬間房屋被毀，超過一千萬人無家可歸。山河垂淚，天地無語，舉國上下，一片悲痛。在各界的大力支援下，四川人民迅速從悲痛中振作起來，投入到抗震救災工作中。與此同時，各界各國也積極伸出援助之手，踴躍捐款捐物。

很多在華的跨國企業由於沒有及時向地震災區捐款捐物，引起了中國網

民們的強烈不滿和憤怒，它們的產品也遭到了中國消費者的空前抵制。一個「國際鐵公雞排行榜」的帖子透過網路和手機簡訊廣為流傳，排在前十位的「鐵公雞」分別是：三星、諾基亞、大金、LV、可口可樂、麥當勞、肯德基、豐田、GUCCI、LG。榜單顯示這些外企的捐款均為零。

實際上，這個文章的內容並不準確。據了解，5月12日地震當晚，百勝餐飲集團（肯德基母公司）就決定捐款300萬元人民幣；5月14日，麥當勞宣布捐款100萬元人民幣……

網民們對事實情況還沒有搞清楚，憤怒情緒已然集結，而且迅速炮製了「國際鐵公雞排行榜」。從前商務部部長陳德銘到在麥當勞用餐的普通消費者，手機裡都收到了同樣一條訊息。板主還呼籲，「通報這些公司，不是讓大家去消費，而是要銘記心中：這是沒有良心的企業！是中國人就不要給他們賺！！」

為了表示自己的憤慨，網民們把熱情轉向了國產品牌，編出了順口溜：以後喝王老吉（1億元），存錢到工商（8726萬元），還是用移動（5820萬元），買電器到蘇寧（5000萬元），買保險買平安（3500萬元），喝白酒喝瀘州老窖（3000萬元），買藥修正牌（捐助2500萬元），上網用QQ（捐助2000萬元），運動穿李寧（捐助1249萬元），電腦買聯想（捐助1000萬元），洗衣機買海爾（捐助1000萬元），空調買美的（捐助1000萬元），開車開吉利（捐助1000萬元）……如果大家都買聯想，聯想將在5年內超越戴爾；如果大家都買吉利，吉利將在5年內超越大眾豐田。

面對中國網民和消費者的憤怒情緒，「國際鐵公雞」們也積極行動起來：5月17日，諾基亞將捐款從300萬元追加到1000萬元；5月19日，寶潔追加1000萬元用於「希望工程賑災教育基金」，可口可樂捐款從500萬元追加

到 1700 萬元，肯德基所屬的百勝餐飲集團捐款從 300 萬元追加至 2100 萬元（含 520 萬元員工捐款）……

然而，跨國企業追加捐款的行為似乎並沒有取得網民們的諒解，民意仍然洶湧不止。劫富濟貧的「網路好漢們」對「鐵公雞們」的初期表現並不滿意。因為在 5 月 14 日「鐵公雞榜」出現之後，許多「鐵公雞」第一筆捐款額都未超過 500 萬元。在網民們看來，「鐵公雞」捐足 1000 萬元才算對得起災區人民。而且，網民們的憤怒並沒有停留在口頭上，真正令跨國公司們擔心的事情稍後發生了，這場「鬥雞」大會迅速地從網路和簡訊上的口誅筆伐轉向了消費者的身體力行。

5 月 20 日上午，四川南充市五星商業步行街上的一家麥當勞餐廳聚集了上百人，抗議麥當勞不捐款。餐廳的門口，被貼上了超大的「國際超級鐵公雞」海報。肯德基也遭遇了不同規模的圍堵。有人甚至將榜單做成標語，貼在麥當勞的櫥窗上，並注明：「憑你的良心，互相抵制！向災區的遇難同胞默哀。」方飛奔而來。在網路輿論一邊倒的情形之下，中國絕大多數菁英人士都非常「識相地」選擇了沉默。

捐款是出於自願，而非強制

雖然在華的跨國公司們擁有強大的法律資源，然而面對中國網民洶湧而來的民意，他們所能做的，只能是不停地向公眾告知，向商務部的「父母官」訴苦。

2008 年 5 月 27 日下午 15 時，國家商務部研究院二樓的一間會議室裡，座無虛席。寶潔、雀巢、IBM、諾基亞、西門子、現代汽車、阿斯利康……這些著名跨國公司負責公共關係的高級主管同時出現在會場。在主持人簡短

的開場白之後，一些外企代表開始激動地上臺發言，他們憤怒地向商務部的領導訴說自己企業的委屈和苦衷，所有發言都對手機簡訊和網路上廣泛流傳的「國際鐵公雞排行榜」表示強烈不滿。

在會議現場上，外資企業們再次要求商務部為它們「正名」。其實，在五天前的 5 月 22 日，商務部部長陳德銘已經替外資企業進行澄清，指出大多數上榜的跨國公司捐款都超過了 1000 萬元，「鐵公雞」的說法不符合事實。

在很多中國人看來，跨國企業在中國賺取了大量的利潤，賺了中國人的錢，就應該為四川災區貢獻一部分出來。的確，很多在華的跨國公司在中國賺取的利潤占到其全球利潤的 50% 以上。因此，才有人大聲高呼：「是中國人就不要給他們賺！」實際上，外企在中國賺取的同時，中國政府和中國老百姓也同樣從中受益，他們除了向中國政府繳納稅收，幫助中國老百姓的就業外，還向中國引進了先進的生產技術和管理經驗。這是一種互利雙贏的合作，而非一方受益一方受損。如果我們認為外資從中分得的好處太多，而我們從中獲利太少，我們可以透過取消給外資的優惠政策和「超國民待遇」，使之與國企同等待遇（按照世貿組織的規定，外資應享受本國國民同等待遇）；如果外資利用其資金、技術等方面的優勢，謀取超額壟斷利潤，我們可以透過反壟斷法對其加以限制或處罰。

跨國企業之所以沒有主動向四川地震災區捐款，其實是基於全球股東利益的考慮，這完全符合西方商業倫理的觀念。只是受傳統文化影響很深的中國人難以理解或認同這些商業價值觀。中國人的思維習慣總是喜歡拿道德和良心說事，這是幾千年農業社會和儒家文化導致的結果，然而，在工業社會和市場經濟條件下，一切都要用法律說話，按規則辦事。這種援助必須以自願為前提。正如商務部部長陳德銘在國新辦新聞發布會答記者問時所說的，

「捐助是以自願為前提的，我們必須尊重每一個自然人和法人的權利。」在現代民主與法制社會，沒有人有權力去強制別人做什麼，只有法律才可以這樣做。

萬科和王石被推上風口浪尖

除了跨國企業外，中國房地產業的龍頭老大萬科和它的老闆王石也成為了網路攻擊的對象。大地震過後，王石和萬科的形象如同汶川地震中的房屋一樣轟然倒塌，這與兩個數字有關 ── 「200 萬」和「10」。這兩個關鍵詞來自王石的博客，因為萬科在地震當天宣布捐款 200 萬元被網民們認為太少，與萬科的企業規模和實力根本不匹配。

王石在博客中解釋說：「萬科捐出的 200 萬元是合適的。這不僅是董事會授權的最大單項捐款數額，即使授權大過這個金額，我仍認為 200 萬元是個適當的數額。2006 年股東大會對萬科每年的企業公民建設費用的授權額度為 1000 萬元。在地震之前，2008 年的這筆錢已經使用了 800 萬元，只剩下 200 萬元。中國是個災害頻發的國家，賑災慈善活動是個常態，企業的捐贈活動應該可持續，而不能成為負擔。萬科對集團內部慈善的募捐活動中，有條提示：每次募捐，普通員工的捐款以 10 元為限。其意就是不要讓慈善成為負擔。」

「普通員工的捐款以 10 元為限」，這讓無數的網友大為光火。王石就此得到了兩個新名字「王十」、「王十塊」，甚至有網友調侃地說：「做人不能太王石」。一些網友在王石的博客上留言說：「如果你覺得救助災民成為你的負擔了，請拿回你的 200 萬元。」由於王石酷愛登山運動，還有人還特意計算了其每次登山的費用都在 200 萬元以上，並因此指責王石說，「不管你征服

過多少座高峰，你的靈魂卻始終高不過那一座墳頭！」

眾怒之下，王石被迫於 5 月 21 日透過媒體向網友道歉：「這段時間，我為我這句話感到相當不安！主要基於三方面原因，一是引起了全國民眾的分心，傷害了網民的感情；二是造成了萬科員工的心理壓力；三是對萬科的公司形象造成了一定的影響。在這裡對廣大網友表示歉意！」同日，萬科也發布公告稱：董事會批准公司在未來 3 至 5 年內支出 1 億元參與四川地震災區的臨時安置、災後恢復與重建工作，並以綿竹市遵道鎮為重點；該項工作為純公益性質，不涉及任何商業性的開發。

這份公告再次激起了民眾的憤怒。網民們認為王石之所以選擇遵道鎮，是因為那裡得天獨厚的旅遊資源，重建只是為商業目的而遮人耳目。「這只是堵塞眾人口水的一種公關技巧、一種轉移人們視線的營銷手段而已，和那些真正向災區捐獻億元資金或者物資的行為不可同日而語。」

5 月 24 日，萬科不得不再次發布公告：公司參與四川地震災區的臨時安置、災後恢復與重建工作，為完全無償的純公益性質。在這份公告中，萬科仍然表達了一貫堅持的公司治理理念：萬科所有財產屬於股東，因此公司的公益捐款必須在股東大會授權下進行。

的確，萬科作為上市公司，必須接受公司法和證券法等相關法律的約束，而不能像個人獨資企業或個體戶那樣，對公司財產進行隨意處置。如果萬科的當家人王石為了公益捐助，而視法律於不顧，損害其他股東的利益，那他就不是在「行善」，而是在「作惡」。5 月 27 日，南方都市報刊登的一篇力挺萬科和王石的文章認為，「對於上市公司的管理層來說，做公益、捐善款當然是善，但尊重公司的管理章程，在既定的遊戲規則範圍內行使權力，同樣是善，甚至是一種更大的善。為了一種善，而傷害另一種善，善花最終結

出的就將是惡果！」

企業的使命是賺錢，而不是做慈善

美國著名經濟學家弗里德曼曾經說過，「企業的主要社會責任，那就是為股東負責，遵守法律，賺取利潤」。企業的使命就是為股東賺錢，而不是做慈善。如果做慈善當成企業的使命，那麼所有的企業都應該以低於成本的價格向社會提供產品和服務，讓利於社會，讓利於消費者。可是，這樣的企業能長久生存嗎？這樣的企業還有股東願意投資嗎？雖然企業的財富都來源於社會，企業負有一定的社會責任，但這種社會責任是透過依法納稅、緩解就業壓力和向消費者提供優質的產品和服務來實現的，而不是靠做慈善來實現。

比爾蓋茲曾言，他所得到的財富全部都取自於社會，他最終將把這些財富還給社會，他不過是替社會管理這些財富。但是，我們必須搞清楚，企業的財富與企業家的財富並不是同一個概念。

除了個人獨資企業外，世界上絕大多數企業的股份構成都很複雜，其中有不少企業是上市公司，這就意味著企業的財富並非全部歸企業家所有，很多的中小股東並不富有，如果企業家拿著企業的錢大把捐獻，難免有慷他人之慨的嫌疑。我們試想一下，如果某個失業員工，拿著公司最後一點遣散費，買了點萬科的股票，原本指望著萬科的分紅能補貼一下家用，可王石卻把原本應該分給他的股息拿去做了公益捐款，這個失業員工能答應嗎？事實上，當萬科董事會決定「要在 3 至 5 年內向四川災區捐款 1 億元」後，一些小股東馬上就在萬科的官方論壇「萬科周刊」上表示了異議，甚至有人揚言要向法院提起訴訟。對私人企業來說，企業搞慈善和企業家搞慈善是一體的，如江蘇黃埔再生資源利用有限公司是屬於陳光標個人的，陳光標想捐多

少就捐多少，沒有人可以阻止他。但是，只要一家企業股本構成不再單純，那麼，企業捐錢做公益事業就必須經過複雜的審核程序，要經過其他股東的同意才行。對於上市公司來說，問題就更複雜，如果大股東每年拿出大把的金錢搞慈善，那些中小股東是否同意呢？如果他們不同意，那就有慷他人之慨的嫌疑。

企業家搞慈善不等於企業搞慈善。比爾蓋茲搞慈善不是微軟在搞慈善，蓋茲用的不是微軟的錢，而是他個人的錢。也正是因為這個原因，所以沒有人會把蓋茲做的善事，算到微軟的頭上。如果企業搞慈善和企業家搞慈善掰扯不清，那麼，慈善必然會成為企業家侵吞企業利益的工具。

我們不能總是用道德做武器去攻擊富人的為富不仁，維繫一個社會正常運轉的是法律。中國改革開放以來，由於一直倡導「讓一部分人先富起來」的發展理念，過份注重效率，而忽視了公平，因而導致中國現在的貧富差距越來越大，改變這一狀況的根本在於政府訂定更完善和更具操作性的調節收入分配的政策法律，如提高個人所得稅的起徵點，增加房產稅、遺產稅、奢侈品消費稅等稅種。也就是說，調節收入分配，縮小貧富差距是政府應該做的事情，而不是企業應該考慮的事情。總拿道德說事，必然會強化道德的作用，而忽視了法制的健全。依法治國才是一個國家一個民族長治久安、興旺發達的根本保證。

第六篇
做大國要有大國心態

中國崛起需要大國心態

2003 年 10 月 1 日，美國高盛集團發表了一份題為《與 BRICs 一起夢想：通往 2050 年的道路》的全球經濟分析報告，該報告預測：中國經濟總量將在 2041 年超過美國，成為世界第一經濟大國。2008 年 10 月 9 日，美國智囊團「卡內基國際和平基金會」又發布報告宣稱，2035 年左右中國的經濟規模將超過美國，並預測聯合國、世界銀行等國際機構的總部將來可能遷至中國。這兩份報告從經濟到軍事、外交等各個方面，一組組數字有理有據，為中國的未來展現出了一幅壯麗的畫卷，令無數的中國人為之興奮，為之自豪。

可是，在為之沾沾自喜的同時，我們不僅要問：中國真的具備了成為大國的一切條件了嗎？從物質層面（國土面積、人口數量、自然資源等）來說，中國的確具有成為世界大國的實力和潛力。但從精神層面來說，中國還遠遠沒有做好準備，尤其在國民心態方面，中國還有很長的路要走。中國可以建世界最高的摩天大樓，造世界最長的跨海大橋，修世界最快的高速鐵路，然而，農業社會留下的陳舊觀念，卻很難在短時間內改變。在由農業社會向工業社會轉型的過程中，不僅要付出身體上的辛勞，更要承受心靈上的痛苦。

雖然中國的崛起、中華民族的偉大復興是誰也無法阻擋的歷史潮流和必然趨勢，但我們必須清醒地認識到，這種崛起和復興的過程將會十分漫長，而且還存在著很多不確定的因素。正確地認識和應對這個過程，才能在崛起的道路上減少不必要的麻煩，使中國邁向世界大國的目標順利實現。

強國夢想與弱國心態

中國的崛起和中華民族的偉大復興，是所有中國人的世紀夢想。然而在

我們的生活當中，隨處可見的弱國心態，與強國夢想形成了極大的反差。鴉片戰爭以來，中國社會經歷了反反覆復的政治動盪，不重視、不提倡理性思維的傾向日趨嚴重，最終便形成了集體共有的性格特徵，也就是所謂的「弱國心態」。外交學院的吳建民先生和評論家鄢烈山先生都對「弱國心態」進行過解釋，其觀點大同小異，都是說中國人老是走不出「受害者」的陰影，永遠把自己當弱者看待。這樣心態常常表現在喜歡誇大自己的成就和優點，不願意提及自己的缺陷和不足，尤其很在意別人的看法；視野和心胸都不夠寬廣，動不動就暴跳如雷、怒髮衝冠；對國外的一些批評聲音，不論是善意的還是惡意的，都不能從容面對。

鴉片戰爭以後，近代中國所遭受的屈辱，在中國人的心靈上留下了永遠揮之不去的陰影。最近一百多年來，我們衰落下來了，處於弱國的狀態，這樣就造成一種歷史的悲情。面對現代西方文明在全球的肆虐，中國人倍感失落。因此，我們總是習慣於用歷史輝煌記憶的不斷覆述掩蔽當下的真實處境，拼命從歷史的故紙堆中尋找可以慰藉我們心靈的史實 —— 從大唐雄風到康乾盛世，「中華帝國」一直都是澤被眾生、唯我獨尊。

很多時候，中國人都表現出一種坐井觀天式的夜郎自大。1972 年美國總統尼克森訪華，當時的中國正處於十年動亂之中。但即使是在中國最封閉保守、最貧窮落後的時候，當時的中國人仍然認為，美國人是來「朝拜」毛澤東，「美國人不敢小瞧我們」。改革開放以打擊了我們的自信心。於是，我們拼命尋找一些可以撫慰自己心靈的「救命稻草」，用諸如拿破侖所說的「中國是一隻沉睡中的獅子」、美國太空人所說的「長城是在月球上唯一看到的人工建築」等這樣一些出自西方人之口的話語來給自己打氣；一些西方媒體預測中國未來發展的「可能」到了中國媒體上，就變成了「確鑿無疑」、「板上釘

釘」；一些模棱兩可的「外電」就可以讓很多中國人手舞足蹈，信心滿滿。

改革開放以來，中國的經濟發展取得了舉世矚目的偉大成就。然而，整個民族的心靈重建工作，還沒有真正開始。現代中國一個極不和諧的社會現象是──國民經濟高速成長，國民心態卻止步不前，這與中央政府提倡構建的「和諧社會」是格格不入的。

弱國心態的歷史根源

社會的動盪往往會導致人心的動盪。中國近代史上經歷了一百多年的國家動盪與政治混亂，在這樣的環境下，理性思維越來越不受到重視與提倡，非理性的暴戾和盲從，一直占據著社會主導地位。在脆弱的國民心態和非理性的思維習慣影響下，很多時候，我們就會喪失自信和缺乏理性，從而使得沒落的中國越發的落後，沒有開啟的民智在缺乏自信的狀態下更加的愚鈍，而民族的創新精神與進步思想在這種自卑的心理下就會被扼殺在萌芽狀態。當然，這一切都是由於歷史與環境原因所造成的。在國運昌隆、思想開放、社會進步的今天，如果我們仍然抱有這樣的思維習慣，甚至任憑這樣的思維習慣惡性地滋長，就顯得很不合時宜。

中國的改革開放已經進行數十年了，該改革的基本上都改革了，該開放的也都開放，無論是哪個方面，凡是我們能夠看得見、摸得著的地方，都有了新的發展與變化，一場深刻的變革已經深入到社會的每一個角落，但是唯獨我們的國民心態還沒有產生過一次徹底的革命性的進步。在改革開放深入到社會每一個角落的同時，我們的國民心態還停留在了改革開放開放前的狀態，總是缺乏一種包容、坦然、平和、理性的心胸與氣概。

在我們的潛意識中，常常認為近代西方列強曾蹂躪、侵略中國 100 多

年，因此他們「虧欠」了中國。中國現在要謀求發展，西方國家就理所應當為我們讓開大道；假如不讓開大道讓中國快速且自由地發展，那麼西方人就在繼續「虧欠」中國。我們現在對國際關係的認知就停留這種單純而幼稚的道義邏輯之下。事實上，在國際政治舞臺上，從來就沒有一個國家對另一個國家採取「溫柔」的道義立場，不論是它們之間的國際友誼或國家對抗，其實都是一個總是期待強國善待自己的國家，實際上是鄉願心理支配下的弱國心態的體現。

在非理性的弱國心態之下，很多事情在我們眼中就會失去它本來的樣子，我們也就無法客觀、公正地面對當今這個日趨全球化的現實世界。這樣一來，我們如何能迅速地融入國際社會？又怎麼能在新一輪的全球競爭與合作中搶占先機？

要克服和擺脫這種非理性的弱國心態，我們就必須找出造成這種心態的根源。除了鴉片戰爭以後 100 多年半殖民地半封建社會對中國人心靈的摧殘外，封建專制是造成中國人這種心態的另一個重要原因。幾千年的封建專制制度和科舉取士制度，使得中國人一直在自覺不自覺地接受愚民教育，從而造成了中國人固有的愚民化思維。從辛亥革命到中華人民共和國的建立，中國人實現了身體的解放，然而靈魂和思想深處仍然受到各種封建思想的禁錮。

作為 21 世紀的中國人，我們必須砸爛禁錮我們靈魂的枷鎖，放飛我們的心靈。在我們越來越有富有的同時，也要越來越有學問，越來越有素養，精神與物質同步發展，徹底拋棄過去那種暴發戶心態，做一個融於時代、面向世界的大國公民。我們應該汲取過去幾十年來的經驗教訓，尋找更寬廣的強國之路，把歷史當作一面鏡子，從現實和歷史的比較中，有膽識、有遠見

地尋找中國未來的強國之路。

如何樹立大國心態

　　為了中國的再度崛起和中華民族的偉大復興，我們必須徹底告別過去的弱國心態，樹立起面向未來、面向世界的大國心態。

　　首先，我們要擺脫受害者心態。

　　中國是一個曾經創造無數輝煌歷史的國家，也是一個飽受西方列強凌辱的國家。近代的百年屈辱在千年輝煌的反襯下，顯得尤其淒愴和悲涼。這在我們的心靈上深深烙上了受虐的傷疤和歷史的悲情。在當今世界和平與發展的時代主題下，與「宿敵」「相逢一笑泯恩仇」已成為時代的潮流。然而，在握手言歡之時，我們心頭不免依然縈繞著歷史的夢魘與沉痛。如果我們總是像一個受虐者那樣自怨自憐，不能從中擺脫出來，那麼當我們融入世界的時候，即使與他國發生一些司空見慣的摩擦和齟齬，也可能揭開歷史的傷疤。新仇與舊恨的糾結與激盪，最終可能形成難以掌控的可怕洪流。過去的歷史已經演繹了這股洪流的恐怖──德國和日本在崛起的過程中，都曾大肆渲染遭受外強凌辱的苦難，強化受虐者心態，致使極端民族主義泛濫成災，最終釀成了兩次世界大戰的慘痛教訓。沒有哪個世界大國是以和平的方式崛起的。因此，在中國崛起和中華民族復興的過程中，我們尤其需要審時度勢，超脫受虐者心態和歷史悲情，以「以史為鑒，面向未來」的真誠和勇氣去擁抱世界，堅定不移地走和平發展的民族復興之路。

　　其次，我們要告別自卑者心態。

　　從地域面積和人口數量上來說，中國是一個當之無愧的世界性大國。然而近代以來，由於我們與世界隔離得太久，落後於世界太多，極度的自卑導

致了我們極度的不自信。這種不自信導致的結果就是，為了避免受到刺激，維護我們脆弱的自尊心，竭力把自己封閉起來，甘心於與他國「老死不相往來」的封閉世界，坐井觀天，夜郎自大。而一旦這種價值的堅守被外來文化所衝破，又表現為另外一種不自信，即完全喪失自己的價值判斷與是非標準，視外來文化為普世價值而對其俯首膜拜，盲目聽從。

一個自卑不自信的國家，不可能成為一個世界性大國。當然，對於一個正處在崛起過程中的潛在大國來說，在一定時期內，基於自身實力還不夠強大的現實，選擇隱跡於國際社會，臥薪嘗膽，韜光養晦，一心一意搞建設，不失為一種明智的戰略決擇（美國建國後奉行了一百多年的「孤立主義」政策，就是這種國家發展戰略的具體體現）。這是智者的主動選擇，而非自卑者的被動接受。

再次，我們應不卑不亢應對各種國際「聲音」。

當代世界政治經濟格局，是由發源於西歐的近代國際體系擴展而來的。在這一格局中，以美國為代表的西方國家一直處於主導地位。近代以來，中國一直受到來自西方列強或超級大國的各種威脅。因此，我們對西方國家集團總有著根深蒂固的不信任和戒備。隨著 20 世紀末冷戰的結束，在和平與發展成為當今時代潮流的歷史背景下，再次發生世界大戰的概率已大為降低，國與國之間的角逐大多以「心理戰」的形式出現。

隨著中國經濟的發展和國力的增強，再過十幾或二十幾年，世人很可能會看到一個經濟規模和綜合實力堪與美國比肩的世界第二大國。對於這一發展前景，國際上的一些反華勢力頻頻發起一些針對中國的各式各樣的攻心戰術。對此，我們應以一種「不亢不卑」的心態從容應對 —— 無論是「中國崩潰論」還是「中國威脅論」，我們既不要不把它當回事，也不要把它太

當回事。

最後，我們要樹立強者心態和胸襟。

做大國，首先應該具有大國的氣度和強者的心態。什麼是強者心態？強者心態就是微笑著擁抱外部世界的從容自信，是捍衛自身利益的堅定果敢，是面對外來文化的兼收並蓄，是「猝然臨之而不驚」、「無故加之而不怒」的沉著理性……只有強化強者心態，我們才能走出悲情歷史的陰霾，才能衝破民族主義的狹隘，才能輕裝上陣地開拓未來，才能盡顯世界大國的魅力與風采。

大國的內涵，不僅僅在於土地的廣袤和人口的眾多，更在於心胸的強健和開闊，在於目光的深邃和遠大。對於正在崛起的中國來說，我們不僅要有「登泰山而小天下」的胸襟，更要有「登珠峰而小世界」的氣概。

國民心態助長官場腐敗

中國官場腐敗背後總有一連串觸目驚心的天文數字，那些巨貪們好像在參加體育競技比賽一樣，你追我趕、屢破紀錄，「唯恐」在貪腐金額上落後於人。他們彷彿是在挑戰政府和中國人的心理承受極限，但是政府和中國人的心理承受能力似乎遠遠超過他們的預期，大有一種「泰山崩於前而色不改，猛虎嘯於後而心不驚」的氣概。中國腐敗難治除了法制尚不健全的原因外，國民心態也是助長官場腐敗的重要因素之一。

美國爆出了新澤西州霍博肯市市長卡馬拉諾受賄 25000 美元的醜聞，美國政府及輿論界一片嘩然。此案被認為是美國史上最大的貪污受賄案之一，而中國的媒體記者對此鮮有報導，即使有也只是一筆帶過（因為貪污金額太小，實在吸引不了人們的眼球）。普通百姓對此則是一片嘲弄之聲：「堂堂市

長就弄這麼點錢，還不如我們的村官呢，丟死人了！」閻真先生在《滄浪之水》一書中曾寫下這樣一段文字：「劉躍進告訴過我，他們學校的黨委書記，竟為基建工程中的五萬塊錢回扣丟了官又吃了官司，真的是太傻了也太缺乏想像力了。當時胡一兵說：『像這樣的大傻是應該清除出去，以保持腐敗隊伍的純潔性。』」「保持腐敗隊伍的純潔性」這句話充滿著中國式的黑色幽默！雖然是笑談，但我們從中可以看出中美兩國截然不同的兩種國民心態。

從某處程度上來說，當前中國的國民心態正是導致官場腐敗的動力源泉和肥沃土壤。

心態一：官場腐敗，歷朝歷代都存在

中國經歷了兩千多年的封建專制社會，在很多朝代，官場腐敗都是常態和公開化的，所謂「三年清知縣，十萬雪花銀」。官員腐敗就像「約定俗成」的慣例，在老百姓看來，是「再正常不過」的事情。正是由於這種國民心態，整個社會對政府權力的監督、對違法行為的舉報、對貪污腐敗的抵制才難以形成氣候；在這種心態影響之下，無數初入官場的清白官員遇火即燃，毫無抵禦腐敗的能力與信念。然而，老祖宗傳下來的東西，未必都是對的，腐敗誤國的道理古今皆然。在古代，但凡國力強盛、人民富足的王朝，無不對貪官污吏嚴加懲治，無不絞盡腦汁對官員權力進行限制或制衡。所侵，正氣盪然無存，不再相信人間正道，以苟且之事為榮。

心態二：權力崇拜，相信權利而不相信法律

權力崇拜是封建社會的惡劣遺留，雖然中國告別封建社會已經 100 年了，但國民對權力的崇拜絲毫沒有減退。權力崇拜的惡果是老百姓從小便在心中埋下權力萬能的種子，久而久之便逐漸認同以權謀私的必然性和合理性。仔細觀察當今的社會，我們不難發現，中國的政府官員和普通老百姓在

一種程度上已經被割裂為兩個階級，正如鄭州市規劃局一位副局長質問記者時所說的「你究竟是替政府說話還是替老百姓說話」。權力如同一道鴻溝，使得政府官員和普通百姓之間涇渭分明。

由於國民對權力的過份崇拜和迷信心理，因而在中國社會上形成了各種各樣的「潛規則」，使老百姓只相信權力而不相信法律，寧願去上訪而不願去訴訟。我們可以毫不諱言地說，權力崇拜既是官場腐敗的動力源泉，又是滋生腐敗的肥沃土壤。

心態三：人情社會，清官難做

中國人向來重仁義道德，中國社會充滿著人情味。如果某人當官後，一味地堅持原則，不給別人開後門，那麼他很快就被別人罵成是「翻臉不認人」、「背信棄義」、「沒有人情味」。在中國，一個被普遍認同的處世原則是「水至清則無魚，人至察則無朋」。如果不想搞得眾叛親離，那就得給別人幫忙，替別人辦事。舉個例子：張三當上官員手中有權了，其姑媽家的表弟李四找他幫忙辦事，張三堅持原則不予理會。李四便告到舅舅那裡，說張三當官就瞧不起人了，找他辦點小事一點面子都不給。舅舅一聽勃然大怒，把張三叫回來狠狠地批評教育了一通。張三是個大孝子，為了不讓老父親生氣，為了不讓親朋好友「背後戳脊梁骨」，只好幫李四把事給辦了。自打開了這個口子，以後想收也收不住了，因為張三既然可以幫姑媽家的表弟辦事，那其他的七大姑八大姨的事情自然也要辦。

在人情社會裡，重人情講義氣的人自然做不了清官；如果做了清官，那必然落個不講情義、不近人情的罵名。因此，「清官難做」就成了很多官員貪污腐敗的最好理由，它在為貪官減壓的同時，也成為腐敗之風日盛的助力。

心態四：分一杯羹，咱也不吃虧

　　中國人情脈絡的觸角深入到每家每戶，隨著現在政府官員隊伍的不斷壯大，能夠透過走後門獲取額外好處的人越來越多。很多人一邊大罵貪官腐敗，一邊又透過各種途徑走門子托關係給自己辦事。倘若事沒辦成，就繼續大罵貪官腐敗；倘若事辦成了，就噤聲了。他們內心的真實想法是：反正這潭渾水也就這樣了，天下熙熙皆為利來，天下攘攘皆為利往，誰還不知道誰呀！當官的吃肉喝湯，咱也能分一杯羹，吃虧也吃不到哪裡去！

　　很多中國人都有這種「分一杯羹」的心態。這些人一旦為官，他們甚至比以前自己所「痛恨」的貪官更加貪婪；他們看似在社會底層，但心態卻不在社會底層；他們信奉的是官場「潛規則」，尋求的是向官場利益靠攏；在很大程度上，他們也是腐敗肆虐的幫兇。

　　心態五：自己是老百姓，卻瞧不起其他的老百姓

　　很多中國人都有這樣一個習慣——自己本來就是老百姓，卻瞧不起那些社會地位比自己更低的老百姓。歧視低端人群的傾向，不僅見於一些政府官員，很多老百姓也同樣如此。舉個例子：杭州市圖書館對所有讀者免費開放，包括乞丐和拾荒者。圖書館的底線是，只要你的穿著和舉止不是特別出格，比如赤膊或大聲喧嘩，都可以免費在這裡看書。圖書館的這種做法卻引起一些讀者的不滿，工作人員對此的回答是：「我們無權拒絕他們入內讀書，但您有權選擇離開。」從這些讀者的不滿中，我們可以感受到，他們對於那些生活於社會底層的民眾，有著怎樣的冷漠和蔑視。他們介意的不是乞丐和拾荒者看書，而是介意和這些穿著舉止不夠乾淨文雅的人「共處一室」。這種對乞丐和拾荒者的排斥情緒，不僅見於圖書館，也常見於很多城市的公共場合，如不願和拾荒者一起用餐，厭惡和農民工一起乘公車……

　　作為一個城市，我們應該給予底層人群更多的關懷和善意，應該能有聽

任乞丐和拾荒者穿堂而過的雅量。作為一個國家，我們同樣需要這樣的心胸和肚量，否則，我們何以堪當世界大國的重任，如何去承擔幫助那些窮國和那些窮人的重任，世界又怎麼會變得和諧而美好？

心智成熟，才能拒絕被唬弄

　　不知道從什麼時候，我們開始變得喜歡唬弄別人，也容易被別人唬弄。在 2001 年和 2002 年的春節晚會上，趙本山、范偉、高秀敏合演的小品《賣拐》、《買車》，將「唬弄」與「被唬弄」這兩種當前中國普遍存在的社會現象表現得淋漓盡致。一個原本身體和智力都非常正常的人竟然能被唬弄瘸了、傻了，可見「唬弄」的力量有多麼強大。而這還僅僅是趙本山老師一個人透過他一張嘴實現的，如果換成一百個人一百張嘴，如果再加上網路電視報紙等各種媒體的助威，是人都會被唬弄暈了。

「京城第一神醫」張悟本

　　2010 年春節前後，中國出現了一位家喻戶曉的「神醫」── 張悟本。在網路、報紙等各種媒體的推波助瀾之下，張悟本這位原本名不見經傳的普通人一下子變成了人盡皆知的「京城第一神醫」。

　　2010 年 2 月 1 日，湖南衛視《百科全說》播出了一期「張悟本談養生」，讓張悟本一夜躥紅。出自張悟本之口的綠豆湯、長茄子理論幾乎到了包治百病的程度，他還聲稱自己的食療方法治癒了包括糖尿病、高血壓、心臟病、紅斑狼瘡等在內的各種疑難雜症。張悟本也因此被很多「粉絲」稱為「中醫食療第一人」。

　　張悟本自稱：出生於四代中醫世家，6 歲開始隨父學醫，食療臨床經驗二十餘年；曾就讀於北京師範大學中醫藥系，於 2004 年取得國家衛生部首批「高級營養師」資格；其父張寶楊曾長期擔任國家領導人的保健醫生……。在眾多光環「照耀」之下，張悟本的迅速「走紅」，他所著的《把吃出來的病吃回去》也一躍成為各大書店、網站銷售黑馬，迅速登上暢銷書排行榜榜首，該書第二版封面上赫然打出「上市 4 個月突破 100 萬冊」的廣告文字。

　　與此同時，張悟本在北京開設的「悟本堂」一時之間也炙手可熱，天價掛號費，但依然掛不上號。由於張「神醫」大力推薦食物療法，「生吃泥鰍、茄子」，「多喝綠豆湯」，導致這幾種食物價格飛漲 —— 原本 4 塊錢一斤的綠豆一下子猛漲到 10 塊多錢一斤，而且買者如雲，銷量大增。在張悟本的食療處方中，不論是治療近視、高血壓，還是癌症……藥方中沒有靈丹妙藥，而不可缺少的是白蘿蔔、綠豆和長茄子。他聲稱多次用它們治好了肺癌、糖尿病、心腦血管疾病、肺炎等數十種常見疑難病症。

　　按理說，綠豆、茄子、蘿蔔和泥鰍，是我們每個人都非常熟悉的食物，而且我們已經吃了幾百年甚至上千年了，怎麼突然變得「包醫百病」、「奇貨可居」？果真如此嗎？

　　2010 年 5 月中旬，開始有媒體報導張悟本學歷涉嫌造假，其宣揚的「綠豆治百病大法」也被廣泛質疑。隨著記者的不斷「爆料」，一個真實的張悟本漸漸浮出水面。實際上，張悟本出道前只是北京第三針織廠的一名離職工人；其父也並非什麼國家領導人的保健醫生，只會治療一些跌打損傷；中國國家衛生部曾舉辦過兩次營養師方面的資格考試，但只考了初級，「只能滿足就業的問題，根本到不了專家級別」（衛生部有關人員的原話）。

　　2010 年 5 月 26 日中午，朝陽區工商分局執法大隊和朝陽區衛生局衛生

監督所聯合對「悟本堂」進行了檢查。雖然此次檢查並未發現張悟本非法行醫的行為，但張悟本及其「悟本堂」虛假宣傳、誤導民眾卻是不爭的事實。6 月 2 日，「悟本堂」被朝陽區城建局定性為違章建築，於當日深夜被摘牌拆除。張悟本和他的「悟本堂」徹底關門歇業。

張悟本這位號稱「中國最權威的營養大師」，短短幾天就被打回了原形。他給公眾、社會留下的，是一幕辛辣的諷刺劇。從失業到「神醫」，張悟本的「角色」演變，並不是全靠口若懸河的口才，幕後推手的精心包裝，傳媒的推波助瀾，再加上公眾對健康養生的盲目推崇和基本知識的缺乏，這些都是將張悟本推上「神壇」的重要推手。

反思「張悟本現象」的背後，我們不能不深思滋生「張悟本們」的土壤。在此之前，已有過號稱御醫後裔的劉弘章，宣稱「紅薯可治百病」的林光常，以及同樣被冠以「神醫」的胡萬林，唬弄老百姓的故事一個接一個地上演。這些偽假專家、假神醫屢屢得逞的一個重要原因，是大眾科普知識的缺乏，客觀上為這些假專家的滋生提供了可能性。毫無疑問，「張悟本現象」暴露出中國民眾知識素養低下的現狀。

隨著中國經濟的高速發展，人民生活水準日益提高，人們更注重提高生活的品質和延年益壽，各類保健用品、養生書籍因此撲面而來。然而，對於中國人來說，僅僅追求身體的康健還遠遠不夠，我們更應該追求成熟的心智和理性的心態。

「神醫」之後還有「神醫」

2010 年 12 月，北京再現一位張悟本式的神醫，一位名叫劉逢軍的男子據說三個小時望診 254 人，不問不說幾十秒望診一人，並號稱可看照片替人

治病。而實際上，這位劉「神醫」是一位徹頭徹尾的江湖騙子：學歷造假，職稱造假，從醫經歷造假，造假無處不在。為了故弄玄虛，劉逢軍僅每週六上午坐堂問診，每逢此時現場的人氣都異常火爆，常常有幾百人排著長隊等著瞧病。

劉逢軍將自己包裝成「神醫」的過程，與張悟本如出一轍：張悟本有「悟本堂」，劉逢軍有「大道堂」；張悟本自稱是「衛生部首批高級營養專家」，劉逢軍偽造自己是「衛生部養生師專家委員會副主任委員」；張悟本偽造學歷和從醫經歷，劉逢軍的學歷和從醫經歷同樣造假；張悟本聲稱綠豆能包醫百病，劉逢軍以其配製的「大道養身寶」做「萬能藥」；張悟本出售圖書、CD，劉逢軍也有圖書 CD 出售……張悟本有的，劉逢軍幾乎都有。

正所謂「長江後浪推前浪，一代更比一代強」，劉逢軍的看病水準和速度遠超張悟本。其三小時望診 254 人、平均一人幾十秒這樣的「神技」，連張悟本也無法做到。這樣的速度除了用「神」來形容，我們似乎難以找到更準切的詞彙。息論，《易經》全息望診不但「神速」而且可以「隔空」，也就是可以透過照片望診。但《易經》的高度哲學抽象法和全息論是什麼？劉逢軍沒有更多地闡釋，很多人可能也都沒聽說過，這樣的養生之道自然充滿了玄妙的色彩。這不免讓我們想起另一位養生「大師」李一，其「水中憋氣」、「通電治癌」的特異功能也曾矇蔽過很多人的眼睛。

其實，張悟本、李一和劉逢軍都屬於冒充身份騙取利益的江湖騙子。但這些以養生為名進行斂財的江湖騙子為何在一件件的醜聞之後還沒有絕跡，的確是一個值得我們深思的問題。類似的現象為什麼在一些歐美國家很少出現。中國層出不窮的「神醫」現象，暴露出的是中國醫療保障制度的不健全和國民素養的低下。民眾無知和缺乏理性，才使這樣「被唬弄」的神話故事

一個接一個地上演。

　　各類大師的崛起與倒臺其實都是時代與社會的合謀，正所謂「應運而生」。時勢造英雄，英雄造時勢，兩者結合起來才是正確的歷史價值觀。大師們之所以層出不窮，除了其背後團隊的運籌帷幄、各種媒體的推波助瀾外，廣大民眾的迷信和無知是其最現實的基礎和最根本的原因。我們不能僅僅去指責騙子可惡可恨、媒體喪失道德和良知，我們更應該反思的是我們為什麼這樣愚昧和無知。

　　人們常說「群眾的眼睛是雪亮的」，但實際上，對於中國人來說，群眾往往是最容易被矇蔽、被蒙騙的。

我們為什麼總是被唬弄

　　張悟本、李一、劉逢軍等「神醫」們一個接一個地倒下，以後還會不會出現諸如此類的「神醫」呢？答案幾乎是肯定的。「神醫」們把許多中國人當傻子，可他們何嘗不是別人的道具？說到底，「神醫現象」不過是中國大眾意志的某種體現 —— 是狂熱的大眾捧紅了神醫，而不僅僅是神醫欺騙了大眾。

　　從胡萬林、劉弘章到張悟本、劉逢軍，大眾的消費心理及其邏輯清晰可見。無論胡「神醫」手中的那把芒硝，還是張「神醫」拿來當幌子的綠豆茄子，這些普通物品之所以成為神物，恰恰在於許多人心裡住著一個癲狂的魔鬼，它的名字叫集體無意識，或盲目崇拜。只要這種非理性大眾情緒仍然普遍存在，今天張神醫被人從神壇上揪下來，明天人們還會把另一個李神醫送上神壇。都處於一種精神扭曲和緊張的狀況，許多人的精神意識也處於亞健康狀態。急功近利的人們渴望一夜暴富，所以才會冒出那麼多所謂的營銷學大師；吸著污染空氣，吃著農藥超標蔬菜的人們渴望回歸自然，過上健康生

活，因此拿食品當藥品的神醫們才得以橫空出世……時代「病」了，老百姓吃「藥」。這就是「神醫現象」產生的前提和基礎。

對於很多中國人來說，一把年紀加上一件白大褂就能製造一位「神醫」，如果再加上滿頭銀髮和幾縷白鬍鬚，那就更有仙風道骨了。全然不顧是否真的是那麼回事，正因為中國人好騙，所以才有那麼多的騙子，才有那麼多的江湖神醫。

其實，「神醫」本身並不可怕，可怕的是無處不在的狂熱情緒，以及集體無意識的跟風行為。然而，現代社會依然在人為製造一個又一個的大眾消費神話。更可怕的是，每當一個神話破滅，人們便迫不及待地尋找和抓住另一個神話，並且趨之若鶩，呈集體癲狂狀。在這種情況下，就算今天人們不再「滿城盡喝綠豆湯」，明天恐怕還是會「舉國盡飲迷魂藥」。這樣的社會文化是殘缺不全的，這樣的大眾消費心理也是病態的，而只有當人們不再迷信任何神話，偽神醫、偽大師們才會沒有市場。

張悟本、李一、劉逢軍等神醫一個個倒下之後，我們不禁要問，誰該為這些鬧劇負責？是貪財無德的神醫本人，還是毫無操守的大眾媒體，抑或尸位素餐的監管部門？其實，真正應該反思的正是我們自己 —— 受騙者和受害者。

我們為什麼總是上當受騙，總是被人唬弄？難道是因為習慣了？倘若如此，這是我們這個民族多麼可怕的一種習慣！那我們為什麼會有這樣的習慣呢？從根本上來說，除了科學常識的缺乏和醫療保障體制的不健全外，還有一個原因要從我們這個民族的整體心理意識中去尋找。我們常說勤勞是中華民族的傳統美德，用「勤能補拙、一分耕耘一分收獲」來教育我們的孩子，但在現實生活中我們表現出來的卻總是對走捷徑抄近道的強烈偏好。

我們雖然明白健康的體魄只能靠適度鍛鍊和均衡飲食獲得，卻仍然迷信能把「吃出來的病吃回去」之類的胡言亂語；我們雖然明白任何一項經濟活動都不可能讓所有的投資者全體暴富，卻仍然如醉如癡地全民炒股，結果全民被套；我們雖然明白要想人前顯貴就得人後受罪，想成「角兒」只能靠清晨在料峭寒風中吊嗓子扎馬步，卻紛紛投身快男超女指望著靠荒腔走板的嗓子，甚至是幾張比較「奔放」的照片一夜成名——而不管它成的是什麼名。

我們為什麼會如此相信自己能靠走一條沒人走過的捷徑跑到別人前面去？我們為什麼不再堅信成功只能靠恆心與毅力獲得？這是一個很難回答的問題。可能是因為過去幾十年我們跑得比誰都快，讓我們對自己的體力信心滿滿；也可能是因為我們長期沉醉於「中國人才能努力一輩子得來的東西我們只要努力一兩天就可以實現；還可能是因為我們看見有些人靠抄近路跑到別人前面，就覺得自己也能並且應該「依樣葫蘆畫葫蘆」——至於這條近路是不是意味著違規作弊我們並不在意。

在對自己速度、體力、智力的自我崇拜以及在此基礎上產生的不考慮後果的信心驅使下，我們開始尋找神話，如果找不到，就自己製造一個。中國這幾十年的快速奔跑被很多人有意無意地當作了一個神話。旁觀者看著我們最近 幾十年的表現驚呼「這是個神話」，作為一種修辭方式，我們能夠理解，甚至可以感到高興。但是我們不要忘了，這 幾十年的「中國奇蹟」實際上是我們腳踏實地一步一個腳印地幹出來的，不僅沒有走捷徑，而且走了很多彎路，也和神話沒有任何關係。我們不能再去迷信什麼神話了，神話是人類蒙昧時代的產物，而現代世界早已邁進文明社會。

然而，在現代中國，「神醫」們似乎永遠不會銷聲匿跡。他們無處不在，只是外貌、衣著不同，以及各自行騙的領域有所區分罷了。

除了養生保健領域，中國金融領域的騙局也是層出不窮。毫無依據的高回報誘惑，彰顯中國人的幼稚、無知、感性和缺乏獨立思考，總是盲目跟風或從眾。

為什麼我們總是被欺騙、被唬弄，其原因不是無知就是缺乏理性；為什麼總是有人欺騙、唬弄我們，是因為我們太容易被欺騙、被唬弄。

擺脫封建道統，重建社會道德

我們告別封建社會已經 100 年了，然而封建社會遺留的各種道統和觀念，還深深地根植在我們的血液和靈魂裡。幾千年的封建專制制度對中國人的影響深入到我們的每一寸肌膚、每一根毛髮，並像基因一樣代代流傳。對於現代中國人來說，這種封建道統的流傳，並非學校教育的結果，而是來自父母以及周圍人群的「言傳身教」。我們從一出生，就浸染在這種文化和傳統中，並隨著我們一天天長大，慢慢在我們的思想和靈魂深處潛移默化，並最終影響和決定我們的人格特質。

中國人要想徹底滌清封建道統的影響，可能還需要上百年的時間。也許 100 年後，等到中國真正進入工業化社會，真正實現現代化，我們才可以徹底擺脫這種封建道統的束縛，構建適合工業社會的道德和文化。

很多人都不願意承認自己有封建思想，然而在我們日常的語言和行為中，封建道德和封建傳統的影響隨處可見。

「不孝有三，無後為大」

中國是個十分重視「孝道」的國家，所謂「萬惡淫為首，百善孝為先」。

在我們的道德情感中，「孝道」往往是處於第一位的。以「孝」治天下，就可以保證長治久安嗎？歷史和現實都已經證明，「孝道」根本不能「治國」，最多只能「齊家」。大貪官胡長青就是一個大孝子，據說他總是讓父親睡床而自己睡地板，可這位大孝子收受賄賂卻毫不「客氣」。可見，對父母的「孝心」並不會阻止或妨礙貪官的「貪心」，甚至有時候正是因為要「對父母盡孝」，才「不得不貪」，才貪得「心安理得」。

中國人之所以十分重視孝道，其實是與中國的社會經濟結構密不可分的。我們都知道，幾千年來，中國一直都是農業社會。即使是在今天，我們也仍然處在由農業社會向工業社會的轉型之中。農業社會的絕大多數人口都是農民，在刀耕火種的農業生產條件下，農民是完完全全的體力勞動者，等到他們年老體衰、幹不動活的時候，既沒有退休金又沒有政府補貼，只能靠子女來贍養。由於嫁出去的女兒就像「潑出去的水」，是靠不住的。所以，中國的農民只能靠兒子養老。於是中國人拼命生兒子，為的就是將來老有所依、老有所養。雖然延續香火也是中國人拼命生兒子的原因之一，但「養兒防老」才是最根本的原因。「養兒防老」也直接導致了中國社會「男尊女卑」的不合理現象。

如果兒子將來不願贍養父母怎麼辦？所以，父母從孩子一出生教育他們要孝順。同時，封建統治者為了維護政權的穩定，也教育老百姓要孝順父母，鼓勵老百姓一定要生兒子，以延續香火。在家庭、社會和政府的多方努力和引導下，中國人的「孝道」被推崇到無以復加的崇高地位。封建統治者不僅要求老百姓孝順父母，還要求他們忠於朝廷、忠於皇帝，因此，「忠孝雙全」就成了古代中國人做人的最高境界。

「養兒防老」的思想直到現在還在深刻地影響著中國農村社會。這一點

可以從中國計劃生育工作中得到佐證。對於城市居民來說，由於有退休金養老，所以計劃生育政策得到了很好的貫徹落實；而對於農村居民來說，由於目前還沒有足夠的社會保障資源可以依靠，仍然人「重男輕女」的封建思想，其實這種封建思想是有其深刻的歷史和社會根源的。

　　只有當中國真正告別農業社會，進入工業化時代，人人都享有足夠的養老保障時，我們才能徹底擺脫「養兒防老」、「男尊女卑」的封建思想。到那時，「孝道」也許就並不那麼重要了。這一點我們可以從現在西方發達國家不太重視「孝道」中得到一些啟示。

「以牙還牙，以血還血」

　　中國人為人處事有一個很重要的原則是，「有恩報恩，有仇報仇」。我們都喜歡那種「江湖兒女，快意恩仇」的豪邁與情懷，各種恩怨情仇常常伴隨著我們的終生。人們常說，「人在江湖，身不由己」，「有人的地方就有江湖，人心即是江湖」。其實，「江湖」是在法制不健全的地方才會有的社會現象。所謂「江湖」，就是在法律缺失的情況下，人們基於道義或傳統而形成的社會秩序或規範。在法制健全的時空條件下，一切活動都必須以法律為準繩，所有人都必須依法行事，「江湖」自然就缺乏存在的可能和存在的必要。

　　由於中國目前的法制尚不健全，因而在官場、職場、商場等各個領域都不同程度地存在著「江湖現象」和「江湖規矩」。由於江湖的存在，「以牙還牙，以血還血，以暴制暴」在很多時候就成為了我們的行為方式。

　　每當我們在網路上看到「某某城管驅趕小販」，「某某警察毆打群眾」，「某某官員欺侮百姓」等新聞或帖子時，立刻引來「殺聲一片」。我們總也擺脫不了「以暴制暴」的思維方式。「以暴制暴」是人類在叢林時代的行為法則，

21 世紀的我們如果還繼續這樣的思維方式，只能說明我們的暴力特性還沒有完全進化掉。

在我們的周圍，具有暴力傾向的人比比皆是，動不動就用「拳頭」說話 —— 在陌生人之間如此，在家庭內部也是如此。著名影星蔣雯麗曾做過一個健胃消食片的廣告，「寶寶，乖，來吃一口吧！ —— 來，吃一口吧，就吃一口！ —— 再不吃，媽媽要生氣啦！ —— 吃！你到底吃不吃？！」 —— 匡噹一聲，孩子嚇得當場大哭。這雖然是一則廣告，但它將中國父母對孩子的透著暴力的關愛，演繹得淋漓盡致。作為父母，誰都愛自己的孩子，然而，我們的這種關愛卻往往帶有一定的暴力傾向。

在望子成龍成鳳的殷切期望下，很多父母「恨鐵不成鋼」，因而暴力打罵孩子，還美其名曰「孩子，爸媽其實都是為你好」。事實上，好與壞完全是相對的，對於好壞的評判，完全取決於個人的是非標準、價值觀念和審美取向。正所謂「蘿蔔青菜各有所愛」，我們不能們常常只關注丈夫打妻子，卻不太注意父母打孩子，因而才有了「下雨天打孩子，閒著也是閒著」的戲言。

其實，父母打孩子不過是仗著自己的力氣比孩子大，能打得過孩子。等孩子長大了，父母打不過孩子了，也就不打了。因為如果接著打孩子，孩子一旦反擊，父母一般不是對手 —— 打掉牙齒事小，丟了面子事大。這種暴力傾向在陌生人之間更是如此，有把握打贏，就用拳頭說話（揍別人），沒把握打贏，就用膝蓋說話（給別人下跪）。其結果就是：不是當暴徒，就是當奴才。

中國人的「處女情結」

隨著封建專制制度的滅亡，中國的「君權」、「族權」已基本消失，「父權」在一些偏遠農村還有一定程度的殘留，而「夫權」思想卻仍然擁有很大的「市

場」。在「夫權」思想的影響之下，中國的男人都習慣於認為妻子是專屬自己的「私人物品」，絕對不能容忍他人染指，妻子對丈夫必須絕對忠貞。不僅男人這樣認為，很多女人也持同樣的觀點。

其實，夫妻之間的忠貞應該是彼此對等的。然而，中國的夫妻之間從來就不平等。在古代，男人可以「三妻四妾」，女人卻只能「從一而終」；在現代，人們可以容忍男人「泡妞」，卻不能容忍女人「出軌」。甚至在有些人看來，男人「泡妞」泡得越多越有面子，而女人「紅杏出牆」一旦敗露，則會名聲掃地，一輩子抬不起頭來。在這一點上，中國社會對男人要比對女人寬容得多。

很多中國男人都有一種「處女情結」，而生活在男權社會的女人則沒有「處男情結」。男人都希望自己是妻子的第一個男人，而女人則希望自己是丈夫的最後一個女人。男人如果發現自己不是妻子（或女友）的第一個男人，心理就會感到很不爽，有些人甚至會因此離婚（或分手）。雖然大多數男人不會因此選擇離婚或分手，但在他們的心中會因此留下長久的陰影。

我們在一些電影電視或小說中經常會看到過這樣的情景：一個非常漂亮的女人突然向一個其貌不揚的男人示愛，這個男人會對這突如其來的幸福感到不可思議、不敢相信，唯唯諾諾地不知所措。在這個女人再三懇求之後，男人才將信將疑地答應下來。接下來，這個女人就會問這個男人「我被別人強暴過，不是處女了，你在乎嗎」，或者是「我懷了別人的孩子，你還要我嗎」。一聽到這句話，男人馬上就感到豁然開朗，恢復往日的自信。其原因就在於「這個女人被別人玩過，被別人甩了，當然就要掉價」。如此一來，這個其貌不揚的男人就和等級觀念。

受「夫權」思想的影響，中國很多男人都有嚴重的大男子主義傾向，普

遍認同「男主外、女主內」家庭分工，很少有男人能夠忍受妻子比自己強、比自己能幹，比自己賺的錢多。所以人們常說，每一個成功的男人的背後，都有一個賢惠的妻子，而每一個成功的女人的背後，都有一個傷心的丈夫。

第七篇

中國崛起任重而道遠

世界第一出口大國背後的辛酸

2010 年 2 月 9 日，國家海關總署發布了一組數據，2009 年中國外貿進出口總值為 22073 億美元，其中出口總值達到 12017 億美元。這意味著中國已成為世界第一出口大國。因為根據德國批發和外貿協會的統計數據，德國 2009 年出口總值為 11700 億美元，低於中國 317 億美元。很明顯，2009 年中國已經取代德國，成為了新的世界第一出口大國。

與此同時，中國的製造業也登上了世界第一的寶座。2009 年在全球製造業 11.78 萬億美元的增加值中，中國占有 17% 的占有率，超過美國所占的 16%。而這一改變，終結了美國在製造業領域長達一百多年的龍頭老大地位。前國家經貿委副主任陳清泰對此評價說：「中國靠現有的資源，靠現有的優勢，形成了一個世界製造中心，或者叫世界工廠。」

世界第一出口大國給我們帶來了什麼

世界第一出口大國、世界第一製造大國「無限風光」的背後，其實飽含著無數中國產業工人的辛酸。由於中國製造業處於全球產業鏈的最低端，我們是靠廉價勞動力、大量消耗資源和忍受環境惡化，取得「世界第一出口大國」的地位的。中國沿海的很多工廠其實都是在充當歐美企業的「組裝工廠」，由於缺乏核心創造力，我們只能把豐厚的利潤拱手讓給別人，自己只能拿到一點微薄的加工費和利潤。我們在痛罵那些工廠及老闆是「血汗工廠」、「血汗老闆」的同時，更應該思考的是中國經濟未來的發展模式。中國的製造業如果一味地憑藉犧牲環境帶來的利益，一定會遺害無窮，禍及子孫。

現在，全世界的消費者都在享用中國產業工人用青春和血汗製造的廉價

物品，但他們仍然對我們這些產業工人感到「不滿意」—— 頻頻發起針對中國企業的反傾銷調查。從 1979 年歐共體（即歐盟的前身）對中國出口產品實施第一起反傾銷措施以來，截至 2009 年底，國外對華啟動的貿易救濟案件共計 1339 起，其中反傾銷案件 1034 起，占絕對多數。在 WTO 成員採取的反傾銷調查中，平均每 7 起就有 1 起針對中國產品，中國已連續 10 多年成為遭遇反傾銷調查數量最多的國家。歐盟、美國、日本是中國最大的三個貿易伙伴，由於它們一直不承認中國的「市場經濟地位」，因此在反傾銷調查中，中國企業出口的產品常常被裁定為「傾銷」，從而被徵收高額反傾銷稅。

「第一出口大國」帶來的另一個結果是：截止到 2021 年，中外匯存底達 3 兆 2,359 億美元 創 2016 年以來新高，為此十多年來中國央行拋出了超量人民幣來對衝。而超量發行人民幣必然會導致通貨膨脹，近年來瘋長的物價和房價已經充分證明了這一點。2011 年 2 月 26 日，中國人民銀行副行長、國家外匯管理局局長易綱在北京大學舉行的第 24 次 CMRC 朗潤預測報告會上表示，「貿易順差過大是通脹的源頭」，經常項目或貿易順差過大，使得人民幣升值壓力較大，為了保持人民幣匯率相對穩定，央行必須購回美元，從而被迫投放基礎貨幣。較多的貨幣推高了通貨膨脹，進而引起物價上漲。

既然「世界第一出口大國」和「世界第一製造大國」的虛名，裡外都不「討好」，我們又有什麼理由為此感到興奮和自豪呢？

勞動力比較優勢的陷阱

儘管中國現在已經成為世界第一出口大國，但出口的產品都是附加值很低的、勞動密集型產品。在全球製造業的產業鏈上，中國企業一直處於低階位置。中國可以利用的比較優勢一直都是廉價勞動力，缺乏核心技術等深層

次的競爭資源。中國製造業相當程度上是一種「兩頭在外」的出口加工模式，產品附加值低，賺取的只是低廉的加工費。「中國製造」的商品雖然盛行世界，但是缺乏核心技術，也缺乏風行全球的大品牌，效率低，附加值不高，更多的是競相殺價的惡性競爭。

2011 年美國學者披露的一份研究報告表明，每出售一臺 iPhone 手機，蘋果公司就能獲得其中利潤的 58.5%，而作為主要的 iPhone 組裝地和大部分零部件生產地，中國工人從中能獲得的利潤只有 1.8%，臺灣獲得 0.5% 的利潤。

發揮廉價勞動力和自然資源的比較優勢，是所有發展中國家經濟發展初期的必然選擇。透過發展比較優勢產業，不斷積累資金、技術和管理經驗，逐步進行產業升級和結構調整，可以培育出自己的競爭優勢，從而走上一條引導經濟健康發展的道路。但是，同樣是在比較優勢的作用之下，如果採取的策略不當，發展中國家的產業結構就會凍結在低技術水準、低附加值的階段難以自拔，形成比較優勢產業剛性，從而陷入比較優勢的陷阱。

片面依賴廉價勞動力，往往會導致資本劣質化和技術進步緩慢，即透過簡陋的設備、落後的工藝與廉價勞動力相結合，形成粗放式成長模式。對於企業來講，雖然使用新設備、新機器會提高生產率，但是新設備、新機器的採用需要大量資金投入，而且形成生產規模後，這些專用性的資產很難調整，當經濟不景氣時會面臨很大的風險。而透過簡陋的設備、落後的工藝與廉價勞動力相結合，往往能夠避免經濟波動的風險，但同時也導致了企業不積極更新設備和採用新技術。

同時，由於過度依賴廉價的勞動力，也會使得企業的技術開發投入乏力。因為依靠廉價勞動力作為競爭優勢的企業，基本上都處於產業鏈的低

端，其產品的附加值低，在激烈的市場競爭中，很難獲得豐厚的利潤。由於利潤微薄，就難以有足夠的資金投入到研發之中，大多數企業只能固守「貼牌生產」，無法實現自身的技術進步。

此外，過度依賴廉價勞動力，還會造成技術人才成長的緩慢。由於一味依靠勞動力的廉價性來營利，企業也就談不上對勞動者進行職業技能培訓，形成了對廉價勞動力只重使用，而不注重培養和保護的局面。與此同時，借助於對廉價勞動力的掠奪式使用，一味壓低勞動者的合理待遇來營利，實質上是削弱了勞動者自身發展的能力和對下一代的培養能力，這是對中國勞動力資源的嚴重破壞，從而使經濟發展難以得到所需的高素養勞動力，形成經濟發展中的惡性循環。

中國產業工人的辛酸

中國經濟最近幾十年的飛速發展，一直靠的是廉價勞動力和自然資源的優勢。中國經濟的成長還沒有真正轉移到依靠科技進步和勞動者素養的軌道上來。在繁榮的「中國製造」的表象背後，是民族產業技術水準低，缺乏創新能力和核心競爭力，以及產業工人的傷痕累累。

美國《國際先驅論壇報》曾有過這樣一篇報導：「在天津市郊一家製鞋工廠，製鞋女工每天趴在縫紉機上，一針一線地縫製靴子，她們一天大約要工作 12 小時，縫製 600 雙靴子，有工人的薪資水準都上漲一倍，美國商店貨架上該廠生產的每雙靴子的售價也只會從 50 美元上漲到 51 美元多一點。」

超低薪資帶來的後果是嚴重的惡性循環。儘管已有越來越多的打工者意識到需要透過學習來提高自身素養，掌握一門實用技術。然而低薪資僅僅能夠維持日常消費和養家糊口，根本沒有能力參加學習，從而失去了許多技術

培訓和再教育機會。這一龐大人群的教育荒將導致技工荒，而技工荒會導致企業難以實現技術升級，無力生產高端產品。只能憑借大量的廉價勞動力繼續生產勞動密集型低端產品，而國際市場上低端產品又嚴重過剩，企業只好大搞價格戰和低價競爭，企業效益很低，就沒有錢來提高工人的薪資。於是，形成了一種低薪資、低教育、低價格、低效益的惡性循環。這不僅使工作者的生活水準很難提高，還使中國製造業在國際產業鏈低端徘徊，成為全世界跨國公司的「打工仔」。

　　中國的高速發展是以許多領域可持續發展能力的透支為代價的。以農民工為例，農民離開土地湧入城市，同樣面臨著養老、醫療、失業、住房等諸多問題。有人曾算過這樣一筆帳：如按每月 1000 元薪資計算，每個農民工應獲得 20%、約 200 元社會保障資金，按 2 億農民工計算，每年因此被透支的社會保障就為 4800 億元。再過 30 年，現在的青壯年農民工都將步入老年的時候，他們將如何安度晚年？所以說，我們現在是在透支未來的 30 年。

美國人真的離不開「中國製造」嗎

　　2005 年 12 月 25 日，美國的一位記者薩拉‧邦焦爾尼，在《基督科學箴言報》上發表了一篇題為「離開『中國製造』的一年」的文章。有關這篇文章的由來，要從一年前的時候說起。2004 年聖誕節的時候，薩拉發現 39 件聖誕禮品中，「中國製造」竟有 25 件。家裡的 DVD，鞋，襪子，玩具，檯燈……也統統來自中國。薩拉不禁想到，如果沒有中國產品，美國人還能否生存下去。於是，她突發奇想，決定從 2005 年 1 月 1 日起，帶領全家嘗試一年不買中國產品的日子。

　　薩拉沒有想到，此後一家人的生活出現了意想不到的麻煩。對薩拉來

說，離開「中國製造」，不僅要不斷安撫憤憤不平、想要造反的老公，還要屢次讓小兒子的心願落空。每次購物時，即使是那些諸如生日蠟燭和鞋子一類的尋常物品，也讓薩拉感到十分的頭痛，「這很費時間，我們要花很多時間看商品的包裝，檢查標籤，發現太多的東西都是 『made in China』，因此購物占用了我們大量的時間和精力。」

購物除了要花費更多的時間外，還要付出更大的代價和種種生活不便：4歲的兒子不得不擁有標價 68 美元的「義大利」鞋；廚房的抽屜壞了，可找不到工具修理；老鼠肆虐，是該選人道的「中國製」捕鼠器，還是非人道的「美國製」捕鼠器？

薩拉後來這段生活經歷後來被她寫成了風靡一時的暢銷書《離開中國製造的一年》。在這本書的結尾，薩拉寫道：「經過一年的實驗，我的結論是：我們與中國關係密切。」

離開「中國製造」的一年，的確讓包括薩拉‧邦焦爾尼在內的很多美國人感到痛苦。表面上看起來，美國人離開「中國製造」，生活變得一團糟，但是我們千萬不要以為美國離不開中國，而感到沾沾自喜，這個故事背後有很多東西需要我們認真思考。

中國依靠勞動力的比較優勢，製造了讓包括美國人在內的全世界廉價享用的商品，而其背後是多少中國工人的血汗？這其中的辛酸沒有人能說得清楚。美國人之所以感到「痛苦」，不過是被中國廉價勞動力「慣出來的毛病」。實際上，中國人生產的這些低價的服裝、玩具等各種日用品，美國人完全可以自己生產，只是他們不願意把資源消耗在這些低附加值的產品上面。再細想一下，美國的產品對我們的影響可就不一樣了，中國幾億電腦用戶，有幾個人不在用微軟的操作系統？中國人出差，又有幾個人不乘波音公司的飛

機？美國還有很多高科技的產品，中國想買都買不到。聯想到「8 億襯衣換 1 架波音飛機」，我們還能興奮的起來麼？

世界第二經濟大國的意義何在

在我們為中國成為全球第二大經濟體感到自豪的同時，更應該看到總量的全球第二大經濟體，不等於人均的第二大經濟體，也絕非第二經濟強國。隨著中國經濟總量的不斷擴大，我們應該清醒地認識到：我們的發展方式還比較粗放，我們還有很多重大的經濟結構需要優化；我們單位 GDP 所消耗的能源和資源還比較高，我們在經濟發展的品質方面還有很多工作需要做。

經濟總量超過日本

日本自 1968 年以來，已經連續 42 年穩坐世界第二經濟大國的交椅。2010 年，中國經濟總量超過日本，成為世界第二大經濟體，這的確是改革開放 30 年來中國經濟發展過程中一件具有里程碑意義的大事。在當今這個以實力決定話語權的現實世界中，GDP 的數字涵蓋著無盡的力量想像和社會展望。雖然我們由衷地渴望祖國的繁榮與昌盛，對於任何有意義的數字成長我們都不會吝惜最熱烈的掌聲，但是，我們時刻需要提醒自己的是，不能過度解讀 GDP 成長的意義和價值，而應保持一種謹慎樂觀的態度。因為，在華麗數字的背後，我們還有很多必須解決卻仍然沒有解決的問題，而這些問題僅靠 GDP 的成長並不能使其自動消解。

事實上，中國無論在地域面積和人口規模上，都是日本的好幾倍，幾千年來，中國的經濟規模也一直是日本的幾倍乃至幾十倍，直到甲午戰爭以

後，日本的 GDP 才超過中國。所以，中國的 GDP 超過日本，並不是一件值得大驚小怪的事情。我們甚至應該這樣認為，中國現在超過日本並不是奇蹟，日本當年超過中國才是奇蹟！

現在，雖然中國的 GDP 超越了日本，但這只是總量的超越，而不是人均。中國要在人均 GDP 的占有額上趕超日本，還是有漫長的一段路要走。日本人均 GDP 是中國的 11 倍。從兩國的城市化水準、教育普及率、醫療、就業、民生等反映國民經濟整體實力的指標來看，中國的經濟發展水準還遠遠落後於日本。

同為東亞國家，同屬儒家文化圈，日本有很多地方值得我們學習。縱觀這些年中國經濟發展的路徑，目前已形成國民收入、財政收入增速遠遠高於居民收入成長的失衡狀況，人民生活水準並沒有隨著經濟的成長而獲得相應比例的提高，貧富差距、城鄉差別已嚴重影響到中國的經濟發展和社會穩定。前國家統計局局長馬建堂坦言，當前中國的城鄉居民收入差距還在繼續擴大，應盡快提高農村務工者的薪資水準；中國「國富」之後的下一步目標應該轉到「民富」的軌道上來。當年日本經濟起飛時的「國民收入倍增」計劃，也許能給我們提供一些經驗和借鑑。

我們除了要從日本的經濟發展中學習一些先進經驗，還應該從日本經濟的發展中吸取一些教訓。上世紀 1980 年代末 1990 年代初，由於日本經濟遭受到資產泡沫破裂的衝擊，導致很長一段時間裡，日本的經濟發展萎靡不振，成長速度緩慢。中國當前也面臨同樣的問題，為了保持中國經濟的持續、穩定、快速發展，我們必須提前關注資產泡沫的問題，防止資產泡沫破滅給國民經濟發展帶來的巨大衝擊。

GDP 對我們到底有什麼意義

　　「GDP」的全稱是「國內生產總值」，它通常是指一個國家或地區在一定時期（一般是 1 年）內以貨幣表現的全部最終產品（含貨物和服務）價值的總和。GDP 是衡量總體經濟運行規模的最重要指標，政府決策者、經濟學家以及商界人士都廣泛關注這一指標。由消費、私人投資、政府支出（含政府投資）以及淨出口四部分組成的 GDP 數值變動，往往會涉及到投資、貿易、稅收、貨幣、利率等各項經濟政策，牽涉面非常廣泛，影響也十分深遠。美國商務部因此將其譽為「20 世紀的偉大發明之一」。

　　「GDP」的概念誕生於 1930 年代，它是由西門·庫茨涅茨及其領導的美國國民經濟研究團隊率先提出來的。美國國民經濟研究局從 1921 年開始，每年發布《國民收入及其組成》的研究報告。1926 年，庫茨涅茨從哥倫比亞大學經濟系畢業後加入該機構，「時勢造英雄」，經濟大蕭條以及第二次世界大戰為庫茨涅茨的研究工作提供了廣闊的時代機遇。1937 年，庫茨涅茨及其團隊發表了《國民收入及資本形成，1919—1935》的研究報告，並同時將該報告提交給美國國會。在這份報告中，庫茨涅茨首次提出了「GDP」的概念。此舉使美國政府的決策者們全面掌握了消費、物價和工業產出等各種經濟數據，從而為他們制訂總體經濟政策提供了可靠的依據。從此以後，美國乃至世界各國都開始關注國民經濟的整體運行情況。

　　在經濟學家們看來，如果缺少 GDP 這樣衡量收入、消費和投資等綜合效應的經濟指標，經濟學上的「凱恩斯革命」就不可能發生。有人甚至據此認為「我們是生活在凱恩斯和庫茨涅茲開創的時代」。20 世紀最偉大的經濟學家保羅·薩繆森在他的第 5 版《經濟學》教科書中曾這樣評價 GDP 的意義：「就像衛星能夠調查覆蓋大陸的天氣一樣，GDP 也能給予我們整個經濟

的概貌。它幫助總統、國會以及美聯儲判斷經濟萎縮還是擴張，需要刺激還是稍加控制，是陷於衰退還是面臨通脹威脅。如果沒有像 GDP 這樣的經濟匯總衡量指標，決策者就會陷入數據的汪洋大海中。GDP 及其相關數據就像燈塔，幫助決策者帶領經濟向關鍵的經濟目標前進。」

GDP 作為衡量一國經濟實力的核心指標，與我們每個人的關係都十分密切。就經濟與社會的關係而言，GDP 總量的成長與個人生活品質的提高具有極大的關聯性。這一點，在中國改革開放初期體現得非常明顯，當時我們每個人都能從日常生活的體驗中，感受到經濟成長帶來的個人福利的改善。然而，現在人們的普遍感覺是，隨著中國經濟的不斷發展，我們的生活品質並沒有隨之同步提高。中國每年以百分之八以上的經濟成長。這麼長的時間保持這麼高的成長速度，不能不說是經濟發展史上的奇蹟。然而，在 GDP 高速成長的同時，我們的幸福感指數卻在逐年下降。面對越來越大的工作壓力和越來越多的人群，我們不能不質疑：GDP 成長的意義何在？

比 GDP 更重要的是人民的福祉

雖然 GDP 是刻畫一個國家或地區經濟總量的總體指標，但是 GDP 的多少並不代表一個國家的國民財富真正有多少，也不代表其國民的福利和生活水準有多高。國民財富和國民福利，才是真正值得我們關注和追求的目標。

誰都知道，國民財富是源自企業利潤的積累。然而，在全球價值鏈上，我們一直都處於比較低端的位置，在許多產品和服務的全球生產過程中，中國企業分得的利潤主要是基於廉價的勞動力、資源和環境成本。在財富分配的全球博弈中，世界各國每年創造的絕大部分財富被處在價值鏈頂端的美國、日本和歐盟拿走了。中國雖然被稱作「世界工廠」，可我們所能拿到的只

是一點微薄的加工費。

在資本全球化時代，財富不僅表現為對財富的擁有量，也表現為對全球資本的調動能力。美國可以在相當長的一段時間內靠向全球借債支撐自己的經濟和社會發展，而中國懷揣數兆美元的外匯儲備卻要時刻擔心其會不會「縮水」。這是因為美國擁有世界上最發達、最具活力的資本市場，全世界的財富，有一大半都投到美國的資本市場上去了。這個事實在提醒我們，在當今這個經濟金融化的時代，控制、動員和使用資本的能力，比擁有資本還要重要。對於中國來說，如果我們不在資本管制（人民幣國際化）方面取得大的突破，那麼我們的國民財富的持續成長和有效使用就會永遠受制於人。

現在，中國的 GDP 雖然排名世界第二了，但我們在國民福利方面，還遠遠達不到世界第二的水準

經濟成長的根本目的是為了人民的物質與精神生活的雙重改善，提高全民福祉才是 GDP 成長的終極目標和意義所在。人的目的性若是不復存在，經濟發展也就失去了它的真正意義。我們應該牢記，比 GDP 排名更重要的是，國民財富的持續成長和人民生活水準的顯著提高。GDP 的成長必須與人民生活的改善有效結合起來，讓全社會所有成員都能共享經濟發展的成果。只有這樣，政府決策者們在用數字成長找到自信的同時，普通民眾也能從日常生活找到自尊，從而構建出我們期待中的和諧社會。

警惕西方媒體對中國的「捧殺」

2008 年的全球金融危機之後，在世界大多數國家經濟成長乏力甚至負成長的情況下，中國 2009 年的 GDP 取得了 9.6%驚人增速。在全球經濟衰退的背景下，中國已被國際社會廣泛認為是牽引世界經濟走出困境的重要引擎

之一。在 2008 年以來的重要國際會議上,「聽中國怎麼說」在某種程度上,已經成為一種國際常態。在這種情勢之下,西方媒體尤其是美國媒體迅速把中國推上了可以與美國比肩的「超級大國」的位置。

然而,中國真的是可以與美國平起平坐的「超級大國」了嗎?中國現在連已開發國家都算不上,怎麼可能一下子變成與美國比肩的「超級大國」?中國當前的國情是,人口眾多,歷史負擔沉重,資源、環境承受的壓力巨大,這一基本國情決定了我們將長期處於社會主義初級階段,長期屬於發展中國家。

西方媒體不遺餘力地鼓吹中國,其實是在「捧殺」中國。與「棒殺」相比,「捧殺」更具有隱蔽性和殺傷力,我們對此一定要有十分清醒的認識。

別人認為「是」並不意味「一定是」

中國的崛起 —— 尤其是在金融危機橫掃全球的大背景下的和平崛起,引起了歐美各國的高度重視和眾說紛紜。根據美國全球語言研究所 2009 年年底公布的統計數據,「中國作為一個經濟超級大國的崛起」成為過去 10 年中出現頻率最高的世界頭號新聞。

2009 年 12 月 15 日,美國《富比士》雜誌刊登的一篇文章,毫不諱言地打出了「中國已是超級大國」的醒目標題。這樣誇張的口號除了吸引讀者眼球的噱頭效應外,其實並沒有太大的意義。即使我們不考慮各種軟實力和硬實力,單就經濟總量而言,中國「超級大國」的頭銜就名不副實。中國人均 GDP 則只有美國的 1/13。如果中國能夠得上「超級大國」的稱號的話,那我們應該在經濟總量、人均占有量、科技力量、軍事力量等一系列方面,都應該具有與美國比肩的實力。然而,就中國現在的發展狀況而言,我們與美國

相比至少有 50 年的差距。這些年，雖然我們進步神速，但是別忘了，美國也同樣在進步。即便我們一直保持現在的發展速度，100 年後，我們能否趕上美國發展水準也還是一個未知數。

不僅美國人「抬舉」中國，歐洲人也同樣很給中國「面子」。2007 年 10 月 12 日，俄羅斯新聞社曾刊登一則消息《歐洲民調：中國是世界第二強國》，該報導宣稱：法國社會研究所受法國 France24 電視臺和美國《國際論壇先驅報》的委託，在德國、法國、西班牙、義大利、英國和美國開展了一項民意調查，參與本次民意調查的包括上述國家 16 歲至 64 歲的 6645 名居民。調查結果顯示，絕大多數被調查者都認為，美國是世界上的頭號強國，中國是世界上第二號強國。而事實上，當時中國的 GDP 總量只排在世界第三位，人均 GDP 更是排在 100 名以後。歐洲人這樣看重中國，實在是太給我們面子了。

在全球化時代，隨著中國經濟的飛速發展，我們的國際影響力越來越大，這是一個不爭的事實。歐洲民調所反映的歐洲民眾對中國的印象，恰好與此吻合。然而，這種印象並非建立在科學的數據基礎上，也不是客觀現實的準確描述，更多的只是人們的心理體驗和感覺。

美國人認為「中國是超級大國」，歐洲人認為「中國是世界第二強國」，並不意味著中國果真如此。通常情況下，別人怎麼看你，往往和你的實際情況並不一致；別人認為「是」並不意味「一定是」。一些西方媒體如此「抬舉」中國，在某種程度上是對中國崛起和影響力提升的一種肯定，但在這背後，我們也會看到一些西方國家居心叵測的動機。千萬不能被所謂的「超級大國」或「世界第二強國」這樣的「精神鴉片」迷昏了頭腦。

西方媒體曾不遺餘力地熱捧日本

　　西方國家對中國過份誇張的「溢美之詞」，不能不引起我們的警覺。幾年前，曾有不少西方媒體熱炒「中國模式」，聲稱中國將「拯救世界」。在某種程度上，這其實是在「捧殺」中國。究其動機，不過是要求中國承擔超出自身能力之外的國際責任。在很多中國民眾都對海外熱炒的「中國模式」感到沾沾自喜的同時，中國政府卻從未認同過這種說法。溫家寶在 2011 年 3 月 14 日答記者問時曾表示，「我們的改革和建設還在探索當中，我們從來不認為自己的發展是一種模式。」

　　「中國模式」一詞，最早見於 2004 年 5 月美國人約書亞‧庫珀‧拉莫在英國著名的思危機之後一枝獨秀，使「中國模式」在國際上再次受到熱炒。其中尤其令人關注的是美國著名政治學家法蘭西斯‧福山對「中國模式」的論述。福山曾於 1989 年在《歷史的終結》一書中作出「美國模式優於任何發展模式」的論斷，但他在 2009 年接受日本媒體採訪時卻宣稱：「近 30 年來，中國經濟令人驚異的快速發展體現了『中國模式』的有效性……西方自由民主可能並非人類歷史進化的終點……人類思想寶庫需為中國傳統留有一席之地。」

　　福山觀點的轉變，從學術的角度說，無可厚非，甚至值得欽佩，很難讓人往「捧殺中國」的陰謀論上想。但是，雷默的《北京共識》及其「中國模式」論，不由得讓我們想起日本當年的經歷。日本經濟經過 1960 年代和 1970 年代的高速成長，到 1980 年代後期，步入了令人炫目的鼎盛時期。一時之間，以 1979 年美國哈佛大學著名學者傅高義推出的一本名為《日本第一》的書為重要標示，美國等西方媒體對日本經濟奇蹟進行了全方位的熱炒。隨後，日本被迫「承擔經濟大國責任」，其結果導致日本經濟陷入了長達 10 多

年的衰退。有人因此認為這是美國人精心策劃的一場「陰謀」。

　　西方對中國的熱捧是否存在陰謀，從戰略角度上說，我們或許應該「寧可信其有」。但是，一味地「揭露」或者進行意識形態上的批評，也是不可取的。只要我們保持清醒的頭腦，不喝任何人灌的「迷魂湯」，西方國家的熱炒，其實並不能損害到中國。中國時刻都應該記住：中國的 GDP 總量雖然很大，但是除以更為龐大的十幾億的人口基數，就「相形見絀」了；中國在教育、醫療、住房、養老保障等民生領域，欠帳還很多；東西部地區的發展還很不平衡；貧富差距的擴大還未得到有效控制；不少地方和不少領域的社會矛盾還很突出……

　　隨著中國經濟最近 40 多年的高速發展，有些人漸漸忘乎所以，甚至妄自尊大起來 —— 人家還沒有「捧殺」你，自己倒先陶醉其中了。中國的媒體宣傳，一度也只報喜不報憂，媒體和文化界也漸漸失去了反思精神和憂患意識，這在客觀上其實是「配合」了西方媒體對「中國模式」的熱炒。這種毫無理性的炒作宣傳，常常使中國政府在一些國際交往活動上陷入尷尬、被動的境地。

美國對中國從「捧殺」轉為「棒殺」

　　美國曾經是全球高唱「中國威脅論」的領頭羊，這不僅因為美國最強大，還因為它想遏制中國的崛起，以使其維持唯一超級大國的地位。可是，2008年的全球金融危機給美國的心自己突然沉淪而中國趁機崛起。

　　美國當年「棒殺」中國並沒有收到預期的效果，而現在又有求於中國，他們於是換上另一種方式 ——「捧殺」中國。近幾年來，美國不再提「中國威脅論」了，而且還頻頻向中國示好，甚至把中國「尊稱」為全球災難的救

世主。為了配合「中國救世論」的宣傳，美國的智囊團還炮製了一個 G2 對話機制。什麼是 G2 ？就是在世界最強大的兩個國家之間建立一種對話機制共商共管國際大事，這其實是將中國一下子提升到與美國平起平坐的位置，讓中國和美國一起分享全球領導權。美國彼特森國際經濟研究所所長伯格斯登在中美戰略經濟第四輪對話會議閉幕後開始宣傳 G2 的構想：如果美國想讓中國在全球經濟事務中承擔更大的責任，就應該和中國分享全球經濟的領導權。

美國智囊團如此「抬舉」中國，讓很多中國人感到興奮，儼然中國已經坐著火箭進入「超級大國」的行列，中國的崛起、中華民族的復興突然之間在美國智囊的口中實現了。中國和美國共治和共享世界，這是一個何其美妙的願景啊！可是，我們捫心自問：中國真的具備和美國比肩的實力了嗎？不錯，中國現在是世界第一大外貿出口國、世界第二大經濟體，但是這些數據並不足以拼湊出中國成為 G2 成員的資格。

如果從經濟層面來說，假如真的存在一個 G2 對話機制的話，那它的成員應該是美國和歐盟。中國的人均收入是美國的十幾分之一，中國拿什麼來和美國比肩共治？僅靠外匯儲備嗎？可中國的外匯儲備大部分都是美元資產，美國政府一旦讓美元貶值，那中國辛辛苦苦賺來的血汗錢很容易就打了水漂。如果從軍事層面來說，我們現在的軍事實力遠遠落後於美國和俄羅斯，G2 成員應該是美國和俄羅斯才對。如果綜合考慮經濟、科技和軍事等各種硬實力和軟實力，在可以預見的幾十年內，全世界沒有一個國家具備與美國平起平坐的實力。中國也不例外。

所謂的 G2 對話機制其實不過是美國智囊團憑空想像出來的東西，千萬不能天真地以為真有那麼回事。事實上，美國並沒有邀請中國透過建立 G2

對話機制，共掌國際事務的大權。美國政府沒把 G2 當回事，中國政府也沒拿它當回事，只有中國的老百姓信以為真。

從操作層面來說，即使將來世界存在一個 G2 對話機制，那也應該是從 G8（即八國集團，如果中國加入，應該改稱為九國集團）成員中產生，而中國現在連 G8 成員都不是，怎麼可能馬上就變成 G2 成員。而且，美國一直都在反對中國加入 G8，他們怎麼可能讓中國一下子跳過 G8，直接成為 G2 成員，讓中國與美國在全球共管共治？

中國仍然是發展中國家。中國應該清醒地認識到中國這 40 年的高速發展是建立在一個什麼基礎之上的，清醒地認識到我們當前的基本國情。我們只有正確認識自己，放眼大千世界，不做井底之蛙，不妄自菲薄，堅持走改革開放的道路，才能逐漸構建起我們期待中的和諧社會。

無論國際社會怎麼「捧殺」中國，都要繼續堅持「聚精會神搞建設，一心一意謀發展」的執政理念，埋頭中國的經濟建設；繼續奉行「韜光養晦、睦鄰友好」的外交方針，不恃強不凌弱，堅持走和平發展的崛起之路。

中國崛起之路，任重而道遠

隨著中國經濟的高速發展，中華民族的偉大復興正逐漸從夢想變為現實。雖然種種跡象表明，中國的重新崛起是誰也無法阻擋的歷史潮流和必然趨勢，但是在這個過程中，我們必須時刻保持清醒的頭腦、敏捷的思維和理性的心態。在我們通往國家崛起和民族復興的道路上，還存在著許多風險和不確定因素。我們必須做好各種物質上和精神上的準備，努力解決好當前面臨的各種各樣的國際中國問題，掃除我們前進道路上的一切阻礙和阻力。

溫家寶曾在不同場合多次談到一個關於 13 億人口的「乘除法」：13 億是

一個很大的數字，一個很小的問題乘以 13 億，就會變得很大；一個很大的總量除以 13 億，就會變得很小。溫總理提出的這個寓意深刻的「13 億乘除法」，其實是在警示我們，人口規模與經濟社會的發展關係十分密切：一個很小的社會問題，如果乘以 13 億，就會變成一個很大的問題，一個很大的經濟總量，如果除以 13 億，人均占有量就會變得很小。

2009 年年初，由於受國際金融危機的影響，中國經濟發展面臨很大的困難。溫家寶總理在一次座談會上再次用「13 億乘除法」，來詮釋當前中國面臨的問題和提振與會者的信心：「我們有 13 億人民，如果 13 億人民都能共享改革發展的成果，我們的成果就增加很多；如果 13 億人民都能共同為國分憂，我們的壓力就會減輕很多；如果 13 億人民都能團結奮鬥，我們的力量就強大很多。所以，歸根到底增強信心還在於依靠人民，各項工作能否取得實效，歸根到底也在於能否落實到基層。」

無法迴避的問題，必須解決的矛盾

當前，中國的經濟總量、財政收入位都居世界前列，但居民收入水準及成長速度卻不能與之匹配。公開數據顯示，1978 － 2007 年間，中國薪資總額占 GDP 的比重從 15.65% 下降到 11.15%；全國勞動者報酬占 GDP 的比重從 62.34% 下降到 42.60%。與此同時，1978-2007 年間的 GDP 年均成長速度是 9.8%，居民收入年均成長速度是 7%，居民消費支出年均成長 8.8%。居民收入增速不僅低於 GDP 增速，還低於消費支出增速。正是由於這個比重的不斷下降，才導致了中國經濟的失衡狀態，即在當前的 GDP 比重中，中國居民消費不到 35%，而投資與淨出口卻占了 65%，由此形成了典型的投資擴張而內需不足的經濟模式。

多年來，很多地方政府受「唯 GDP 論」影響，把過多的資源用於投資拉動經濟成長，既影響其提供公共服務的能力，也製造了財政飢渴，還迫使地方政府想方設法拉高財政收入，從而直接影響居民收入。結果使居民收入趕不上 GDP，更趕不上財政收入的迅猛成長。現在國家是富強了，可普通老百姓的腰包卻沒有真正鼓起來。由此帶來的一系列的社會問題和矛盾，對中國改革開放的進一步深入和未來的經濟發展，造成了嚴重影響，甚至是阻礙。

製造能力強 vs 創新能力弱

當前，中國在產品製造方面，的確稱得上是一個大國。2009 年中國製造業創造的增加值已經超過了美國，位居世界第一，中國是當之無愧的「世界工廠」。可是，在中國每年製造的產品中，有多少產品是中國的自主品牌？又有多少產品中國具有自主知識產權？

由於中國企業的自主創新能力嚴重不足，既缺乏培養自主品牌的意識，又缺乏打造自主品牌的基礎，所以大多數企業都是在替跨國公司打工。為了爭取訂單，他們不得不競相壓價，進而拼命壓低工人薪資。近年來，頻頻發生的國際貿易糾紛和摩擦（很多歐美企業指責中國企業搞低價傾銷），其最終的症結就是出在這裡。

財政收入高 vs 社保支出低

現在對於中國老百姓來說，大概除了房子，什麼都不敢消費了。而房屋與其看成是消費，不如看作是投資。正是因為這種非理性的心態，才助長了中國的房地產泡沫不斷擴大。有人把房地產價格的非理性瘋漲，歸咎為中國老百姓太有錢，這是很不負責任的說法。要知道，這些錢其實是老百姓從牙縫裡省出來的。

儲蓄能力強 vs 購買能力弱

2021 年七月，中國全部金融機構的人民幣存款餘額高達人民幣 225.49 兆元。與中國政府持有的 3 兆 2,359 億美元的外匯儲備相比，中國老百姓存錢的本領也毫不遜色。無論是中央政府還是平民百姓，都非常善於存錢，中國是當之無愧的世界第一儲蓄大國。老百姓腰包裡雖然揣著幾百兆的儲蓄存款，但卻不敢拿出來花。由於社會保障體系的不健全，住房、醫療、養老等問題像「三座大山」一樣壓在中國老百姓的頭上，從而導致了中國境需的嚴重不足。

內需不足導致中國的經濟發展嚴重依賴國外市場。過高的外貿依存度，意味著中國生產出來的產品就非得賣給外國人不可。一旦國外的訂單減少，中國的很多工人就要面臨失業的危險。

造富神話多 vs 慈善捐助少

在富豪們的財富快速成長的同時，普通老百姓的收入水準卻止步不前。這與中國目前的收入分配制度不合理有很大關係，由此導致了中國社會的貧富分化問題十分嚴重。雖然中國老百姓持有的存款高達幾十萬億，但占絕對多數的底層老百姓擁有的存款其實並不多。對於這部分人來說，他們既不敢花錢，也沒錢可以花 —— 這也是中國需不振的重要原因之一。

雖然中國人向來有「達則兼濟天下，窮則獨善其身」的傳統，但是，或許是因為擔心「富不過三代」，或許是因為「窮怕了」，中國富豪們對慈善事業似乎缺乏熱情。與世界首富比爾蓋茲宣布捐出全部財產（580 億美元）和華倫‧巴菲特宣布捐出 85% 的財產（370 億美元）相比，中國富豪的慈善捐款實在是少得可憐。

房產公司幸福 vs「房奴」生活悲慘

前幾年，中國的房地產市場一片火爆，這可以從房產公司業績和房價兩個方面得到證明。

2010 年，在北京購買一套 100 坪的房產大約需要花費 200 萬元（不包括稅費和裝修費），而北京市普通工薪階層的家庭年收入僅為 10 萬元左右。這意味著北京的普通家庭要購買一套住房，需要夫妻雙方辛辛苦苦地工作 20 年，而且在此期間，要做到不吃不喝、不能生孩子、不能生病、不能失業。如果既要吃飯又要生孩子，再生點小病小災或偶爾失業，就得準備用 40 年或 40 年以上的時間來還房貸。這意味著從剛開始工作一直到退休以後，要當一輩子「房奴」。

中國實現現代化還需要上百年時間

2010 年 3 月 14 日上午 10 點，十一屆全國人大三次會議閉幕會後，當時的國務院總理溫家寶在人民大會堂三樓金色大廳與採訪十一屆全國人大三次會議的中外記者見面，並回答記者提問。

在回答德新社記者關於「中國是否有能力以及意願在國際舞臺發揮更大的作用」的問題時，溫家寶總理說：「……中國這些年經濟雖然發展很快，但是由於城鄉不平衡、地區不平衡，再加上人口多、底子薄，我們確實還處於發展的初級階段。前不久，就是為了徵求群眾對政府工作報告的意見，我到離北京只有 150 公里的灤平縣。我看到那裡的群眾雖然這些年來生產生活條件有所改變，但依然與北京有很大的差距。這個村子我已經去了三次了，分別是 2000 年、2005 年和 2010 年。我經常勸記者多到中國的農村和中西部地區看看，你到那裡看就知道上海和北京的發展不能代表整個中國。我們要

實現小康目標還需要做出艱苦的努力；要建成一個中等發達的國家，至少要到本世紀中期；要真正實現現代化，還要上百年的時間甚至更長。」

溫家寶總理的回答，可謂是有理有據、入木三分。之所以能這樣客觀準確地回答德新社記者提出的問題，是因為他對中國國情、對中國的歷史與現實都有著十分清晰、透徹的了解。

無論我們從哪個方面來說，中國的大國崛起之路，都將是任重而道遠的，其中充滿著無數的艱難險阻和太多的不確定因素。誠如溫家寶總理所說，「中國要真正實現現代化，還要上百年的時間甚至更長。」

中國崛起需要大國心態

歷史只說明過去，不代表今日的成就

編　　著：查繼宏

發 行 人：黃振庭

出 版 者：崧燁文化事業有限公司

發 行 者：崧燁文化事業有限公司

E-mail：sonbookservice@gmail.com

粉 絲 頁：https://www.facebook.com/
　　　　　sonbookss/

網　　址：https://sonbook.net/

地　　址：台北市中正區重慶南路一段六十一號八
　　　　　樓 815 室

Rm. 815, 8F., No.61, Sec. 1, Chongqing S. Rd.,
Zhongzheng Dist., Taipei City 100, Taiwan (R.O.C)

電　　話：(02)2370-3310

傳　　真：(02) 2388-1990

印　　刷：京峯彩色印刷有限公司（京峰數位）

國家圖書館出版品預行編目資料

中國崛起需要大國心態：歷史只說
明過去,不代表今日的成就 / 查繼
宏 編著 . -- 第一版 . -- 臺北市：崧
燁文化事業有限公司 , 2021.12
　　面；　公分
POD 版
ISBN 978-986-516-942-8(平裝)
1. 文化 2. 經濟 3. 社會發展 4. 中國
541.292　110018904

電子書購買

臉書

定　　價：380 元

發行日期：2021 年 12 月第一版

◎本書以 POD 印製